本书是2016年度山东省本科高校教学改革研究重点项目《高校协同、多元、开放的法学实践教学模式构建与实验》（Z2016Z042）的后期研究成果之一。

行政法律
基础理论与实务

戴永志 / 著

中国法制出版社
CHINA LEGAL PUBLISHING HOUSE

序　　言

　　本书是 2016 年度山东省本科高校教学改革研究重点项目《高校协同、多元、开放的法学实践教学模式构建与实验》（Z2016Z042）的后期研究成果之一。本书重在介绍常见行政法律实务的理论基础与现实案例，通过理论与实务的结合普及行政法律实务的基础知识，以期使读者了解行政法律实务应用的概况。本书适合法学专业学生、政府部门行政执法与行政司法人员和其他行政法律工作实践者学习之用。

　　本书具有以下特色：

　　一是行政法学理论与实务案例并存。理论以通说为标准，实务案例则精选最高人民法院公布的典型案例或全国各地的典型性案例，便于读者结合案例学习理论，在研读理论的同时钻研实务案例，二者相辅相成，成为行政法学习的"一体两翼"。

　　二是将行政行为类型与行政救济程序相结合，较为系统地介绍了行政立法、行政许可、行政处罚、行政强制、政府信息公开、行政协议和行政裁决等行政行为类型，尤其是结合行政协议与行政裁决两类行政行为在立法与实务中的新变化作了针对性论述与体现，以适应行政法学理论与实务的新变化。

　　三是将除行政立法与行政协议之外的其他各类行政行为均分为"理论基础""实务训练"和"相关法律文书"三个模块，实务训练中的案例又统一分为"基本案情""焦点问题评析""案件启示"三个层次，以展示实务案例的基本内涵，增加行政法案例学习的针对性和应用性。

　　在所有法学核心课程中，行政法学理论相对于其他课程而言更难理解，带来的直接影响是法律职业共同体中从事行政法律实务的专业人才相对较少。本书的写作旨在更多地普及行政法理论与实务知识，期望对本学科的建设发展以及实务应用略尽一份心力。因笔者能力所限，书中疏漏在所难免，不当之处，敬请读者指正。

目 录

第一章　行政法律实务概述 ………………………………………… 001
一、行政法律基础理论与实务的基本认知 …………………… 002
（一）行政法律基础理论的内容 ……………………………… 002
（二）行政法律实务的内涵与外延 …………………………… 002
二、行政法律实务在行政法领域中的功能与定位 …………… 003
三、行政法律实务的目标和追求 ……………………………… 004

第二章　行政立法实务 ……………………………………………… 005
一、行政立法的内涵 …………………………………………… 005
（一）行政立法的概念和特征 ………………………………… 005
（二）行政立法的分类 ………………………………………… 006
（三）行政立法的主体及其权限 ……………………………… 007
二、行政立法程序 ……………………………………………… 008
（一）法理基础 ………………………………………………… 008
（二）实务案例 ………………………………………………… 013
（三）知识拓展 ………………………………………………… 015
三、行政立法的社会参与 ……………………………………… 017
（一）法理基础 ………………………………………………… 017
（二）实务案例 ………………………………………………… 024
四、行政立法听证 ……………………………………………… 031
（一）法理基础 ………………………………………………… 031
（二）实务案例 ………………………………………………… 033
（三）知识拓展——关于立法听证笔录效力的争议 ………… 035

五、行政立法的效力 ·································· 036
　　　　（一）法理基础 ·································· 036
　　　　（二）实务案例 ·································· 040

第三章　行政许可实务 ·································· 043
　　一、法理基础 ·································· 043
　　　　（一）行政许可概述 ·································· 043
　　　　（二）行政许可行为的界定 ·································· 045
　　　　（三）行政许可的原则 ·································· 045
　　　　（四）行政许可的设定 ·································· 048
　　　　（五）行政许可的设定主体 ·································· 050
　　　　（六）行政许可的实施主体 ·································· 051
　　　　（七）行政许可的实施程序 ·································· 051
　　二、实务案例 ·································· 053
　　　　（一）对行政许可适用条件的违反 ·································· 053
　　　　（二）行政许可的基础行为 ·································· 057
　　　　（三）行政许可的变更、撤回和撤销 ·································· 061
　　　　（四）行政许可有效期的延续 ·································· 066
　　三、相关法律文书 ·································· 069

第四章　行政处罚实务 ·································· 071
　　一、法理基础 ·································· 071
　　　　（一）行政处罚的基本原则 ·································· 071
　　　　（二）行政处罚的法定种类 ·································· 078
　　　　（三）行政处罚的设定 ·································· 082
　　　　（四）行政处罚实施主体、管辖与适用 ·································· 085
　　　　（五）行政处罚的程序 ·································· 087
　　二、实务案例 ·································· 094
　　　　（一）行政处罚原则的运用 ·································· 095
　　　　（二）行政处罚行为必须有上位法的依据 ·································· 101
　　　　（三）关于行政处罚程序的几个问题 ·································· 103

（四）当事人非法取得的行政许可应依行政许可程序撤销
　　　　而非适用行政处罚程序予以吊销 ·················· 115
三、知识拓展 ·· 120
　　（一）违法应予撤销的几种情形 ·················· 120
　　（二）不宜通过撤销的方式直接纠错的几种情形 ·········· 124
　　（三）行政行为违法或出错时的处理方式 ·············· 124
四、相关法律文书 ··· 125

第五章　行政强制实务 ·· 126
一、法理基础 ·· 126
　　（一）《行政强制法》规范的主要对象 ·············· 126
　　（二）《行政强制法》的立法意义与适用范围 ·········· 127
　　（三）《行政强制法》的立法原则 ·················· 128
　　（四）行政强制的种类与设定 ······················ 132
　　（五）行政强制措施实施程序 ······················ 134
　　（六）行政强制执行程序 ·························· 136
　　（七）申请法院强制执行 ·························· 139
　　（八）行政强制行为责任制度 ······················ 140
二、实务案例 ·· 141
　　（一）行政强制措施应由法律、法规规定的行政机关在法
　　　　定职权范围内实施 ·························· 141
　　（二）查封、扣押应严格遵循法定程序 ·············· 143
　　（三）行政强制执行主体的确定及责任承担 ·········· 145
　　（四）"危房"拆除行为在房屋征收与补偿中的认定 ······ 148
　　（五）关于行政强制执行决定的作出 ················ 151
　　（六）行政强制行为中有关举证责任的认识 ·········· 153
　　（七）行政机关强制执行中的执行罚 ················ 156
三、知识拓展——强拆案件适格被告的认定 ················ 158
四、相关法律文书 ··· 161
　　（一）内部审批程序文书 ·························· 161
　　（二）案件移送程序文书 ·························· 161

（三）实施行政强制措施程序文书 ……………………………… 161
　　（四）行政机关强制执行程序文书 ……………………………… 162

第六章　行政协议实务 …………………………………………… 163
一、法理基础 ………………………………………………………… 163
　　（一）行政协议的概念与特征 …………………………………… 164
　　（二）行政协议的原则 …………………………………………… 166
　　（三）行政协议的类型 …………………………………………… 168
　　（四）行政协议的权利与义务 …………………………………… 172
　　（五）行政协议订立的方式与程序 ……………………………… 174
　　（六）行政协议的权利救济 ……………………………………… 176
二、实务案例 ………………………………………………………… 178
　　（一）行政协议性质的认定及其当事人的救济途径 …………… 178
　　（二）行政诉讼实务中的受案范围关于行政协议的规定 ……… 182
　　（三）行政、司法机关对行政协议争议在行政复议受案范
　　　　　围认定上的变化 ………………………………………… 188
　　（四）违背相对方真实意愿签订的行政协议可依法判决撤销 … 191
　　（五）行政协议中行政机关的优益权不得滥用 ………………… 193
　　（六）行政机关为公共利益需要行使单方解除权的，应依
　　　　　法定程序并依法补偿相对方损失 ……………………… 197
　　（七）行政协议的签订具有重大、明显违法情形的，应确
　　　　　认无效 …………………………………………………… 200

第七章　政府信息公开实务 ……………………………………… 204
一、法理基础 ………………………………………………………… 205
　　（一）政府信息公开的内涵 ……………………………………… 205
　　（二）政府信息公开的范围与方式 ……………………………… 205
　　（三）政府信息公开的原则 ……………………………………… 208
　　（四）政府信息公开制度 ………………………………………… 210
二、实务案例 ………………………………………………………… 211
　　（一）政府信息公开要平衡好公共利益与个人利益的关系 …… 211

（二）信息公开义务主体的认定 ………………………… 215
　　（三）我国现行法律规范下政府信息公开的范围 ………… 217
　　（四）涉及国家秘密、商业秘密信息公开的认知问题 …… 223
　　（五）"信息不存在"案件的举证责任分配与审查标准 …… 230
三、知识拓展——政府信息公开案件办理中应注意的几个问题 234
　　（一）申请受理阶段 ………………………………………… 234
　　（二）针对信息公开申请的答复 …………………………… 235
　　（三）行政机关对信息公开申请的答复程序 ……………… 238
　　（四）滥用政府信息公开权的规制问题 …………………… 240
四、相关法律文书 ………………………………………………… 241
　　（一）信息公开申请表（参考）…………………………… 241
　　（二）信息公开申请答复书（参考）……………………… 242

第一章 行政法律实务概述

行政法律实务，顾名思义，就是行政法律领域中行政法理论与我国现有行政立法及其应用的法律实践。我国行政法发展的历史相对于其他的部门法而言时日尚短，但在我国全面依法治国的大环境下，具有积极的实践与发展意义。2014年，十八届四中全会通过《中共中央关于全面推进依法治国若干重大问题的决定》，指出"各级政府必须坚持在党的领导下、在法治轨道上开展工作，创新执法体制，完善执法程序，推进综合执法，严格执法责任，建立权责统一、权威高效的依法行政体制，加快建设职能科学、权责法定、执法严明、公开公正、廉洁高效、守法诚信的法治政府"。2020年11月中央全面依法治国工作会议提出，"要坚持依法治国、依法执政、依法行政共同推进，法治国家、法治政府、法治社会一体建设"，"要坚持全面推进科学立法、严格执法、公正司法、全民守法"。2021年8月，中共中央、国务院印发了《法治政府建设实施纲要（2021—2025年）》，为在新发展阶段持续深入推进依法行政，全面建设法治政府提出了新的规范和要求。这些纲领性文件蕴含着行政法律理论与实务的具体规范，是进行行政法律实务研究的根本前提和基础。

建设社会主义法治政府要做到立法、守法、执法的统一，关键是法律的实施。根据国家法律数据库的数据显示，我国现有法律法规中绝大部分属于行政法律规范的范畴。[1]行政法律规范的制定和实施是我国法律制定实施的重要组成部分，是我国法律体系建设的重要内容，是法治国家、法治政府和法治社会建设的重要保障。由此，对于行政法律基础理论与实务的认知也成为法治政府建

---

[1] 我国现行有效或即将生效的法律共416项（其中属于行政法的有131项）；行政法规689项；地方性法规17084项，其中大部分涉及行政管理事项，如北京市现有地方性法规242项，除涉及人大及其常委会自身工作、综合治理、地方组织建设等方面的立法33项外，剩余的全是涉及行政管理的行政法规；山东省共有地方性法规950项，其中90%属于行政管理方面；其他省份的地方性法规也都是涉及行政管理内容的占据绝大多数。参见https://flk.npc.gov.cn/index.html，最后访问时间：2022年8月24日。

设语境下的重要内容,值得深入学习和研究。

一、行政法律基础理论与实务的基本认知

(一)行政法律基础理论的内容

行政法律理论按照我国行政法学理论的通说,可以分为五个部分:

①行政法的基础理论,包括行政法的概念、特征、渊源、历史发展、行政法律关系和行政法的基本原则等。

②行政组织法,包括行政组织法的界定、分类、历史沿革等基础知识、行政组织法律制度、行政主体和公务员法等内容。

③行政行为法,包括行政行为的基础理论(行政行为的概念、分类、合法要件、效力等)、行政立法行为、授益行政行为(行政给付、行政许可等)、负担行政行为(行政处罚、行政征收与征用、行政强制等)、行政信息公开、其他行政行为(行政规划、行政指导、行政协议、行政确认、行政裁决、行政仲裁、行政调解、行政应急等)以及监督行政等。

④行政程序法,包括行政程序的基本内涵、基本原则、根本制度和行政程序的法典化等内容。

⑤行政救济法,包括行政复议、行政诉讼和国家赔偿三大部分,是行政法律实务应用的重点内容。

(二)行政法律实务的内涵与外延

行政法律实务最直接的解释就是行政法学理论在实践中的应用,是行政实体法和行政程序法二者在法律实践中结合的体现。与其他的部门法相比,行政法领域实体法与程序法的区分不够明显,相反,行政法实体与程序存在相互交织、相互结合的特征。如《行政处罚法》这一现行典型的行政立法中就存在明显的实体与程序相互交织的现象,其既有行政处罚的设定、适用和执行等实体性的规范,又有行政处罚的简易程序、一般程序和听证程序等程序性的规范。这种实体与程序两类法律规范融合共生的特征在《行政许可法》《行政强制法》等行政立法中均有较为明显的体现。所以说,行政法是典型的实体法和程序法

相结合的部门法，除行政诉讼法之外的大多数的行政法律规范都是实体与程序的结合。

行政法中实体法与程序法的交织与融合并非为了标新立异，而是由部门法本身的专业特性决定的，其主要目的在于通过较为严格的程序性的法律规范来约束和规范实体性的行政权力的行使。一方面，行政立法设定行政权力行使的前提条件和具体的权力运行程序来实现对行政权力行使的事前和事中的规范与控制。另一方面，行政救济法通过对行政行为的事后法律监督来规范和纠正行政行为，从而实现对行政权力的约束，保障行政相对人的合法权利。"必须要把权力关进制度的笼子里"，行政法中实体与程序的结合就是为了更好地规范和约束行政权力的行使，保障相对人的利益。行政行为是行政法的支点，行政法律实务从根本上说就是围绕行政行为展开的各种实体和程序性的行政法律实践活动，包括行政立法、行政处罚、行政许可、行政强制等行政行为，以及行政裁决、行政复议、行政诉讼等行政救济行为。

二、行政法律实务在行政法领域中的功能与定位

对行政法律实务的学习有助于法律职业工作者获取更加直观的专业能力。本书的出发点在于帮助在校法学专业学生、行政法律实务工作者以及其他相关从业人员更进一步地了解和获取行政法律实务知识，促进行政法理论与实务的结合，推动政府依法行政工作的深入开展，更好地保护相对人的合法权益，实现权力与权利的平衡。学习行政法律实务，要在学习行政法律理论知识及相关实体法律规范的基础上，逐渐形成解决行政法律案件的方式方法和专业技巧，形成解决行政实务的法律思维，最终具备认识、分析和解决行政法律案件的专业能力，成为行政法律职业的专门人才。

行政法律实务是围绕行政行为展开的行政法律理论在实践中的应用。行政法领域涉及社会生活的方方面面，"从摇篮到坟墓"，其内容繁多，尤其行政执法领域更是千头万绪。因此，对行政法律实务知识的总结难以面面俱到，只能突出重点，凝练涉及行政行为的基本内容。鉴于此，本书从常见的行政行为出发，侧重行政法律实务重点，突出对典型性行政行为规律的归纳与认知，并从行政复议、行政诉讼等行政救济途径认识、分析和解决问题。从本书的具体内

容看，机动地设置四个板块：一是法理基础，即相关行政法律基本理论，以实现理论与实务的前后衔接，体现知识体系的完整性；二是实务案例，选取典型案例进行解析，突出认识问题、分析问题和解决问题的过程；三是知识拓展，包括拓展性问题的提出、案例解决规律与技巧等；四是相关法律文书，主要介绍具体行政法律实务操作过程中涉及的法律文书的模板介绍、写作重点等内容，增加具体案例解决的既视感。

三、行政法律实务的目标和追求

行政法律实务涉及人群众多，本书可以作为教材使用，也可以作为专业参考资料使用。对在校学生来讲，本书期望有利于提高学生理论与实践结合的能力，更理性地认识问题、分析问题和解决问题，培养他们形成切合实际的行政法律思维、不同角色意识和宏观社会认知。通过对行政法律案例的学习和分析，不断提升其行政法律实践综合能力。对行政法律实务工作者来讲，本书期望可以提供行政法律理论与实务两方面的综合知识，使他们能够通过阅读案例及其解析更好地认识、分析、解决实务问题，更直观地认识行政法律理论在实务案例中的应用和体现，拓展其在法条之外运用理论解决实际问题的思维和能力。

第二章　行政立法实务

立法是一个国家法制体系建设的基础，立法的质量对整个国家法治建设的整体水平影响巨大。现代社会政府管理在国家治理体系中的地位日益提高，政府行政管理的广度与深度不断扩展，其直接影响到了立法领域的职能分工。国家立法权掌握在国家立法机关手中，国家立法机关承担着国家主要法律的制定并监督法律的实施。但现代国家行政事务内涵与外延的不断扩大与延伸导致行政管理工作日益庞杂，而行政领域的法律规范不断趋于专业化，仅凭立法机关难以胜任日益艰巨的立法任务，遂有了立法机关对行政机关的授权立法与委托立法。行政立法工作随之成为国家立法体系中的重要一环，对国家法制体系建设与国家治理的法治化发挥了重要的作用。在我国，行政立法工作已成为政府法治建设的一项基础性工作，对政府行政执法与管理产生了深远的影响。尤其是2015年《立法法》修订，授予了设区的市地方立法权，使得设区的市的地方政府均有了行政立法权，行政立法工作在设区的市政府行政管理工作中的地位日益突出。同时，如何适应地方经济社会发展的需要选择合适的立法项目、提高地方行政立法质量以影响和推动地方社会的发展成为地方政府工作的重点之一。对行政立法实务的学习和把握也就成了更多法律理论研究者和法律实务工作者的必然需要。

一、行政立法的内涵

(一) 行政立法的概念和特征

行政立法，是指国家行政机关依据法定权限、法定程序制定行政法规和规章的活动。行政立法一般有动态和静态两种含义：动态意义的行政立法指国家行政机关制定行政法规和规章的活动，是动词意义上的行政法领域的立法；静态意义的行政立法指国家行政机关依据法定程序所制定的行政法规和规章①，是名词意义上的行政立法。本书采用动态意义的行政立法含义，具体就是指行政机关的立法活动。

动态意义上行政立法的含义有以下几种：

①行政立法是行政机关以国家名义进行的立法活动，是行政机关代表国家从事的立法行为。

②行政立法是行政机关依法定立法程序进行的抽象行政行为，行政机关应按照国务院《行政法规制定程序条例》和《规章制定程序条例》规定的立法程序从事行政立法活动。

③行政立法中的"法"属于法的范畴，是国家法律体系的一部分，同样具有法的普遍性、规范性和强制性等基本特征。

（二）行政立法的分类

依据不同的标准，行政立法可做以下分类②：

1. 依据其权力来源不同，分为职权立法和授权立法

职权立法是行政机关依据宪法和立法法的授权，为执行相应法律、法规或根据行政管理活动的需要，在职权范围内制定行政法规和规章的行政立法活动。如《宪法》第89条第1项规定了国务院具有"根据宪法和法律""制定行政法规"的职权；第90条规定了国务院各部委可以根据法律和国务院行政法规、决定、命令发布规章。国家行政机关依据《立法法》第65条、第80条、第82条规定针对应由行政法规、规章规定的事项而进行的行政立法等即属于职权立法。

授权立法是行政机关根据单行法律或国家权力机关的特别授权而进行的行政立法活动。行政授权立法是针对本应由国家权力机关制定法律或地方性法规的事项而进行的行政立法。根据《立法法》第9条的规定，全国人大及其常委会可通过决定授权国务院根据实际需要，对《立法法》第8条规定的法律保留事项中的部分事项先制定行政法规。其中"授权"国务院"先制定行政法规"就是国家权力机关对国家行政机关的特别授权立法。如国务院根据全国人大常

---

① 胡锦光主编：《行政法专题研究（第二版）》，中国人民大学出版社2006年版，第57页。
② 姜明安主编：《行政法与行政诉讼法》，北京大学出版社、高等教育出版社2019年版，第160—161页。

委会1985年作出的《关于授权国务院在经济体制改革和对外开放方面可以制定暂行的规定或者条例的决定》所进行的行政立法，即属于授权立法。

2. 依据行政立法权行使主体不同，分为中央行政立法和地方行政立法

国务院制定行政法规和国务院各部门制定部门规章的活动称为中央行政立法，主要调整全国范围内的普遍性的行政管理问题，包括全国性的治安、环境保护、国有资源和资产管理、市场监管、教育科技文化卫生等各行政管理领域的问题等。各省、自治区、直辖市和设区的市、自治州人民政府制定地方政府规章的活动称为地方行政立法。按《立法法》的规定，地方行政立法的调整范围仅限于执行性事务、地方性事务，其中设区的市政府的行政立法范围仅涉及城乡建设和管理、环境保护和历史文化保护等方面的行政管理事项。

3. 依据其内容不同，分为行政执行性立法和行政创制性立法

行政执行性立法，是指国务院及其各部门、省级政府以及设区的市人民政府为了执行法律或地方性法规以及上级行政机关发布的规范性文件而做出的更加具体、更具可操作性的行政立法活动。行政执行性立法的依据是特定法律、行政法规或上级行政规章，行政机关可以依职权立法，也可以依授权立法，如无此具体规定，行政机关不得任意进行执行性立法活动。行政执行性立法是对上位法的执行，故其因上位法而产生，亦因上位法的废止而废止，名称一般为"××实施条例""××实施办法"或"××实施细则"等。如国务院根据《道路交通安全法》制定的《道路交通安全法实施条例》。从其内容上看，行政执行性立法只是上位法规定的权限和范围的具体化，而不可突破上位法的范围创设新的权利和义务。

行政创制性立法，是指国务院及其各部门、省级政府以及设区的市人民政府根据法律规定或权力机关的授权制定行政法规或规章，为公民、法人或其他组织创制新的权利义务的行政立法活动。行政创制性立法是行政机关为更好地履行行政管理职责，在缺乏相应法律、法规规定的前提下，根据自己的法定立法权限进行的自主性或补充性的立法活动。在行政立法活动中，如缺少特定法律、法规或权力机关决议的授权，则行政机关不得任意进行创制性立法。

（三）行政立法的主体及其权限

根据我国宪法和相关法律法规的规定，我国行政立法的主体及其权限为：

①国务院，其为我国最高的行政立法主体，"根据宪法和法律，制定行政措施，制定行政法规，发布决定和命令"，其既可依职权立法，又可依最高国家权力机关和法律授权立法；

②国务院各部门、委员会、中国人民银行、审计署，其在法定权限内可依法律授权立法，具有部门规章制定权；

③具有行政管理职能的国务院直属机构，其立法权可由单项法律、法规授权，但需经国务院批准后才能发布施行，被称作不完整的规章制定权；

④省、自治区、直辖市人民政府，其可在自身权限内依法律、法规的授权进行立法，具有地方政府规章制定权；

⑤设区的市、自治州的人民政府，其可以根据法律、行政法规和本省、自治区、直辖市的地方性法规，就城乡建设与管理、环境保护、历史文化保护等方面制定地方政府规章。

二、行政立法程序

（一）法理基础

行政立法要适应经济社会发展和民主法治建设的需要，必须有计划地进行。立法行为要适应社会、经济、文化发展的需要，服从和服务于社会改革与发展；行政立法服务社会发展的任务艰巨，要突出重点，分步骤进行；行政立法种类繁多，立法主体多样，要防止不同立法主体重复立法行为，既要查漏补缺，又要避免重复和资源浪费。严格按照法定立法程序进行行政立法是科学有序立法的重要保障和基本要求。

行政立法的程序主要体现在《立法法》和国务院发布的《行政法规制定程序条例》《规章制定程序条例》等相关法律规范中。根据以上法律、行政法规并结合现行立法实践，行政立法程序可总结为如下五个步骤：立项（编制立法计划）、起草、审查、决定、公布与备案。

1. 立项（编制立法计划）

（1）行政法规的立法计划

根据《立法法》第66条的规定，国务院法制机构负责拟订国务院年度立法计划，报国务院审批；国务院有关部门也应就制定行政法规向国务院报请立项，并由国务院法制机构负责相关立法计划的落实；国务院立法计划中的法律项目应与全国人大常委会的立法规划与立法计划有机衔接。《行政法规制定程序条例》第7条、第8条也就上述国务院年度立法计划及国务院有关部门报请立项事宜作了规定。由此，国务院制定行政法规立法计划的程序是：①国务院部门申请立项。国务院有关部门认为有必要制定行政法规的，应当向国务院报请立项。该立项申请应说明立法项目要解决的主要问题、依据的党的路线方针政策和决策部署，以及拟确立的主要制度。国务院同意立项的，编入国务院立法工作计划。②国务院法制机构拟订国务院年度立法计划。根据《行政法规制定程序条例》第9条的规定，国务院法制机构对行政法规立项申请和公开征集的行政法规制定项目建议进行评估论证，拟订国务院年度立法工作计划。③报党中央、国务院审批。法制机构拟订的上述年度立法计划报党中央、国务院批准后对社会公开发布。

（2）规章的立法计划

根据《规章制定程序条例》，规章制定的立法计划编制程序是：①报请立项。国务院部门内设机构或者其他机构应就部门规章的制定向该部门报请立项；省、自治区、直辖市和设区的市、自治州的人民政府所属工作部门或者下级人民政府应就地方政府规章的制定向上述省、自治区、直辖市或者设区的市、自治州的人民政府报请立项。②拟定立法计划。国务院部门，省、自治区、直辖市和设区的市、自治州的人民政府，应当加强年度立法计划实施的领导；督促相关规章起草单位按照立法程序及时推动工作。③报本部门或本级人民政府批准。年度立法工作计划可根据实际情况适时予以调整。

编制立法工作计划或立项，是立法的一项重要准备工作，是立法工作展开的前提和基础，行政立法也不例外。行政立法因为涉及范围广、内容多，其立项来源渠道也相应很多：如政府及其职能部门申报、本级人大常委会及人大专门委员会和人大常委会工作机构建议、人大代表或社会公众提出建议意见、国家根据经济社会发展趋势立项以及行政领导批示等方式。行政立法来源只是立项的起源，是行政立法的选择范围，并不代表都可以正式立项。这些立项的方式与来源只有正式列入行政立法工作计划，才意味着立项成功，真正进入了立法程序。实践中，因为立法任务繁重，立项之后并非意味着行政立法行为正式开始,具体立法工作的展开还要根据立法工作计划的先后顺序依次进行。立项关乎行政立法的方向和质量,意义重大。

2. 起草

根据《立法法》第67条、第80条至第86条与《行政法规制定程序条例》第11条至第17条以及《规章制定程序条例》第14条至第18条的规定,行政法规和规章起草的形式和要求有以下几个方面。

(1) 起草主体

①行政法规:国务院的一个部门单独起草;国务院的几个部门联合起草;由国务院法制机构起草或者组织起草。②部门规章:部门规章由国务院部门组织起草;涉及两个以上国务院部门职权范围的事项,应由该相关部门联合起草。地方政府规章由省、自治区、直辖市和设区的市、自治州的人民政府组织起草,其可确定规章由其一个部门或者几个部门具体负责起草工作,也可以确定由其法制机构起草或者组织起草。③专业性较强的行政法规和规章的起草,可以吸收相关领域的专家参与起草工作,也可以委托具有专业能力的第三方个人或社会组织起草。

(2) 征求意见

①行政法规和规章的起草,应通过座谈会、听证会、网络、各种媒体等形式广泛听取社会各界的意见。②起草行政法规,起草部门应当与存在关联的部门充分协商,尤其关系部门职责分工、行政许可、财政支持、税收优惠政策的,应当征得机构编制、财政、税务等相关部门同意。起草部门规章,起草单位应当充分征求与之密切相关的国务院有关部门的意见。③起草地方政府规章,起草单位应当充分征求与之密切相关的其他部门的意见。经充分协商不能取得一致意见的,起草单位应在上报规章草案送审稿时说明情况和理由。④行政法规草案除国务院决定不予公布、起草规章除依法需要保密的以外,二者均应向社会公布,征求意见。行政法规和规章向社会公布征求意见的期限一般不少于30日。

(3) 听证程序

行政法规送审稿涉及社会普遍关注的热点难点问题和社会突出矛盾,减损个人或组织的权利或者增加其义务,对社会公众有重要影响等重大利益调整事项的,可以组织听证会征求社会各界的意见。起草的规章涉及重大利益调整或者存在重大意见分歧，对公民、法人或者其他组织的权利义务有较大影响，社会公众普遍关注，需要进行听证的，起草单位应当举行听证会听取意见。

（4）送审稿的签署。①起草部门向国务院报送的行政法规草案送审稿，应当由起草部门主要负责人签署。起草行政法规，涉及几个部门共同职责需要共同起草的，应当共同起草；达成一致意见并由该几个部门主要负责人共同签署后，联合报送行政法规送审稿。②规章送审稿应当由起草单位主要负责人签署；几个单位共同起草的，应当由该几个单位主要负责人共同签署。

3. 审查

行政立法起草后，经过征求意见、对外公开或与有关部门协商并由起草机关负责人单独或联合签署后，起草单位应将草案及其说明、各方面对草案主要问题的不同意见和其他有关资料汇总形成送审稿后，送至相应机关审查。

（1）审查机构

行政法规送审稿由国务院法制机构负责审查，规章送审稿由本级政府法制机构负责统一审查。

（2）审查内容

综合《行政法规制定程序条例》和《规章制定程序条例》的要求，审查机构对行政法规和规章送审稿的审查内容一般包括：①送审稿是否符合党的路线方针政策、决策部署，是否符合宪法和法律的规定；②是否符合《立法法》第3条、第4条及第12条等确立的遵循宪法，维护社会主义法制的统一和尊严，体现人民的意志、维护人民的利益，从实际出发，依法定权限和程序进行立法等立法原则；③是否与有关行政法规及规章等行政立法相协调和衔接；④是否正确处理了有关组织和公民对送审稿主要问题的意见；⑤是否符合立法技术要求；⑥其他需要审查的内容。

法制机构对不符合审查内容的送审稿，可以缓办或者退回起草部门、起草单位。国务院有关部门或地方政府有关机构或部门对行政法规或行政规章送审稿涉及的主要制度、管理体制、权限分工等有不同意见的，法制机构应当进行协调，经过充分协调不能达成一致意见的，法制机构、起草部门应当将争议的主要问题、有关部门的意见以及法制机构的意见及时报各行政立法机关或本部门、本级人民政府决定。

(3) 审查报告

法制机构应当认真征求并研究各方面的意见，与起草部门协商后，对行政法规或规章送审稿进行修改，形成行政法规、规章草案和对草案的说明（即审查报告），以决定行政法规或规章的草案是否提交相关会议讨论通过。

4. 决定

行政立法草案及其说明由法制机构主要负责人提出提请行政立法机关审议的建议。

①行政法规草案由国务院法制机构主要负责人提出提请国务院常务会议审议的建议。如行政法规草案调整范围单一、意见统一或者属于专门针对某法律制定的配套性规范，可以由国务院法制机构以传批方式直接提请国务院审批。

②部门规章应当经部务会议或者委员会会议决定。

③地方政府规章应当经政府常务会议或者全体会议决定。

5. 公布与备案

（1）公布

按照《立法法》《行政法规制定程序条例》《规章制定程序条例》的规定，公布是行政立法的必经程序。行政立法作为一种行政行为，应公开、公平、公正，这既是行政行为的基本要求，也体现了行政法的基本原则。行政立法必须依法定形式公开，该立法行为才能产生相应的法律效力，行政立法规范才得以实施。不予公开的行政立法属于违法行为，是无效的行政行为，自始不产生法律效力。

①行政法规，由总理签署国务院令公布。涉及国防建设的行政法规，可以由国务院总理、中央军事委员会主席共同签署国务院、中央军事委员会令公布。行政法规签署公布后，及时在国务院公报（该文本为标准文本）和中国政府法制信息网以及在全国范围内发行的报纸上刊载。

②部门规章与地方政府规章，由部门首长或省长、自治区主席、市长或者自治州州长签署命令予以公布。部门规章签署公布后，及时在国务院公报或者部门公报、本级人民政府公报和中国政府法制信息网刊载，部门规章应在全国范围内、地方政府规章应在本行政区域范围内发行的报纸上刊载。

在国务院公报或者部门公报和地方人民政府公报上刊登的规章文本为标准文本。

(2) 备案

根据《立法法》第 98 条的规定，行政法规、规章应当在公布后的 30 日内依照下列规定报有关机关备案：行政法规报全国人大常委会备案；部门规章报国务院备案；地方政府规章应当同时报本级人大常委会和国务院备案；设区的市、自治州的人民政府制定的规章应当同时报本级人大常委会和省、自治区的人大常委会、人民政府以及国务院备案；根据授权制定的法规应当报授权决定规定的机关备案。

（二）实务案例

1. 立项

山东省人民政府办公厅《关于印发山东省人民政府 2019 年立法工作计划的通知》（鲁政办发〔2019〕10 号）[①] 中提到省政府规章项目共 55 项。

一是年内完成的省政府规章项目（8 项），如山东省煤矿冲击地压防治办法（起草单位：山东煤矿安监局）、山东省自然灾害和安全生产风险管控办法（起草单位：省应急厅）、山东省人民政府关于将部分省级行政权力事项（第二批）调整由济南、青岛、烟台市实施的决定（起草单位：省发展改革委），等等。

二是条件成熟时争取完成的省政府规章项目共 24 项，如山东省外国人工作服务管理办法（起草单位：省科技厅）、山东省测绘成果管理办法（修改）（起草单位：省自然资源厅）、山东省特种行业治安管理办法（起草单位：省公安厅）、山东省行政复议听证办法（起草单位：省司法厅），等等。

三是抓紧调查研究和起草的省政府规章项目共 23 项，如山东省政府投资办法（起草单位：省发展改革委）、山东省成本调查监审办法（起草单位：省发展改革委）、山东省实施《大中型水利水电工程建设征地补偿和移民安置条例》办法（起草单位：省水利厅）、山东省工业生产建设项目安全设施监督管理办法（废止）（起草单位：省应急厅），等等。

另外，山东省人民政府 2019 年立法项目目录还提到要分期分批对机构改革、上位法修改涉及的地方性法规、省政府规章作出修改或者予以废止。同时，

[①] 山东省司法厅政府信息公开："山东省人民政府办公厅关于印发山东省人民政府 2019 年立法工作计划的通知"，http：//sft.shandong.gov.cn/articles/ch04192/201904/8684e6cf－af22－4ddf－bb57－e－16065c21978.shtml，最后访问时间：2021 年 8 月 1 日。

根据国务院和省政府的部署，开展涉及民营经济、军民融合、外商投资等领域地方性法规、省政府规章的清理和修改工作。及时启动涉及乡村振兴战略实施、生态环保和自然资源保护、民营经济发展、扩大对外开放积极利用外资、社会民生、公共服务、科技创新等方面的立法前期工作。

2. 起草

山东省政府在2019年立法计划中提到"条件成熟时争取完成的省政府规章项目"，其中安排省住房和城乡建设厅负责起草《山东省城镇供水管理办法》。省住房和城乡建设厅是该政府规章的起草单位。按照行政立法的起草程序规定，对《山东省城镇供水管理办法》这一省级政府规章的起草存在以下几种模式：一是，由省政府一个行政主管部门负责起草，如省住房和城乡建设厅。二是，由几个部门联合起草，如从省住房和城乡建设、发展改革、环境保护、城乡规划、卫生、物价、城市管理行政执法、市场监管等相关职能部门中选取涉及职能工作较多的两个以上的部门共同起草。其中可选取省住房和城乡建设厅或其他工作相关度较高的部门牵头组织，其他参与起草的部门各负其责，起草后所有部门共同签署报送审查。三是，由省政府法制部门即省司法局负责起草或者组织起草。在地方立法实务中，委托部门或第三方立法的情形非常普遍。如果按照立法起草的影响力或权威性来讲，由政府法制机构直接起草或组织起草会更直接，更有力度。但政府法制部门限于专业人员不足、立法工作量大等原因无法完全承担所有规章的起草任务，只能由政府委托部门立法。

3. 审查决定

《山东省城镇供水管理办法》由省住房和城乡建设厅起草后，送审稿应报省政府法制部门即省司法厅统一审查。省司法厅依法定程序对规章送审稿进行审查，重点针对规章送审稿涉及的主要问题，根据具体需要，通过实地调研、召开座谈会、论证会、听证会、委托研究等形式听取有关机关、组织、专家或公民的意见，协调解决不同群体的重大利益分歧和不同意见建议，争取在提交省政府常务会议审核决定前协调达成一致意见。

4. 公布备案

如果《山东省城镇供水管理办法》得以通过，其作为省级政府规章，应依法在山东省人民政府公报和中国政府法制信息网以及在山东省内发行的报纸上（如《大众日报》等）刊载。上述规章自公布之日起30日内，由省司法厅报国务院和山东省人大常委会备案。

（三）知识拓展

资料：2021年6月备案登记审查的法规规章情况①

2021年6月，司法部收到地方和部门报送国务院备案的法规规章85件。经审查，予以备案登记85件（其中，地方性法规57部，地方政府规章20件，国务院部门规章8件）。

2021年6月予以备案登记的地方政府规章

规章名称	公布日期	备案登记编号
天津海河教育园区管理规定	2021年5月28日	国司备字【2021004269】
呼和浩特市人民政府关于废止《呼和浩特市城市环境卫生和车辆停放秩序违法行为处罚规定（试行）》的决定	2021年5月9日	国司备字【2021004245】
辽宁省人民政府关于废止和修改部分省政府规章的决定	2021年5月18日	国司备字【2021004286】
营口市政府规章立法后评估办法	2021年5月31日	国司备字【2021004313】
齐齐哈尔市市区巡游出租汽车管理办法	2021年5月20日	国司备字【2021004244】
上海市人民政府关于废止《上海市展览业管理办法》的决定	2021年4月30日	国司备字【2021004232】
上海市人民政府关于废止《上海市外商投资企业投诉及处理办法》的决定	2021年4月30日	国司备字【2021004234】
上海市地图管理办法	2021年5月8日	国司备字【2021004249】

---

① 中华人民共和国司法部（中国政府法制信息网）："2021年6月备案登记审查的法规规章情况"，http：//www.moj.gov.cn/pub/sfbgw/fzgz/fzgzbagz/202107/t20210701 429723.html，最后访问时间：2021年8月1日。

规章名称	公布日期	备案登记编号
上海市人民政府关于修改《上海市居住房屋租赁管理办法》等3件市政府规章的决定	2021年5月8日	国司备字【2021004250】
盐城市机关事务管理办法	2021年5月12日	国司备字【2021004247】
福建省慈善事业促进办法	2021年4月21日	国司备字【2021004237】
关于公布市政府规章及规范性文件清理结果的决定	2021年5月19日	国司备字【2021004271】
江西省省级储备粮管理办法	2021年5月11日	国司备字【2021004231】
佛山市燃气管理办法	2021年5月24日	国司备字【2021004270】
揭阳市城市绿化管理办法	2021年5月31日	国司备字【2021004277】
海南省人民政府关于废止《海南省政务信息化工程建设管理办法》的决定	2021年3月22日	国司备字【2021004233】
重庆市集体土地征收补偿安置办法	2021年5月19日	国司备字【2021004238】
兰州市人民政府关于废止《兰州市行政效能监察办法》等十四件政府规章的决定	2021年5月17日	国司备字【2021004248】
西宁市燃气管理办法	2021年5月31日	国司备字【2021004310】
银川市城市住房保障管理办法	2021年5月27日	国司备字【2021004315】

2021年6月予以备案登记的国务院部门规章

规章名称	公布日期	备案登记编号
海关进出口货物减免税管理办法	2020年12月21日	国司备字【2021004235】
进口食品境外生产企业注册管理规定	2021年4月12日	国司备字【2021004311】

规章名称	公布日期	备案登记编号
进出口食品安全管理办法	2021年4月12日	国司备字【2021004312】
机动车排放召回管理规定	2021年4月27日	国司备字【2021004236】
市场监督管理行政执法责任制规定	2021年5月26日	国司备字【2021004276】
宗教院校管理办法	2021年4月23日	国司备字【2021004278】
银行保险机构董事监事履职评价办法（试行）	2021年5月20日	国司备字【2021004246】
理财公司理财产品销售管理暂行办法	2021年5月11日	国司备字【2021004268】

三、行政立法的社会参与

（一）法理基础

行政立法作为抽象行政行为需符合行政行为的基本特征，具有从属法律性，必须依据法律，从属于法律。按照行政法的要求，行政行为程序要合法。法定行政程序已成为控制行政权力，防止行政专制，保障行政相对人合法权益的重要法律规范。行政立法严格遵循法定程序进行，也符合行政法程序正当的基本原则要求。社会广泛参与是行政立法行为民主、公开、公正的体现，对于在行政立法行为中限制行政权力，维护公众的知情权、参与权有着积极的意义。

行政立法的社会参与从时间顺序看，体现在立法前的调研、立法中的征求意见建议和立法后的效果评估。

1. 行政立法前的调研

行政立法乃至所有立法工作前调研，广泛征求社会各界的意见建议是民主立法、开门立法的重要前提，是提高立法质量的必然要求。《立法法》规定，立法应当通过座谈会、论证会、听证会等多种形式听取各方面的意见。行政立法主体应加强调查研究，保证立法质量。

从立法理论上看，立法前的调研又称作立法前预评估或立法项目论证，行政立法乃至立法机关的立法都同样存在立法前调研的问题。从整个立法的角度来认识立法前调研的基本理论，大概包括以下内容。

(1) 立法项目论证的基本内涵

所谓立法项目论证，也称立法前预评估，指法的制定、修改和补充程序启动前，评估主体运用科学的评估方法和手段，对立法项目的立法必要性、可行性和法规中主要制度的科学性、可操作性以及法规实施的预期效果、经济社会影响等进行分析、评价和预测的综合性活动。立法前评估的作用在于为立法主体提供科学合理的立法决策依据，以期在立法程序启动前及时判断立法的必要性与可行性，提前发现并解决下步立法程序中要面临的问题，最大限度地保障立法决策的正确性和立法程序的顺利进行，以实现立法收益的最大化。立法项目论证的基本性质就是一种立法前的评估，其既是一种是否启动立法程序的选择性评估，也是一种对立法项目的成本与效益的预评估。

立法项目论证制度是立法评估制度的重要组成部分，是立法程序的重要环节。立法项目论证具有严格技术规范性和独立制度价值，其对于推动科学决策具有积极意义。中国特色社会主义国家的建设需要法治，更需要的是良法之治。科学立法是良法之治的前提和保障。立法项目论证作为立法前的预评估，是整个立法评估制度的重要内容，是科学立法的基本保障，对于推进科学立法和良法善治均具有积极意义。

(2) 立法项目论证的基本要素[①]

立法项目论证的内涵决定了其要素：①规范性文件颁布实施前的评估。立法项目论证对立法项目是否可行的预判，也是对即将进行的立法活动可能在经济社会发展等方面存在的不确定性因素可能带来的风险的科学预判。②无法真正对规范性文件实施后的实效进行评估。立法项目论证是对制定前和制定中的规范性文件进行的预评估，只是对立法项目的合法性、合理性、规范性和实效性的论证和预测，无法对规范性文件实施后的实际效果进行准确测评。③具有制度设计的主观性。立法项目论证及立法前的预评估，其内容是对制定、修改、补充的规范性文件调整的权利义务关系、成本与收益衡量、社会诉求的平衡，

---

① 戴文琦：《浅析立法预评估机制及其制度化》，载《法制博览》2013 年第 9 期。

以及评价指标等进行综合判断与分析。不同的论证与评估主体具有不同的标准和诉求，其评估结果蕴含着不同的主观要素，需要科学进行制度设计以尽量客观地予以分析和判断。④立法预评估具有多元主体机制的特性。法律的职能在于规范、引导社会公众的行为，也是平衡不同社会利益诉求的行为秩序规范。立法预评估也是对于不同社会利益群体诉求的初步了解，是多元主体参与的立法前预评估。

（3）地方立法项目论证的对象选择

2015年《立法法》的修订使得我国设区的市均有了地方立法权，带来了地方立法工作的蓬勃发展。对于刚刚走上立法道路的设区的市的人大与政府而言，如何开展必要的立法前评估，施行科学立法，是摆在面前的现实问题。鉴于地方立法项目的论证与评估工作尚处于起步阶段，地方立法主体应尽可能选取评估内容相对单一、评估难度适中的地方性法规或地方政府规章项目做地方立法论证的对象。要坚持由点到面、由小到大、先易后难等原则，保障地方立法项目论证的良好效果，避免因程式化带来的雷声大雨点小的消极后果。

对立法项目的预评估和论证工作应遵从经济学的规律，讲求成本与收益构成的合理化。立法主体对于立法项目的选择应注重项目的重要性和受社会关注度，重要性强、受关注度高的立法项目应优先进行立法论证和评估，以实现立法效益的最大化。衡量与选择地方立法项目论证的标准，基本应当包括以下几个方面：一是事关社会公众基本权利与切身利益；二是对地方经济社会发展有较大影响；三是地方立法项目涉及组织机构职责以及行政许可、行政处罚、行政强制、行政征收征用、行政裁决等行政行为的；四是需要大量财政资金支持，将对地方财政收支平衡产生短期影响的项目。①

由此可见，立法项目论证就是由多元评估主体参照合法、合理与规范的标准，对即将纳入立法规划的或者已经启动制定程序的规范性文件中法的有效性问题进行分析，并获取客观评估信息，以最大限度地消除可能出现的法律、制度和社会发展等多方面风险的调研评估活动。

---

① 何盼盼：《立法前评估机制研究》，载《人大研究》2016年第7期。

(4) 地方立法项目论证的实践与总结

第一，地方立法项目论证的实践及存在的问题。

近十几年来，开展较多的主要是立法后评估工作。2008年全国人大法工委召开立法后评估研讨会，就其概念、评估的必要性、评估主体以及评估对象的选择、评估的标准与方法、评估结果的效力等问题进行了讨论。2010年全国人大常委会对《科学技术进步法》和《农业机械化促进法》开展了立法后评估。对于地方的立法评估而言，其开展的方式方法较国家层面的立法评估更具灵活性。如2004年云南省对本省制定的三部地方性法规进行了立法后评估，北京市于2005年对正在实施的《城市规划条例》等三部地方性法规进行了评估。另外，重庆、宁波、西安、青岛、厦门等城市还制定了"规章立法后评估办法"。

2015年《立法法》的修订赋予设区的市地方立法权，地方立法蓬勃发展，积累了很多有益的经验。地方立法实践中各地立法主体对于立法前的评估也非常重视，经常邀请第三方组织或个人对拟立法项目展开立法前的预评估，以保证立法质量。

这些立法评估实践是对我国立法工作的探索和不断完善，积累了立法经验，对于国家立法和地方立法工作产生了积极的推动作用。同时，工作中也暴露了一些问题：一是立法前预评估与立法后的评估没有形成有机衔接的常态化工作机制，从实践看立法前的预评估相对较为常见，立法后的评估工作尚有较大欠缺；二是立法后评估实践存在评估启动非常态化问题，评估对象通常是适用对象范围狭窄的法规，操作相对简单，评估工作呈现零散化，没有形成完整的评估体制[1]；三是设区的市的地方性立法工作中立法前的预评估颇受重视，地方立法主体往往会请社会第三方参与立法前的调研，针对立法的可行性及其相关内容作出评估，为立法工作提供了较好的参谋作用；因设区的市的立法工作2015年才刚刚全面展开，实践中制定实施的地方性法规和规章数量少、时间短，各地对立法后评估工作重视不够或者说涉及尚少，地方立法的积极性很高但立法后的评估工作兼顾不够。

第二，地方立法项目论证的经验总结。

近年来，立法项目论证在我国正在从萌芽日益走向成熟。立法项目论证工

---

[1] 戴文琦：《浅析立法预评估机制及其制度化》，载《法制博览》2013年第9期。

作从主体、客体、条件、目的、标准等角度展开，逐渐形成了较为成熟可行的一套运行机制，并取得了不少可资借鉴的经验。结合各地方立法项目论证实践的具体经验，总结起来有如下几点：

一是立法项目论证的出发点和根本目标是完善立法工作程序，提高立法质量。其通过对立法项目的调研论证以预测和评估立法工作的可行性及立法实施的效果性，具体工作体现于立法项目论证的规范性文件的合法性、科学性、规范性、实用性等方面的评价结论。

二是立法项目论证宜采用由立法主体主导、社会广泛参与的多元化主体模式。有些地方立法评估经常出现立法主体"自己评估自己"的现象，评估工作的中立性较弱，不符合立法评估客观、公开、公正的原则。为保证立法的客观性及立法质量，立法预评估宜采取立法主体牵头组织，通过委托高等院校、科研机构或其他第三方社会组织或个人参与实施的方式，形成社会公众广泛参与的多元主体模式。

三是应选择更具影响力的立法项目论证对象。我国现有立法评估实务尤其是地方立法实践中选择的评估对象主要涉及环境保护、城市建设、农业发展与就业工作等，涉及社会关系较为简单，调整对象较为单一，基本较少涉及复杂的执法部门与机构。随着社会发展的需要和立法经验的不断完善，立法预评估机制建设应有针对性地选择那些社会影响大、与社会公众利益密切相关，与执法、司法部门联系密切的规范性文件，形成立法预评估与规范性文件实施密切配合、有机衔接的工作机制。

四是立法项目论证标准逐渐制度化。立法项目的论证应坚持合法性、合目的性和技术性的标准。合法性就是指立法主体、立法权限、立法内容、立法程序等要合法，这是立法的根本要求和前提；合目的性包含立法需求以及立法预期收益是否合乎目标要求，是否能够实现成本与收益的均衡；技术性就是指立法技术是否规范，包括立法文件的结构、体系、语言表达等方面是否规范和符合立法的要求，以较好地体现立法的精神与内涵，方便立法文件能够在其覆盖范围内为广大受众明晰地认识与理解。

五是立法项目论证的程序不断规范。立法项目论证的具体程序可以分三个层次或步骤，即：项目选择程序、论证实施程序和论证反馈程序。项目选择程序，其实是针对立法项目的论证对象的设定程序，该程序应有明确具体的论证项目选择标准，如评估论证对象的选择方式与条件，避免"临时安排""突击行动"等不科学的项目选择。论证实施程序，即调查评估信息在评估报告中的具体应用，这是立法项目论证的核心内容所在，其意义在于保证评估工作的规范性、真实性和可操作性，也便于有关机关、组织和社会公众对该立法项目的理解与认知。论证反馈程序，即立法项目论证结论要及时对社会公众广而告之，体现立法项目的公开性和参与性，使公众了解规范性文件的制定背景、制定过程与规范目标，便于社会公众提出有关意见和建议。

2. 行政立法中的征求意见

行政立法中的征求意见，是指行政立法起草完成后、提交审议决定前，就行政立法中的问题广泛听取社会各方建议、意见和要求、期望的程序性工作。在立法过程中征求意见，是我国立法工作中的一种例行程序，已成为立法程序中的常态。根据《行政法规制定程序条例》第13条的规定，对于行政法规的起草，起草部门应深入调研并广泛征求意见。涉及社会公众普遍关注的热点难点问题和经济社会发展遇到的突出矛盾，减损公民、法人和其他组织权利或者增加其义务，对社会公众有重要影响等重大利益调整事项的，应当进行论证咨询。起草部门还应将行政法规草案及其说明等向社会公布并征求意见（期限一般不少于30日），但是经国务院决定不公布的除外。起草专业性较强的行政法规，起草部门可以吸收相关专家参与起草工作，或者委托有关第三方起草。

根据《规章制定程序条例》第17条的规定，起草部门规章，涉及国务院其他部门的职责或者与国务院其他部门关系紧密的，起草单位应当充分征求所涉国务院其他部门的意见。起草单位与其他部门有不同意见的，应当充分协商，协商不成的，起草单位应当在上报规章草案送审稿时说明情况和理由。

起草地方政府规章，涉及本级人民政府其他部门的职责或者与其他部门关系紧密的，起草单位应当充分征求其他部门的意见。起草单位与其他部门有不同意见的，应当充分协商；经过充分协商不能取得一致意见的，起草单位应当在上报规章草案送审稿时说明情况和理由。

（1）行政立法中征求意见的内容

一是征求相关的行政机关或其他国家机关中有关部门的意见。行政立法征求意见时要注意不能局限于本部门、本系统，还要延伸到其他部门和系统；要注意从中央机关到地方机关的征求意见的层次性；要注意行政立法关联部门的协商一致性，无法协商一致的，应说明理由，由上级机关予以协调。二是征求利害关系方、有关专家和社会各界的意见。通过新闻媒体公布行政法规和规章草案、召开座谈会、听证会等多种形式，广泛吸收社会各个渠道的建议意见。

（2）行政立法征求意见的意义

第一，社会公众的参与是行政立法公平、公正的前提。社会公众参与行政立法乃至参与行政行为从而保障公众的基本权利是行政机关的共识。行政立法之规范本身即反映了社会公众的利益和诉求。征求意见，充分反映和体现公众意愿，是行政立法题中应有之义。行政立法实践中存在的部门利益、地方保护主义等狭隘的"利益观"严重影响了社会公众利益的实现。社会公众参与行政立法是克服立法弊端、彰显公众权益的积极举措。第二，征求意见是政府职能转变和实现公众民主的重要表现形式，体现了人民参与国家管理和建设服务型政府的基本诉求。第三，征求意见有利于未来行政立法规范的实施。行政立法征求意见一方面是集思广益、科学立法，另一方面是通过公众的参与、认知以更好地宣传、普及行政立法规范，有利于新法的实施。

（3）行政立法征求意见的实施机关

行政立法征求意见一般由行政立法的起草机关和行政立法机关实施。

3. 行政立法后的评估

行政立法后的评估是指具有行政法规、规章制定权的国家机关或者由其委托的主体，按照一定的评估程序，对行政法规、规章的合法性、合理性、实效性、协调性等指标进行评价，并提出完善行政法规、规章建议的活动。[①] 简言之，就是在制定法施行后，由相关主体依据一定评估程序实施的，对现行立法的立法质量、施行效果、存在的积极与消极问题及其他相关因素所做的后续调查、评价及修改意见的评估活动。行政立法后评估实质上是相关立法主体对立法工作的自我检视，是对立法目的实现程度的验证，是一种立法行为的完善。

[①] 刘作翔、冉井富主编：《立法后评估的理论与实践》，社会科学文献出版社2013年版，第26—27页。

（二）实务案例

1. 立法前调研

（1）行政立法项目论证计划

实例：2018 年 WF 市政府立法计划建议项目论证会议指出，该年度立足"四个城市"建设和政府工作报告确定的重点任务，共有涉及 7 个部门的 9 个立法建议项目进入论证程序。项目突出体现了"为民立法"的理念，包括围绕优先发展公共交通，缓解和治理交通拥堵的《WF 市公共交通管理办法》；围绕提升物业服务水平，保障人民群众切身利益的《WF 市物业管理办法》；围绕促进全民健身，提升公众生活品质的《WF 市公共健身设施管理办法》等项目。

（2）行政立法前调研的内容

实例：WF 市于 2019 年就《WF 市物业管理办法》立法项目委托驻该市某高校进行立法前预评估和论证。该高校接受委托后成立项目组通过多方调研，最后形成了《WF 市物业管理办法》立法前评估报告。该项报告理论结合实际，从以下几个方面进行了论述：

第一部分，立法前项目评估的基本理论介绍，分三个方面：一是立法项目评估的基本理论；二是地方立法项目评估应坚持的原则；三是地方立法前评估的对象选择。

第二部分，《WF 市物业管理办法》制定的必要性与可行性分析，包括制定的必要性、可行性分析；物业管理立法应当注意的问题。

第三部分，立法前评估过程，分两个部分：一是项目团队人员构成及其任务分解；二是工作准备和过程，包括明确立法项目论证的性质、与相关职能部门进行沟通、广泛收集相关资料、团队成员及时交流信息、系统构建论证框架和内容。

第四部分，《WF 市物业管理办法》立法项目重点问题论证，包括业主、业主大会、业主委员会；物业服务企业与物业服务；物业管理的相关部门；物业管理服务及安全问题；《潍坊市物业管理条例》与其他法律法规条例等的关系问题；《WF 市物业管理条例》的可操作性及地方特色和业主知情权等七个部分。

第五部分，立法效益预测，分两个部分：一是立法效益预测；二是实施情况预测。

立法前调研是行政立法的基本程序。调研的展开和调研报告的写作因调研对象的不同而有所区别,但如何从整体上把握行政立法前调研的工作目标、调研思路和调研报告的写作模式,始终是行政立法前调研要考虑的重点问题。

2. 立法中征求意见

在实践中,行政立法公开征求社会公众意见的工作存在四种表现形式:信函、传真、电子邮件和专用系统方式。随着网络的普及与应用,当下我国行政立法实践中采用专用系统方式征求意见的占据较大比例,主要是通过起草机关或政府法制机构网站征求意见。

例1:国家市场监督管理总局关于《机动车环境保护召回管理规定(征求意见稿)》公开征求意见的通知①

根据《中华人民共和国大气污染防治法》《中华人民共和国产品质量法》《中华人民共和国消费者权益保护法》《缺陷汽车产品召回管理条例》等法律法规规定,为了防治大气污染,保护和改善环境,保障人体健康,加强机动车环境保护召回管理,明确机动车生产者的责任义务、缺陷调查及召回实施程序等相关内容,市场监管总局联合生态环境部组织起草了《机动车环境保护召回管理规定(征求意见稿)》。现向社会公开征求意见,欢迎各有关单位或个人于2019年9月9日前将修改意见反馈国家市场监督管理总局。可通过以下途径和方式提出意见:

(1)登陆中国政府法制信息网(网址:http://www.chinalaw.gov.cn),进入首页主菜单的"立法意见征集"栏目提出意见。

(2)登陆国家市场监督管理总局网站(网址:http://www.samr.gov.cn),通过首页"互动"栏目中的"征集调查"提出意见。

(3)通过电子邮件将意见发送至:zhglc@samr.gov.cn,邮件主题请注明"《机动车环境保护召回管理规定(征求意见稿)》公开征集意见"字样。

(4)通讯地址:北京市某区马甸东路9号,市场监管总局马甸办公区质量发展局,邮编100088。请在信封注明"《机动车环境保护召回管理规定(征求

---

① 国家市场监督管理总局:"关于《机动车环境保护召回管理规定(征求意见稿)》公开征求意见的通知",http://www.samr.gov.cn/hd/zjdc/201908/t20190806_305460.html,最后访问时间:2021年8月1日。

意见稿）》公开征集意见"字样。

例2：关于公开征求《WF市供热条例（草案）》意见的通知①

为规范供热用热行为，提高供热服务质量，促进我市供热事业发展，市城市管理局起草了地方性法规《WF市供热条例（草案）》，已提报市司法局审查。为了增强立法工作的民主性、科学性，加大公众参与力度，现向社会公开征求意见。公众可通过以下途径和方式提出意见建议（注明姓名、单位、联系方式）：

（1）将意见和建议发送至：wfssfjlfk@wf.shandong.cn。

（2）通过信函方式将意见寄至WF市司法局，地址：WF市东风东街××号，邮编：××××××，并请在信封上注明"WF市供热条例"字样。

意见反馈时间截止到2020年4月15日。

附件：《WF市供热条例（草案）》

3. 实务操作

（1）行政法规与部门规章意见征集系统的使用

①点击进入司法部网站暨中国政府法制信息网

---

① 参见WF市司法局："关于公开征求《WF市供热条例（草案）》意见的通知"，http：//sfj.weifang.gov.cn/xwzx/gggs/202003/t20200313_5573176.html，最后访问时间：2021年8月2日。

②在网站"立法意见征集"栏下,点击"进入征集系统"

③在登录系统提示框中点击"实名登录"或"匿名登录",填写相应信息后,最后点击进入意见征集系统

④进入意见征集系统后，公开征求意见系统下会显示我们所选择的法规规章征求意见稿，并有详细的操作路径，如整体意见、阅读全文、全文下载，以及具体的征求意见稿每一条后面的"我的意见和建议"等。

⑤个人根据自己的意愿点击各个选项,进行全文的阅读、下载,可就某一项条款或全文提出自己的意见建议。

(2) 地方立法及文件草案意见征集系统的使用

地方立法意见征集与中央立法意见征集在内容上有所不同，地方立法意见征集内容一般分为地方立法和文件草案两部分。地方立法包括地方人大及其常委会制定的地方性法规和地方政府制定的地方政府规章。文件草案是指地方政府制定的非法律性质的规范性文件。

地方立法及文件草案意见征集系统的使用与行政法规、部门规章意见征集系统的使用方法大体相同。如参与山东省 WF 市地方立法及文件草案意见征集，可分为以下步骤：

①登录山东省 WF 市司法局门户网站（http：//sfj. weifang. gov. cn/）首页。

②找到"地方立法及文件草案意见征集"栏目，点击进入后出现两个选项框："法规草案意见征集"和"规范性文件意见征集"，根据需要点击进入。

③进入后的界面有"正在征集的法规草案"和"已结束征集的法规草案"

两个选项，点击前者进入后可选择自己感兴趣的法规草案提出建议意见，点击后者可进入查询已结束征集的法规草案详情。

四、行政立法听证

（一）法理基础

《立法法》第 36 条规定，法律案听取意见可以采取座谈会、论证会、听证会等多种形式。法律案有关问题存在重大意见分歧或者涉及利益关系重大调整，需要进行听证的，应当召开听证会，听取有关基层和群体代表、部门、人民团体、专家、全国人民代表大会代表和社会有关方面的意见。

1. 立法听证的含义

立法听证是社会公众直接参与立法活动的有效途径，它是指立法主体在立法活动中，就某项社会事务有无必要通过立法予以规范或针对立法草案的合理性、合法性及规范性等各方面内容组织会议，公开听取公众意见的法律制度。而立法听证会，就是指由立法草案的起草或审查部门主持，代表不同利益的双方或多方针对立法草案的必要性、合理性等进行充分辩论，立法主体听取意见并将其作为立法依据和参考程序的法律制度。

听证源自普通法系中英国的自然公正法则，最初运用于司法程序中，称作"司法听证"。后来随着社会的发展，听证制度逐渐发展到行政和立法领域。20世纪60年代，西方社会公众积极呼吁参与立法和行政事务，美国通过立法设定了立法听证制度，受到西方社会的认同。目前，西方社会的立法听证工作已经比较成熟，自成体系。

我国的听证制度最早应用于行政法领域，1996年制定出台的《行政处罚法》规定了听证程序，2003年的《行政许可法》对行政许可听证又作了更详尽的规定。由此行政法领域的听证制度逐渐发展和完善。同时，行政法领域的听证制度逐渐发展到立法领域。2000年颁布的《立法法》第34条规定了立法机构在制定法律法规的过程中要听取各方面的意见，并且将听证会规定为听取意见的法定形式。2015年新修订的《立法法》还就立法听证事项的范围作了原则性规定，即对法律案存在重大意见分歧、涉及利益关系重大调整的两类情形应当组织听证。这是我国在立法领域中首次设立听证制度。

2. 行政立法听证的组织机构

根据《行政法规制定程序条例》的规定，国务院法制机构可以举行听证会；《规章制定程序条例》规定，规章起草单位或相应法制机构经本部门或本级人民政府批准可以举行听证会。

3. 行政立法听证的参与人

行政立法听证的参与人包括：听证主持人、听证秘书、听证代表人、听证陈述人和旁听人员等。

4. 行政立法听证的组织要求

组织行政立法听证会是公众民主参与立法过程的重要程序，但并非立法的必经程序，是否组织听证会要根据法律法规的具体规定操作。现行法中，对听证会的安排有两种规定："可以"组织和"应当"组织。如《立法法》第36条第3款①规定，法律案有关问题存在重大意见分歧或者涉及利益关系重大调整，需要进行听证的，应当召开听证会。除此之外，立法过程中是否需要组织听证由立法主体根据立法内容的重要程度、对社会公众权利义务的影响以及涉及范围等方面的相关因素可以决定组织或不组织听证会。

5. 行政立法听证的原则

根据我国现行法律的立法精神、法学理论及实践经验，行政立法听证一般需遵循以下原则：公开公正原则、正当法律程序原则、不重复听证原则、效率与效益原则。

6. 行政立法听证的组织程序

行政立法听证一般包括三个阶段：听证前的准备阶段、听证举行阶段和听证后的听证报告制作阶段。

（1）听证准备阶段

①组织者的通知义务：发布听证公告，包括听证时间、地点、目的，告知听证事项及其相关背景资料，注意发布公告的途径要通过公共媒体，尽量扩大受众的范围；重点通知听证会的参与人员。对此，要注意通知的清晰准确，确

---

① 《立法法》第36条第3款规定："法律案有关问题存在重大意见分歧或者涉及利益关系重大调整，需要进行听证的，应当召开听证会，听取有关基层和群体代表、部门、人民团体、专家、全国人民代表大会代表和社会有关方面的意见。听证情况应当向常务委员会报告。"

保参会人员能够明了时间、地点等。

②组织者提供相关材料的义务：可以通过现场发放或提前寄送、网络送达等方式为参会者提供立法征求意见稿文本、立法背景资料、调研报告、座谈会或论证会记录等，目的是充分公开立法情况。

（2）听证举行阶段

①听证主持人负责听证进程；②陈述人就立法事项发表意见，全面具体地介绍立法情况；③听证代表就相关问题提问或发表意见，可以有辩论程序；④旁听人提交书面建议意见。

（3）听证报告制作阶段

听证组织者应将听证记录进行客观、充分的整理，形成听证报告，并予以公开。

（二）实务案例

1. 立法听证会公告

关于举行《××市养犬管理条例》立法听证会的公告

为了推进科学立法、民主立法，提高立法质量，根据《中华人民共和国立法法》《××市重大行政决策听证办法》等有关规定，市法制局拟于2018年3月6日就《××市养犬管理条例》举行立法听证会，直接听取社会各方意见。欢迎社会各界人士、有关单位报名参加。现将有关事项公告如下：

（1）听证事项

本次听证主要围绕《××市养犬管理条例》的相关内容进行。

（2）听证会时间、地点

时间：2018年3月6日（星期三）下午3时。

地点：××××××。

（3）听证参加人类别及名额

①市民12人；②村民委员会成员3人；③行业协会和动物保护组织代表2人；④物业服务企业代表2人；⑤相关政府部门代表3人；⑥律师2人；⑦人大代表或政协委员2人；⑧旁听人员5人。

（4）听证参加人报名条件

①年龄在 18 周岁以上，具有完全民事行为能力。②具有一定的文化素质和较强的口头表达能力。③具有一定的调查研究、分析论证和议事能力，对听证事项有较为明确意见或建议。④有较强的社会责任感，能够公正、理性地陈述意见和建议；能按时出席听证会，遵守听证会纪律和注意事项。⑤同意公开必要的个人信息。

（5）报名办法

从 2018 年 2 月 28 日起接受听证参加人报名。报名可采用传真或者电子邮件方式。报名时需填写《立法听证会听证参加人报名表》，并请提供个人身份证明复印件，以单位名义参加的，还需加盖单位公章。报名截止时间：2018 年 3 月 5 日下午 5 时。

（6）听证参加人确定方式

报名截止后，按照广泛性和代表性的原则确定听证参加人名单，及时通知听证参加人并通过市法制局网站公布。如报名人数较多，难以确定听证参加人的，将按照听证参加人类别及名额通过公开随机抽签的方式确定最终的参加人员。未能参加听证会的报名人员可以采取书面形式提交有关意见和建议。申请报名人员不足时，由市法制局委托相关单位推荐产生。

（7）报名传真电话及电子邮箱

市法制局联系人：王××

电话：×××××××

传真：×××××××

电子邮箱：××××××××@163.com

（8）附件

附件 1：《××市养犬管理条例》

附件 2：立法听证会听证参加人报名表

××市法制局

2018 年 2 月 25 日

2. 立法听证会工作方案

立法听证会工作方案是组织举行立法听证会的基本设计和规划。工作方案的撰写质量影响着听证会的整体效果。一般情况下，听证会工作方案的撰写可从以下几个方面展开：听证会的主要内容，可根据立法内容模拟相关主要内容；

听证参加人员；听证会的时间、地点；相关筹备工作，包括文件材料的准备和具体会务安排；听证会后的工作。

（三）知识拓展——关于立法听证笔录效力的争议

针对立法听证笔录的效力问题，有学者建议参照英美法中的"案卷排他原则"以及我国行政法领域的听证规定，要求将听证记录作为听证报告的唯一依据，以限制立法中的自由裁量权。但我国的立法实务中，上述观点暂时还不能实现。实践证明，听证笔录对行政立法有一定的影响力，但没有硬性约束力。如《规章制定程序条例》第16条规定起草单位"应当认真研究"听证会反映的各种意见，起草的规章在报送审查时，"应当说明"对听证会意见的处理情况及其理由。关于后续的草案审查是否要按照听证笔录进行等未作规定。《行政法规制定程序条例》第13条仅规定了听取意见可以采取召开座谈会、论证会、听证会等多种形式，并未就听证笔录的效力问题作出具体规定。

在我国的立法实践中，通过举行听证会广泛征求社会公众建议意见已逐渐成为立法程序中的重要形式。如全国人大法律委员会、财政经济委员会和全国人大常委会法制工作委员会于2005年9月27日在北京举行了个人所得税工薪所得减除费用标准听证会。听证会从全国近5000名报名者中选出20人为公众陈述人。公众陈述人来自东、中、西部不同地区，代表了不同工作领域、不同收入水平的群体。同时，听证会还专门邀请了来自草案联合起草部门、全国总工会及4个省、自治区、直辖市财政或税务部门的代表。该次听证会的听证报告最后提交到2005年10月举行的十届全国人大常委会第十八次会议，并印发给了所有常委会组成人员作为对个人所得税法审议的参阅资料。最终新法采纳了听证会提出的将草案规定的工资、薪金所得每月1500元的减除费用标准提高为1600元的建议。①

在行政立法中，通过听证会征求意见也很常见。如《潇湘晨报》公众号于2021年6月10日报道茂名市司法局举办首场立法听证会，就《茂名市文明行

---

① 中国人大网："难忘全国人大常委会首次立法听证会"，https://www.npc.gov.cn/npc/c183/200811/cc73a6c72dc54b8b8533639ab0a9dfd9.shtml。

为促进条例》中的重点条款和有关问题进行听证①。同期，网络上还有拉萨市政府、贵港市住房和城乡建设局、赤峰市住建局、济某市卫健委、南某市交通运输局与市司法局等国内多地市政府或政府工作部门在地方立法起草过程中组织听证会征求意见的报道。在这些举行听证会的新闻报道中没有发现关于立法听证笔录效力的具体规定。

中央和地方进行了诸多立法听证的实践，扩大了立法参与的范围，推动了立法工作的公开、民主。鉴于我国开展立法工作的时日尚短，还有诸多问题需要慢慢理顺和解决，短时间内完全依靠由庞大社会公众基数基础上的极少数听证会代表提出的立法建议作为立法审查的唯一依据还不够现实，尚有待更多实践以立法听证制度的发展和完善。

五、行政立法的效力

（一）法理基础

1. 行政立法的效力范围

行政立法的效力，是指行政法规、规章在相应时间、空间范围内的约束力，即行政立法的生效范围或适用范围。行政立法属于立法的范畴，行政机关、行政相对人以及公民、法人和其他组织等个体和组织都要尊重行政立法规范，遵从行政立法规范的约束。人民法院的审判活动也要以行政法规为依据，并参照适用规章。

行政立法的效力范围主要体现在以下方面。

（1）行政立法的空间效力

行政法规和规章的空间效力范围（即效力的地域范围）不同：国务院的行政法规及其部门规章的效力及于全国，省、自治区、直辖市和设区的市、自治州等地方政府的规章的空间效力一般仅及于各自所在的行政管辖区域之内。特殊情况下，地方政府规章的效力也会超出本行政区域范围，如行政机关基于属

---

① "听民声　聚民意　立良法——茂名市司法局举办立法听证会"，https://baijiahao.baidu.com/s?id=1702184374646104640&wfr=spider&for=pc，最后访问时间：2021年6月10日。

地管理的案件对本行政区域之外的公民法人和其他组织行使行政执法权，法院审理案件有时会参照涉案的其他公民、法人和其他组织所在的其他行政区域的地方政府规章。

(2) 行政立法对于行政机关的效力

行政法规和规章对行政机关的效力表现在：任何行政机关对合法有效的行政法规和规章均应予以尊重，不得违反。下级行政机关必须执行上级行政机关的行政法规和规章，不得做出违反上级行政机关立法的规定；上级行政机关及其行政首长认为下级行政机关的行政立法存在问题，应通过法定程序予以撤销或责令下级行政机关予以撤销，不得任意否定其效力；行政立法机关不得任意改变、撤销、废止自己制定的行政法规和规章，除非法定条件具备或出于公共利益的需要，即行政立法机关要严格遵守信赖保护原则，不得滥用行政立法权力。

(3) 行政立法对于其他国家机关的效力

对于合法有效的行政法规和规章，所有国家机关都应当予以尊重并遵守。

(4) 行政立法对于公民、法人和其他组织等个体与组织的效力

行政立法对自然人的效力在法定范围内及于我国所有公民，而不论其所处何方；及于我国境内的外国人和无国籍人（以国际惯例或相关法律不予适用的除外）；所有的行政法规和规章的效力及于行政立法机关管辖权限之内的所有个人和组织；等等。

2. 行政立法的效力位阶

(1) 行政法规、规章的效力位阶

行政法规必须符合宪法、法律，不能与宪法、法律相抵触；规章必须符合行政法规；地方政府规章还必须符合地方性法规，前者不能与后者相抵触；各部门规章之间、部门规章与地方性法规之间、部门规章与地方政府规章之间具有同等法律效力。

(2) 行政法律规范冲突规则

同一制定主体的行政法律规范，特别法优先于一般法，新法优于旧法；行政法规冲突由国务院裁决；地方性法规与部门规章冲突，国务院认可地方性法规的，适用地方性法规；地方性法规与部门规章冲突，国务院不认可地方性法规的，提请全国人大常委会裁决；部门规章之间冲突、部门规章与地方政府规

章冲突，均由国务院裁决。

3. 对行政立法的监督

对行政立法的监督分为两种：一是事前监督，二是事后监督。所谓事前监督，就是在行政立法的过程中通过法定的原则与程序进行监督。事后监督，一般是行政立法颁布后利用立法的备案和审查程序，以及有权机关对其进行的变更与撤销的方式予以监督。根据《立法法》《法规制定程序条例》的规定，对行政立法的监督包括以下内容：

（1）行政立法的备案与审查

备案与审查是行政立法的法定程序，是对行政立法进行监督的最基本形式。《立法法》规定：①行政法规报全国人大常委会备案。②省、自治区、直辖市的人大及其常委会制定的地方性法规，报全国人大常委会和国务院备案；设区的市、自治州的人大及其常委会制定的地方性法规，由省、自治区的人大常委会报全国人民代表大会常务委员会和国务院备案。③部门规章和地方政府规章报国务院备案；地方政府规章应当同时报本级人大常委会备案；设区的市、自治州的人民政府制定的规章应当同时报省、自治区的人大常委会和人民政府备案。④根据授权制定的法规应当报授权决定规定的机关备案；经济特区法规报送备案时，应当说明对法律、行政法规、地方性法规作出变通的情况。

（2）行政立法的改变与撤销

①改变与撤销的条件。超越权限的；下位法违反上位法规定的；规章之间对同一事项的规定不一致，经裁决应当改变或者撤销一方的规定的；规章的规定被认为不适当，应当予以改变或者撤销的；违背法定程序的。

②改变与撤销的有权机关。全国人民代表大会常务委员会有权撤销同宪法和法律相抵触的行政法规，有权撤销同宪法、法律和行政法规相抵触的地方性法规，有权撤销省、自治区、直辖市的人民代表大会常务委员会批准的违背宪法和《立法法》第75条第2款规定的自治条例和单行条例；国务院有权改变或者撤销不适当的部门规章和地方政府规章；省、自治区、直辖市的人大有权改变或者撤销它的常委会制定和批准的不适当的地方性法规；地方人大常委会有权撤销本级人民政府制定的不适当的规章；省、自治区的人民政府有权改变或者撤销下一级人民政府制定的不适当的规章；授权机关有权撤销被授权机关制定的超越授权范围或者违背授权目的的法规，必要时可以撤销授权。

③改变与撤销的程序。

一是,《立法法》第 99 条第 1 款规定,国务院、中央军事委员会、最高人民法院、最高人民检察院和各省、自治区、直辖市的人大常委会认为行政法规、地方性法规、自治条例和单行条例同宪法或者法律相抵触的,可以向全国人大常委会书面提出进行审查的要求,由常务委员会工作机构分送有关的专门委员会进行审查、提出意见。

二是,《立法法》第 99 条第 1 款规定以外的其他国家机关和社会团体、企业事业组织以及公民认为行政法规、地方性法规、自治条例和单行条例同宪法或者法律相抵触的,可以向全国人大常委会书面提出进行审查的建议,由常务委员会工作机构进行研究,必要时,送有关的专门委员会进行审查、提出意见。

三是,有关的专门委员会和常务委员会工作机构可以对报送备案的规范性文件进行主动审查。

四是,《立法法》第 100 条第 1 款规定,全国人大专门委员会、常务委员会工作机构在审查、研究中认为行政法规、地方性法规、自治条例和单行条例同宪法或者法律相抵触的,可以向制定机关提出书面审查意见、研究意见;也可以由法律委员会与有关的专门委员会、常务委员会工作机构召开联合审查会议,要求制定机关到会说明情况,再向制定机关提出书面审查意见。制定机关应当在两个月内研究提出是否修改的意见,并向全国人大法律委员会和有关的专门委员会或者常务委员会工作机构反馈。

五是,全国人大法律委员会、有关的专门委员会、常务委员会工作机构根据《立法法》第 100 条第 1 款的规定,向制定机关提出审查意见、研究意见,制定机关按照所提意见对行政法规、地方性法规、自治条例和单行条例进行修改或者废止的,审查终止。

六是,全国人大法律委员会、有关的专门委员会、常务委员会工作机构经审查、研究认为行政法规、地方性法规、自治条例和单行条例同宪法或者法律相抵触而制定机关不予修改的,应当向委员长会议提出予以撤销的议案、建议,由委员长会议决定提请常务委员会会议审议决定。

七是,《规章制定程序条例》第 35 条第 1 款规定,国家机关、社会团体、企业事业组织、公民认为规章同法律、行政法规相抵触的,可以向国务院书面提出审查的建议,由国务院法制机构研究并提出处理意见,按照规定程序处理。

八是，国家机关、社会团体、企业事业组织、公民认为设区的市、自治州的人民政府规章同法律、行政法规相抵触或者违反其他上位法的规定的，也可以向本省、自治区人民政府书面提出审查的建议，由省、自治区人民政府法制机构研究并提出处理意见，按照规定程序处理。

九是，《行政诉讼法》规定，行政相对人对于行政法规、规章不服的不能提起行政诉讼，但人民法院在审理行政案件过程中要对法规、规章的合法性进行审查，对违反法律的有权不予适用。如果认为地方政府制定的规章与国务院部门制定的规章之间不一致的，最高人民法院将送请国务院作出解释或裁决。

（二）实务案例

案例： 官某不服行政处罚行政复议案

【基本案情】

申请人：官某，女，1978年生人，个体工商户，家住×区向阳路×小区×号楼×单元×室，身份证号码×××××××，联系电话××××××××。

被申请人：某区市场监督管理局，法人代表王某某，地址×区×路××号，联系电话××××××。

申请事项：申请人对被申请人作出的罚款11万元、没收未按规定进行检疫的生猪肉180斤的处罚不服，提起行政复议，请求撤销行政处罚决定。

事实与理由：2017年5月7日，申请人从非政府定点生猪屠宰点购进生猪肉180斤，并准备于次日凌晨在某农贸市场出售。被申请人接到举报后在申请人尚未出售猪肉前及时将该批生猪肉查获。经调查取证后，被申请人依据《食品安全法》第123条作出了罚款11万元，并没收未按规定进行检疫的生猪肉180斤的行政处罚决定。

申请人认为：一是，本案应按《生猪屠宰管理条例》第29条规定作出行政处罚决定，不应适用《食品安全法》第123条和《食用农产品市场销售质量安全监督管理办法》第50条处罚；二是，对未经检疫和未经检验的猪肉分别处罚违反了一事不再罚的法律原则；三是，申请人一直销售有检疫证明的猪肉，从未销售不经检疫或没有检疫证明的猪肉；四是，经过被申请人查处，申请人无法继续经营，失去经济来源，无力承担罚款。

被申请人认为：一是法律的效力高于行政法规，应当适用《食品安全法》

的规定;二是生猪猪肉检疫、检验是《生猪屠宰管理条例》第10条、第13条分别规定的两种行为,而且《食用农产品市场销售质量安全监督管理办法》分别对两种行为规定了行政处罚;三是申请人销售未经检疫或没有检疫证明的猪肉证据确凿;四是申请人没有从轻处罚的法定情节。因销售未检疫的生猪肉罚款10万元,因销售未经检验的生猪肉罚款1万元,并无不当。

复议机关认为,申请人经营未按规定检疫、检验的生猪肉,事实清楚,证据确凿,申请人亦无异议。但被申请人对申请人销售未经检疫、检验的猪肉按照两种行为进行处罚,混淆了行为和法律规范的关系,对行为和法律规定的概念、内涵、外延的理解不正确,违反了《行政处罚法》第24条(一事不再罚)的规定,决定撤销被申请人作出的行政处罚决定书,责令被申请人重新作出行政处罚决定。

【焦点问题评析】

(1) 准确适用法律、法规、规章

销售未经检验检疫的生猪肉,法律规范有不同的罚则规定:①根据《食品安全法》第123条第1款第4项的规定,违反本法规定,经营未按规定进行检疫或者检疫不合格的肉类,或者生产经营未经检验或者检验不合格的肉类制品(注意与肉类的区别),由县级以上人民政府食品药品监督管理部门没收违法生产经营的食品;违法生产经营的食品货值金额不足1万元的,并处10万元以上15万元以下罚款。本法对销售未经检验的猪肉未规定罚则。②《生猪屠宰管理条例》第29条规定,销售、使用未经肉品品质检验或者经肉品品质检验不合格的生猪产品以及违法所得,由食品药品监督管理部门没收尚未销售、使用的相关生猪产品,并处货值金额3倍以上5倍以下的罚款;货值金额难以确定的,对单位处5万元以上10万元以下的罚款,对个人处1万元以上2万元以下的罚款。本条例对销售未经检疫的猪肉未规定罚则。③根据《食用农产品市场销售质量安全监督管理办法》第50条第3款、第4款规定,销售未按规定进行检疫或者检疫不合格的肉类的,由县级以上食品药品监督管理部门依照《食品安全法》第123条第1款的规定给予处罚。销售未按规定进行检验或者检验不合格的肉类,由县级以上食品药品监督管理部门责令改正,处1万元以上3万元以下罚款。本办法对销售未经检验、检疫的生猪肉分别作出了规定。

从上述规定看,关于销售未经检疫的肉类,在被申请人引用的《食品安全法》和《食用农产品市场销售质量安全监督管理办法》中有罚则规定，且二者之间没有冲突。关于销售未经检验的猪肉，《食品安全法》未作规定，《生猪屠宰管理条例》及《食用农产品市场销售质量安全监督管理办法》规定的罚则之间有冲突。

　　根据法律规范适用规则，法律规范存在冲突时，不同位阶的规范，适用高位阶法；同一位阶的法律规范，适用新法优于旧法、特别法优于一般法的规则。《生猪屠宰管理条例》为行政法规，《食用农产品市场销售质量安全监督管理办法》为部门规章，在销售未经检验的猪肉行为的法律适用上，涉案行政处罚适用《食用农产品市场销售质量安全监督管理办法》之规定当属适用依据错误。

　　（2）要准确理解"一事不再罚"原则

　　本案属适用法律错误，不属于行政处罚中的"一事不再罚"问题。具体理论与实务详见"行政处罚实务"部分，此处不做分析。

第三章　行政许可实务

行政许可是一个国家行政职权在具体实务中的体现。就我国而言，行政许可是传统行政审批制度的一部分，是行政机关依据《行政许可法》的规定行使行政管理职权的一种行政行为方式，体现了政府对于整个社会资源的再分配，对行政相对人的权利有着重大影响。行政许可在行政法领域有着举足轻重的地位，其对于政府职能转变和法治政府建设意义重大。

一、法理基础

（一）行政许可概述

行政许可是指行政主体根据行政相对人的申请，以颁发证照等形式，依法决定是否允许申请人从事某种活动或授予某种资格的行政行为。[1]

2003年8月27日由全国人大常委会通过，2004年7月1日开始实施的《行政许可法》第2条从实定法的角度规定，行政许可是指行政机关根据公民、法人或者其他组织的申请，经依法审查，准予其从事特定活动的行为。对上述规定，可作如下理解：

一是，行政许可的行为主体是行政主体。其他非行政主体的社会团体、行业协会等社会组织向其成员发放的会员证、资格证等具有许可性质的证书或资格证等行为，一般属于社会组织的内部管理行为，不是行使公权力的行政行为，不能称为行政许可行为。

二是，行政许可是解禁性的行政行为。不作为义务的设定，是对"天赋人权"中自然权利的限制，是行政许可存在的前提。正因为有了法律规定的不作

---

[1] 马怀德编著：《行政法与行政诉讼法学案例教程》，知识产权出版社2014年版，第67页。

为义务，行政许可才有了其产生的必要性和前提基础。行政许可不是对行政相对人的赋权，更不是随意处置的权利，而是行政机关的一种责任，① 是对原有权利限制的解除。

三是，行政许可是依申请的行政行为。行政机关作出行政许可行为的前提是相对人的申请。如果没有相对人的申请，行政机关不得主动作出行政行为；即使相对人完全符合行政许可的条件，但其没有提出申请，此时行政机关未作出行政许可决定不会构成行政不作为。按照《行政诉讼法》的规定，此时的行政相对人也不得向法院提起行政机关的不作为诉讼。

四是，行政许可是一种要式行政行为。行政许可必须严格按法定程序进行，同时有着正式、规范的行政许可法律文书及其格式、印章、日期等形式要求。有些特殊的行政许可还需要附加相应的辅助性文件。《行政许可法》第39条②规定了行政机关作出准予行政许可的决定，需要颁发行政许可证件的，应当向申请人颁发有关行政许可证件。

五是，行政许可是事前禁止的行政行为。行政许可的功能在于控制危险、配置资源以及证明或提供某种信誉、信息。事先禁止就是国家基于行政管理的需要，为了维护公共利益，以相关法律规范对某些事项事先设定禁止性规定，由行政相对人根据需要提出申请，由法定行政机关审查决定是否同意其从事所申请的相关事项的活动。事先禁止是行政许可功能的体现。国务院《野生植物保护条例》第16条③规定"禁止采集国家一级保护野生植物"即为行政许可的事先禁止事项。

六是，行政许可是一种授益性行政行为。行政许可的本质是赋予或认可行政相对人某种权利或资格，准许相对人从事某种活动的行为。行政许可行为是

---

① 江必新、梁凤云著：《行政诉讼法理论与实务（上下卷）》，法律出版社2016年版，第235页。

② 《行政许可法》第39条规定："行政机关作出准予行政许可的决定，需要颁发行政许可证件的，应当向申请人颁发加盖本行政机关印章的下列行政许可证件：（一）许可证、执照或者其他许可证书；（二）资格证、资质证或者其他合格证书；（三）行政机关的批准文件或者证明文件；（四）法律、法规规定的其他行政许可证件。行政机关实施检验、检测、检疫的，可以在检验、检测、检疫合格的设备、设施、产品、物品上加贴标签或者加盖检验、检测、检疫印章。"

③ 《野生植物保护条例》第16条规定："禁止采集国家一级保护野生植物。因科学研究、人工培育、文化交流等特殊需要，采集国家一级保护野生植物的，应当按照管理权限向国务院林业行政主管部门或者其授权的机构申请采集证；或者向采集地的省、自治区、直辖市人民政府农业行政主管部门或者其授权的机构申请采集证。"

对行政相对人有利的行政行为,即授予利益。行政许可作为一种授益性行政行为,意味着其必须遵守授益行为的基本规则,如信赖保护规则。

(二) 行政许可行为的界定

依据《行政许可法》的规定,对行政许可行为的判定可以运用排除法确认:依法不需要征得行政机关同意,公民、法人和其他组织可以根据各自需要自行安排自己行为的,就不是行政许可。

(三) 行政许可的原则

行政许可的原则在学理上有诸多不同表述,基于行政法律实务的视角,从《行政许可法》具体规范的内容看,其原则包括以下几项。

1. 许可法定原则

许可法定原则是行政法之合法性原则在行政许可行为中的体现。《行政许可法》第4条[1]规定行政许可的设定和实施两个方面,都应依法进行。

2. 公开、公平、公正、非歧视原则

根据《行政许可法》第5条[2]的规定,公开原则的要求是:①有关行政许可的规范性文件应当公布,否则不得作为实施行政许可的依据。②行政许可的实施和结果应当公开(涉及国家秘密、商业秘密或者个人隐私的除外)。

公平、公正原则的要求:①行政机关应平等对待申请人的申请,做到同等情况同等对待,不同情况不同对待。符合法定条件、标准的,申请人有依法取得行政许可的平等权利,行政机关不得歧视任何人。②行政机关应公平解决行政许可申请中的冲突,对有数量限制的行政许可,两个或两个以上的申请人的申请均符合法定条件、标准的,行政机关应根据受理申请的时间先后做出是否

---

[1] 《行政许可法》第4条规定:"设定和实施行政许可,应当依照法定的权限、范围、条件和程序。"

[2] 《行政许可法》第5条规定:"设定和实施行政许可,应当遵循公开、公平、公正、非歧视的原则。有关行政许可的规定应当公布;未经公布的,不得作为实施行政许可的依据。行政许可的实施和结果,除涉及国家秘密、商业秘密或者个人隐私的外,应当公开。未经申请人同意,行政机关及其工作人员、参与专家评审等的人员不得披露申请人提交的商业秘密、未披露信息或者保密商务信息,法律另有规定或者涉及国家安全、重大社会公共利益的除外;行政机关依法公开申请人前述信息的,允许申请人在合理期限内提出异议。符合法定条件、标准的,申请人有依法取得行政许可的平等权利,行政机关不得歧视任何人。"

许可的行政决定。但相关法律规范对优先顺序有特别规定的，从其规定。

非歧视原则的要求：同等条件下，申请人取得行政许可的机会均等，这是行政法合理性原则中平等子原则的体现。行政机关在行政许可中不得歧视任何人：对于中国公民、法人和其他组织，应坚持行政许可的权利义务平等、法律适用平等、法律界限平等（任何组织和个人均不得有超越宪法和法律的特权）；对于非中国公民、法人和其他组织，只要符合行政许可的法定条件，就应当与中国公民、法人和其他组织平等对待，不得随意增加行政许可的条件，不得采取歧视性政策区别对待。

3. 便民原则

便民是对行政行为的基本要求，也是整个行政法的重要原则。行政许可中的便民原则，就是公民、法人和其他组织在申请行政许可的过程中能够便捷、迅速且低成本地完成相关工作并获得许可的基本要求，包括：

（1）申请方式多样化

行政机关应当建立和完善有关制度，推行电子政务，通过本机关门户网站等公开申请行政许可的方式和途径，如可为当事人提供信函、电报、电传、传真、电子数据交换和电子邮件等提出行政许可申请的方式。

（2）程序办理简约化

行政许可行为中既要坚持法定程序对行政权力的约束作用，又要简化办事程序提高行政效率，更好地保护公民、法人和其他组织的合法权益。《行政许可法》第25条、第26条规定了程序简化的途径：一是"一个窗口对外"，即行政许可事项需要行政机关内设的多个机构办理的，该行政机关应当确定一个机构统一对外受理申请，并统一送达行政许可决定；经国务院批准，省、自治区、直辖市人民政府根据精简、统一、效能的原则，可以决定一个行政机关行使有关行政机关的行政许可权。二是"一站式服务"，即行政许可依法由地方人民政府两个以上部门分别实施的，本级人民政府可以确定一个部门受理行政许可申请并转告有关部门分别提出意见后统一办理，或者组织有关部门联合办理、集中办理。

（3）申请成本最低化

尽量为申请人提供便利，建立一次补正制度，符合条件的应及时受理、审核，能当场发证的做到当场发证，不能当场发证的也要及时发证，尽量减少申请人时间成本。

(4) 办理时限法定化

行政机关办理行政许可申请应在法定时限内行使职权，否则超越时限的行政作为或不作为均构成程序违法。强调办理时限有助于提高行政效率和保障行政相对人合法权益。如根据《行政许可法》第 42 条①的规定，一般的行政许可，行政机关从受理到作出决定不得超过 20 日，经批准延长的最终不得超过 30 日。统一办理或者联合办理、集中办理的行政许可，行政机关办理的时间不得超过 45 日，经批准延长的最终不得超过 60 日。行政机关延长办理期限的，均应告知当事人理由。

4. 法律救济原则

行政许可中的法律救济，就是公民、法人和其他组织的权益受到行政机关行政许可行为的侵害时，有权依法请求国家机关予以解决和补救，有权请求国家机关受理并作出具有法律效力的裁决或决定行为。《行政许可法》第 7 条②规定了公民、法人或者其他组织在行政许可行为中享有的陈述权、申辩权，申请救济权和受到损害时要求赔偿的权利。

5. 信赖保护原则

作为行政法的重要原则，信赖保护在行政许可领域表现为：行政相对人对行政机关通过行使行政职权作出的行政许可行为形成了正当合理信赖，其信赖利益应该受到保护。行政许可行为的作出机关不得随意更改许可行为程序，如若作出更改则应合理补偿行政相对人的信赖损失。信赖保护的价值在于维护法律秩序的安定性和保护社会成员的正当利益。《行政许可法》第 8 条③就公民、

---

① 《行政许可法》第 42 条规定："除可以当场作出行政许可决定的外，行政机关应当自受理行政许可申请之日起二十日内作出行政许可决定。二十日内不能作出决定的，经本行政机关负责人批准，可以延长十日，并应当将延长期限的理由告知申请人。但是，法律、法规另有规定的，依照其规定。依照本法第二十六条的规定，行政许可采取统一办理或者联合办理、集中办理的，办理的时间不得超过四十五日；四十五日内不能办结的，经本级人民政府负责人批准，可以延长十五日，并应当将延长期限的理由告知申请人。"

② 《行政许可法》第 7 条规定："公民、法人或者其他组织对行政机关实施行政许可，享有陈述权、申辩权；有权依法申请行政复议或者提起行政诉讼；其合法权益因行政机关违法实施行政许可受到损害的，有权依法要求赔偿。"

③ 《行政许可法》第 8 条规定："公民、法人或者其他组织依法取得的行政许可受法律保护，行政机关不得擅自改变已经生效的行政许可。行政许可所依据的法律、法规、规章修改或者废止，或者准予行政许可所依据的客观情况发生重大变化的，为了公共利益的需要，行政机关可以依法变更或者撤回已经生效的行政许可。由此给公民、法人或者其他组织造成财产损失的，行政机关应当依法给予补偿。"

法人或者其他组织依法取得的行政许可受法律保护作了具体规定，这是信赖保护原则在《行政许可法》中的体现，对于提高政府公信力，建设法治政府有着非常积极的意义。

6. 限制转让原则

本原则体现了行政许可行为的特有属性。《行政许可法》第 9 条规定，依法取得的行政许可，除法律、法规规定依照法定条件和程序可以转让的外，不得转让。该法律规则也表明，在某些特定条件下，如果有单行法律、法规的特别规定，行政许可也可以依法转让。

（四）行政许可的设定

行政许可的设定是指行政许可从无到有的创制行为，包括制定、认可、修改和废止行政许可事项，通常被视作立法性的活动。① 《行政许可法》第 11 条规定了行政许可设定的根本目的，即应当遵循经济和社会发展规律，既要保护公民、法人或者其他组织的合法权益，维护其积极性、主动性，又要维护公共利益和社会秩序。行政许可涉及政府与社会、政府与市场的关系问题，以及政府行政管理与社会自由发展的平衡，这需要依法规范行政权的行使，充分发挥社会自我管理、自我调整、自我监督的积极作用，推动政府多"掌舵"，少"划船"。《行政许可法》第 12 条、第 13 条就行政许可的设定从积极与消极两个方面作了规定。

1. 行政许可设定的积极事项

（1）普通许可事项

即直接涉及国家安全、公共安全、经济宏观调控、生态环境保护以及直接关系人身健康、生命财产安全等事项，可称作安全事项。② 因其涉及重大公共利益和特定个人的人身权、财产权，必须经过行政许可才能开展相应的活动，目的在于对安全事项有效控制，以最大限度地减轻甚至消除因相关活动带来的危害性。同时，申请人只要符合法定的条件，行政机关就有义务作出行政许可，不得施加任何其他额外条件与限制。

---

① 罗豪才、湛中乐主编：《行政法学》，北京大学出版社 2006 年版，第 189 页。
② 章剑生主编：《行政法与行政诉讼法》，北京大学出版社 2014 年版，第 211 页。

普通许可事项包含三个特点：①必须直接涉及以上安全事项；②普通许可没有数量限制；③行政许可只审查申请人是否符合条件，符合法定条件的给予许可，不符合法定条件的不予许可。

（2）特许事项

特许事项包括资源配置和市场准入事项，即有限自然资源开发利用、公共资源配置以及直接关系公共利益的特定行业的市场准入等，需要赋予特定权利的事项。

特许事项包含三个特点：①赋予上述特许事项市场准入等权利；②特许事项有数量限制；③特许事项需要支付对价。概括地讲，特许事项涉及"两大资源一大行业"，即对自然资源的利用、对公共资源的配置和特定行业的市场进入。

（3）认可事项

即提供公众服务并且直接关系公共利益的职业、行业，需要确定具备特殊信誉、特殊条件或者特殊技能等资格、资质的事项。

（4）核准事项

即直接关系公共安全、人身健康、生命财产安全的重要设备、设施、产品、物品，需要按照技术标准、技术规范，通过检验、检测、检疫等方式进行审定的事项。

（5）登记事项

即企业或者其他组织的设立等，需要确定主体资格的事项。

（6）其他事项

即法律、行政法规规定可以设定行政许可的其他事项。

2. 行政许可设定的消极事项

公民、法人和其他组织能够自主决定的。这类事项因为不涉及国家利益、公共利益、其他组织和个人的权益，可以由当事人自己作出选择或决定，所以不必作出行政许可。如市场竞争机制能够有效调节的，行业组织或者中介机构能够自律管理的，行政机关采用事后监督等其他行政管理方式能够解决的。

由此可见，行政许可的适用主要取决于立法的规定，这些规定有其内在的规律性。一方面，行政许可的立法设定兼顾了公共利益优先和私权利保护两个方面，努力实现二者的平衡。如涉及国家安全、公共安全、经济宏观调控、生态环境保护以及直接关系人身健康、生命财产安全等安全事项，因其涉及重大公共利益和特定民事主体的人身权、财产权，必须经过行政许可才能开展相应的活动。另一方面，行政许可的设定体现了政府与市场关系的良性发展。其对于重大的公共利益或私权利保护采取统一设定行政许可的方式予以实现，体现了政府公权力的权威性；而对于通过个体或市场能够解决的问题，则通过立法确定由社会自治解决，如公民自主、市场调节、行业自律、事后监督等方面的事项。对此，行政许可法遵循了必要性原则的限制，即属于公共利益保护范畴而社会自治又解决不了的问题就需要设定行政许可。

（五）行政许可的设定主体

行政许可遵循许可法定的原则，行政许可的设定即关于行政许可的立法行为。设定行政许可的主体都具有立法的权限和职能，行政许可内容和程序一般体现在相关立法中。我国设定行政许可的主体及其相应的立法形式表现为以下方面。

①全国人大及其常委会通过制定法律的形式设定行政许可，设定的内容包括《行政许可法》第12条的所有内容。

②国务院主要通过制定行政法规的形式设定行政许可；在必要时可以通过发布决定的方式设定行政许可，实施后，除临时性行政许可事项外，国务院需及时提请全国人大及其常委会制定法律，或自己制定行政法规。行政法规设定的行政许可必须是尚未制定法律的。

③有立法权的地方人大及其常委会通过制定地方性法规的形式设定行政许可，该主体包括省级人大及其常委会、设区的市的人大及其常委会，设定的内容是尚未制定法律和行政法规的。

④省级人民政府可以通过制定规章的形式设定临时性行政许可。临时性许可实施超过一年需要继续实施的，省级人民政府应提请本级人大及其常委会制定地方性法规。

地方性法规和省级政府规章设定行政许可需限制在本行政区域范围之内，不得设定应当由国家统一确定的资格、资质的行政许可；不得设定企业或其他组织的设立登记及其前置性行政许可；不得限定本地区商品的自由流动和地区间的自主经营。

（六）行政许可的实施主体

依据《行政许可法》第 22 条至第 24 条的规定，行政许可的实施主体有三类：一是，具有行政许可权的法定的行政机关；二是，法律、法规授权的具有管理公共事务职能的组织以自己的名义实施行政许可；三是，受委托的行政机关以委托机关的名义实施行政许可，即委托方是享有行政许可权的行政机关，受委托方只能是行政机关而非其他任何组织。其与行政处罚的委托有所区别，行政处罚的委托方是享有行政处罚权的行政主体（包括行政机关和法律、法规授权的组织），受委托方是法定的管理公共事务的事业组织。

（七）行政许可的实施程序

行政许可是依申请的行政行为，《行政许可法》及相应单行法律法规就行政许可实施的程序作了较明确的规定，一般分为以下五个步骤。

1. 申请

①申请人：公民、法人和其他组织依法需要取得行政许可的，应当向行政机关提出申请。除依法必须由申请人到行政机关办公场所当面申请的外，申请人可以委托代理人代为提出行政许可申请。②提出申请的方式：申请一般可以通过信函、电报、电传、传真、电子数据交换和电子邮件等方式提出。③申请材料：申请人应如实填写自己的信息，按照法律法规的规定提供相关资料，行政机关不得要求申请人提交与申请的行政许可事项无关的材料。④信息公开：行政机关应该公开行政许可的规定，提供申请书格式文本，负责解答申请人的疑问。

2. 受理

行政机关经过对行政许可申请进行形式审查，包括：申请事项是否属于被申请行政机关的管辖范围；申请事项是否属于法定行政许可事项；是否提交了符合法定要求的申请材料；申请材料是否符合格式要求等。《行政许可法》第

32条①对行政机关在受理环节的相关行政行为作了具体规定,包括申请事项依法不需要取得行政许可、申请事项依法不属于本行政机关职权范围、申请材料的当场更正及补正的告知以及受理或不受理的书面凭证的出具等方面。

3. 审查

行政机关应当对申请人提交的申请材料予以审查,这既是行政机关的权力,又是其应尽的责任。如因为审查不够而出现行政许可错误,则行政机关应承担相应的法律责任。

行政机关对申请材料的审查分为形式审查和实质审查两种。形式审查,是指行政机关只审查申请材料"是否齐全"、是否"符合法定形式",符合这两项标准,即可作出行政许可决定。如《行政许可法》第34条第2款②规定符合上述两项标准的,行政机关能够当场作出决定的应当场作出书面行政许可决定。

实质审查,是指行政机关在对申请材料进行形式审查的基础上,进一步审查其内容的真实性,并根据审查内容作出是否准予行政许可的决定。如根据《行政许可法》第34条第3款③的规定,需要依法对实质内容进行核实的,行政机关应指派至少两名工作人员对申请材料进行核查。

至于对申请材料进行形式审查还是实质审查,《行政许可法》并没有作出明确的规定。实践中,行政机关只是依据具体法律、法规和规章规定的具体程序而区别对待,形式审查或实质审查均依法而定。

4. 听证会

听证会不是实施行政许可的必经程序,但其已成为行政许可的一项广泛而

---

① 《行政许可法》第32条规定:"行政机关对申请人提出的行政许可申请,应当根据下列情况分别作出处理:(一)申请事项依法不需要取得行政许可的,应当即时告知申请人不受理;(二)申请事项依法不属于本行政机关职权范围的,应当即时作出不予受理的决定,并告知申请人向有关行政机关申请;(三)申请材料存在可以当场更正的错误的,应当允许申请人当场更正;(四)申请材料不齐全或者不符合法定形式的,应当当场或者在五日内一次告知申请人需要补正的全部内容,逾期不告知的,自收到申请材料之日起即为受理;(五)申请事项属于本行政机关职权范围,申请材料齐全、符合法定形式,或者申请人按照本行政机关的要求提交全部补正申请材料的,应当受理行政许可申请。行政机关受理或者不予受理行政许可申请,应当出具加盖本行政机关专用印章和注明日期的书面凭证。"

② 《行政许可法》第34条第2款规定:"申请人提交的申请材料齐全、符合法定形式,行政机关能够当场作出决定的,应当当场作出书面的行政许可决定。"

③ 《行政许可法》第34条第3款规定:"根据法定条件和程序,需要对申请材料的实质内容进行核实的,行政机关应当指派两名以上工作人员进行核查。"

重要的程序。《行政许可法》第46条、第47条第1款①规定了必须举行听证会的事项，第48条②规定了听证程序。

5. 决定

行政机关对行政许可申请材料进行审查后，如有听证程序则该程序组织完成后，应当依法定期限、按法定程序作出是否准予行政许可的决定。行政机关作出准予行政许可的决定，需要颁发行政许可证件的，应当在法定期间内向申请人颁发加盖本行政机关印章的行政许可证件并依法送达。准予行政许可的决定属于信息公开的范畴，应当予以公开，供社会公众查阅。行政机关作出不予行政许可的决定应当使用书面形式，说明理由并告知相对人申请复议或提起行政诉讼的救济权利。

二、实务案例

（一）对行政许可适用条件的违反

行政机关在行政许可的处理结果上裁量余地较小，主要表现为准予行政许可或不准予行政许可。因此，实务中出现的争议大多集中在行政许可的适用条件上，即何种情况下准予行政许可，何种情况下不准予行政许可。对此，可从两个方面考虑：一方面，行政许可的适用应当依法进行，按照现有法律、法规和规章的规定做出是否准予行政许可的决定；另一方面，行政许可应当遵循前文所述的必要性原则，决定的作出要考虑法律规定的国家利益和社会公共利益

---

① 《行政许可法》第46条规定："法律、法规、规章规定实施行政许可应当听证的事项，或者行政机关认为需要听证的其他涉及公共利益的重大行政许可事项，行政机关应当向社会公告，并举行听证。"
第47条第1款规定："行政许可直接涉及申请人与他人之间重大利益关系的，行政机关在作出行政许可决定前，应当告知申请人、利害关系人享有要求听证的权利；申请人、利害关系人在被告知听证权利之日起五日内提出听证申请的，行政机关应当在二十日内组织听证。"

② 《行政许可法》第48条规定："听证按照下列程序进行：（一）行政机关应当于举行听证的七日前将举行听证的时间、地点通知申请人、利害关系人，必要时予以公告；（二）听证应当公开举行；（三）行政机关应当指定审查该行政许可申请的工作人员以外的人员为听证主持人，申请人、利害关系人认为主持人与该行政许可事项有直接利害关系的，有权申请回避；（四）举行听证时，审查该行政许可申请的工作人员应当提供审查意见的证据、理由，申请人、利害关系人可以提出证据，并进行申辩和质证；（五）听证应当制作笔录，听证笔录应当交听证参加人确认无误后签字或者盖章。行政机关应当根据听证笔录，作出行政许可决定。"

的需要，同时要兼顾市场自由调节和公民自主权利的运用，做到国家利益、社会利益和社会公众个体权利的平衡。

在法律实务中，行政许可所涉案件主要体现在行政许可行为是否符合法定的许可条件，包括以下情形。

1. 不得违反法律、法规和规章的明文规定作出行政许可

在山东华某光伏科技有限公司（以下简称华某公司）诉某县市场监督管理局工商行政登记案中，山东日照市中级人民法院认为，根据《公司登记管理条例》第59条[①]、《行政许可法》第31条之规定，公司法人营业执照遗失可以申请补领。该申请补领须以遗失或者毁坏的客观真实性为前提，而不以申请人主观意愿、目的为判断依据，涉案上诉人华某公司因"无法索回公章"作为"补办公章"的目的，违反了补办申请人应具有主观善意、无过失的判断标准，因此原审认定上诉人华某公司法定代表人纪某尚明知营业执照仍在山某天公司的情况下，未如实提交有关材料和反映真实情况，故意隐瞒客观事实，得以重新补领新的营业执照，导致涉案增领营业执照的行政行为认定事实不清，证据不足，应当依法予以撤销并无不当。原审判决认定的"某县市场监督管理局虽已尽审慎审查义务，但由于某县华某公司的原因导致某县市场监督管理局在证据不足的情况下认定事实错误，涉案增领营业执照的行政行为应当依法撤销"，事实清楚，适用法律正确，程序合法。

2. 行政机关不得在法定条件之外增设行政许可的条件

根据《行政许可法》第16条的规定，行政许可条件依法由法律、法规和规章规定，如果上位法已经对行政许可条件作出规定，作为下位法的法规和规章可以在法定范围内对行政许可作出具体规定，但不得增设违反上位法规定的其他条件。

从防止行政机关自我赋权的角度考虑，规章以下的规范性文件不得作出行政许可的具体规定。

例如，在郑某榕诉三明市梅某区计划生育局拒绝办理独生子女证案[②]中，三明市中级人民法院认为，原告符合申领独生子女证的法定条件，且申领手续

[①] 《公司登记管理条例》已废止。现相关规定见2022年4月14日国务院第131次常务会议通过、自2022年3月1日起施行的《市场主体登记管理条例》第37条第2款。

[②] 福建省三明市中级人民法院行政判决书，（1998）三行终字第5号。

齐全，被告三明市梅某区计划生育局以原告不办理子女养老保险为由拒绝为其办理独生子女证的行为，缺乏法律依据。又如，在陈某华诉南京市江某区住房和城乡建设局不履行法定职责案中，法院认为，司法部、建设部1991年发布的《关于房产登记管理中加强公证的联合通知》① 要求受益人必须持有公证部门出具的公证文书，方可办理房屋产权的转移登记，构成违法的行政行为。②

再如，某市地方性法规设定了大型户外广告许可，但是没有规定具体的许可条件，导致该市城管局实施该项行政许可时没有明确的条件和标准。为更好地执行地方性法规，市城管局经过调研、讨论、广泛征求各界意见等程序，制定了本市大型户外广告的许可条件，并经过局办公会通过，最终以市城管局的名义发布通知，在全市范围使用该行政许可的条件。市城管局的做法是否合适？根据《行政许可法》第16条的规定，行政许可的条件由法律、法规和规章设定，市城管局的通知属于规章以下的规范性文件，不得作出行政许可的具体规定。该条规定在于防止行政机关自我赋权。

同时，对法规、规章在法定范围内增设的许可规定是否违反上位法，应从两方面判断。一是从增设的许可条件和许可目的的关系角度考虑：①是否有不正当联系，是否违反不当联结禁止原则；②如不违反不当联结禁止原则，需看是否符合比例原则。二是禁止违规收费，除非法律法规有规定；同时，禁止将收费作为行政许可的条件。

3. 坚持许可法定原则

《行政许可法》第4条③规定了许可法定原则。行政机关应当依法作出是否准予行政许可的决定，不得在法定条件之外增设、减免行政许可的条件。对于符合法定条件的行政许可申请应当依法作出许可决定，不受任何第三方的干扰和影响。

如在林某菊诉福建省福某市工商行政管理局行政登记案④中，原告认为，农某人饭庄系无证经营，尤其该饭店大量排放油烟等污染物质，严重损害了原

---

① 已被司法部2016年7月5日发布的《关于废止〈司法部 建设部关于房产登记管理中加强公证的联合通知〉的通知》（司发通〔2016〕63号）所废止。
② 参见《最高人民法院公报》2014年第8期。
③ 《行政许可法》第4条规定："设定和实施行政许可，应当依照法定的权限、范围、条件和程序。"
④ 福建省宁德市中级人民法院行政判决书，（2005）宁行终字第66号。

告及附近社会公众的生活质量和身体健康，违反了《建设项目环境保护管理条例》(1998)第9条第2款①以及国家环境保护总局、公安部、国家工商行政管理局联合印发的《关于加强社会生活噪声污染管理的通知》第1条②的规定。虽然原告多次投诉，被告仍根据第三人的申请为其颁发了个体户营业执照。

宁德市中级人民法院二审判决认为，公民个人租赁住宅楼开办个体餐馆的，不属于《环境影响评价法》第16条第3款规定的建设项目的环境影响评价分类名录之列。因此公民之间因餐馆的噪声和空气污染产生争议的，可以依照《环境噪声污染防治法》③和《大气污染防治法》的有关规定处理，餐馆经营应采取有效措施达到法定排放标准；对他人造成危害的，应承担相应的赔偿责任。环保审批文件并非工商行政管理部门颁发个体营业执照的前置性条件。第三人在申请办理个体工商户登记时无须提交环境影响报告和登记表。最高人民法院在回复福建省高级人民法院关于该案的请示中肯定了宁德市中级人民法院的观点。

4. 行政许可的标准

行政许可的标准，是行政机关针对相对人的申请作出是否准予许可行为的原则、条件和具体要求。由于资源的有限性和行政许可权利限制解除的性质，行政许可在很多领域经常出现"僧多粥少"的需求紧张状况，申请人众多而最后获得许可的数量却受到限制，因此制定行政许可的标准成为立法的必然。从立法与行政管理实务情形看，行政许可的标准可以分为以下两种。

(1) 申请在先或受理在先的标准

这是按照申请或受理的时间先后顺序来确定行政许可的标准。在同等条件下，申请人提出申请的时间早于他人的优先获得行政许可；申请人提出申请的时间相同的，行政机关受理时间早的优先获得行政许可。

---

① 《建设项目环境保护管理条例》(1998)第9条第2款规定："按照国家有关规定，不需要进行可行性研究的建设项目，建设单位应当在建设项目开工前报批建设项目环境影响报告书、环境影响报告表或环境影响登记表；其中，需要办理营业执照的，建设单位应当在办理营业执照前报批建设项目环境影响报告书、环境影响报告表或环境影响登记表。"2017年所作的修订中取消了"需要办理营业执照的，建设单位应当在办理营业执照前报批建设项目环境影响报告书、环境影响报告表或环境影响登记表"的限制性规定。

② 《关于加强社会生活噪声污染管理的通知》第1条规定："在城镇人口集中区建设有可能产生环境噪声污染的营业性饮食、服务单位和娱乐场所，必须采取有效的防治环境噪声污染的措施，使其边界噪声达到国家规定的环境噪声排放标准；娱乐场所不得在可能干扰学校、医院、机关正常学习、工作秩序的地点设立。对于不符合要求的，当地环保部门不得同意其建设，工商行政管理部门不得核发其营业执照。"

③ 已废止。已被2022年6月5日施行的《噪声污染防治法》所取代。

(2) 条件优越标准

此标准是通过对申请人各自条件的比较作出的行政许可判断规则。实务中进行判断的主要方式包括考试、招标、拍卖、比较、听证等,如法律职业资格考试、政府土地出让的招拍挂程序等。

由此可见,申请人按要求提出申请只是行政许可的必经程序和必要条件。如申请人符合许可条件提出申请且行政机关予以受理,并非一定获得许可。而最终获得行政许可的决定因素是必须达到许可的标准。行政许可条件是对许可申请人提出的最低要求,许可标准是行政许可机关是否颁发许可证应当遵循的标准。许可条件和标准都应由设定许可的法律法规规定,下位法可以作出具体规定,但不得增设许可条件。行政许可的标准可能等于或高于许可的条件。

(二) 行政许可的基础行为[①]

一个行政许可行为的合法性会受到其赖以产生的其他行政行为合法性的影响,即其他行政行为的存在是该行政许可行为产生的前提和基础,其他行政行为也就构成了行政许可行为的适用条件和基础事实。如何审查和判断行政许可行为的前提行为,是法院司法审查中的难点问题,也被称作"行政行为违法性的继承"。[②]

案例1:邓某新、张某等诉W市规划局规划行政许可

本案中,山东省高院认为,本案的焦点问题是市规划局核发变更后的《建设用地规划许可证》在程序和内容上是否合法,基础问题是地上建筑面积是否变更。原审已查明,W市规划局核发的变更后的涉案建设用地规划许可证载明,地上建筑面积不变。W市规划局提交的原规划许可证载明的地上建筑面积与变更后的规划许可证一致,同为371520平方米。且变更后的规划许可证载明的地上建筑面积、地下建筑面积之和与《核准意见》载明的总建筑面积也一致。因此,申请人提交的《核准意见》不能证明W市规划局存在许可建设单位增加地上建筑面积的行为。基于此,市规划局作出的涉案建设用地规划许可行为前后容积率没有变化,不涉及专项论证的问题,原审关于该规划变更行为合

[①] 何海波著:《行政诉讼法》,法律出版社2016年版,第294页。
[②] 郑春燕:《论城乡规划的司法审查路径》,载《中外法学》2013年第4期。

法的认定并无不当。

案例2：夏某荣诉X市建设局行政证明纠纷案

本案中，第三人恒某房地产公司开发的世纪花园小区住宅楼建成后，被告X市建设局为其颁发了验收合格证。原告夏某荣不满房屋建设质量，以住宅楼不具备竣工条件为由，起诉X市建设局，要求撤销该局颁发的验收合格证。法院审理发现第三人在该工程中从未办理建设工程规划许可证，竣工时提供的规划许可证复印件系伪造。江苏省高院再审判决认为，作为建设行政主管部门，原审被上诉人X市建设局是依法代表国家对涉案住宅小区行使竣工综合验收权力，向涉案房产公司颁发《住宅竣工验收合格证书》。其实质是以国家行政机关的公信力，来担保涉案小区的建筑质量符合相关验收要求与标准，达到了足以交付使用的水平。X市建设局应该于发放《住宅竣工验收合格证书》之前对该证书所依据的所有事实材料进行审查，保证每个事实依据的真实性，以维护政府机关的公信力。住宅小区竣工验收需要组织专门的综合验收小组统一开展工作，而原审被上诉人X市建设局依职权为该验收小组的组织者，对验收小组内相关单位提交的所有验收报告具有审查的职权和责任。本案中，涉案房地产公司只提交了规划许可证复印件未能提供原件，此时原审被上诉人X市建设局则应更加谨慎、仔细审查。因此，X市建设局未尽到审慎义务，根据涉案房地产公司提供的伪造证据为其颁发了验收合格证，依法应承担未尽职审查的法律责任。本案验收合格结论是建立在虚假证据的基础上，不具备证明涉案小区验收合格可交付使用的作用，依法应当撤销。

案例3：建设工程规划许可先行行政行为的审查——张某诉B市规划委员会建设工程规划许可案

【基本案情】

2013年1月25日，某城建集团向被告B市规划委员会提交《建设项目规划许可及其他事项申报表》及相关文件资料，申请北苑路旧城保护安置房（A1住宅）项目的建设工程规划许可。原告住宅位于上述A1住宅的北侧。被告根据申请人提交的材料认定：某城建集团于2011年10月10日申报建设北苑路旧城保护安置房项目。被告于同年11月7日作出《建设项目规划条件》，对项目建设的各项规划提出了条件和要求。被告还提出：因涉及人防工程建设、绿化用地，申请人要取得《建设工程规划许可证》必须事先报请人防部门和园林绿化主管部门审查同意。同年12月29日，被告作出《批复》，同意某城建集团上述建设项目。2012年3月，被告向某城建集团发放《建设用地规划许可证》，对建设用地的性质（二类居住地）和用地面积作了规定。2012年7月23日，被告作出关于某城建集团安置房项目设计方案的审查意见，就某城建集团设计方案进行了审定。11月19日，某城建集团与B市国土局就项目建设用地的部分土地签订了《国有建设用地使用权出让合同》，将29492平方米中的3174平方米订立出让合同及补偿协议，并明确了出让用途具体部位。12月11日，B市某区国土分局作出划拨决定，将项目建设的26318平方米土地划拨给某城建集团，12月28日，某区政府对该宗土地作了土地使用权的登记并颁发了土地使用证。

在此期间，B市民防局于2012年8月15日、2013年1月6日先后两次作出《人防工程建设规划设计条件意见书》，对该安置项目中的人防工程建设提出相关要求，并于2013年1月7日最终作出审核批准通知单，认定安置项目人防工程设计图纸合格。B市园林绿化局于2012年9月20日作出安置房项目复函同意了绿地规划方案。B区综合开发办也就安置房项目的配套与基础设施等与某城建集团签订建设方案进行了约定。

经对上述其他机关和组织作出的各项材料的审查，被告于2013年3月4日作出建设工程规划许可行为并向某城建集团发放了许可证。

同时，某城建集团在申报项目规划许可前聘请专业公司对项目建设对周围建筑（包括原告房屋）的日照影响作了测算，被认定为符合建设标准。某城建集团在向被告提交图纸时就日照不影响周围建筑的测算作了说明。

原告诉称：被告对规划许可进行了变更但未经公示；有关部门对建设工程图纸的审查是规划许可的前置条件，被告未予满足；安置项目楼高应为"40.1"，但被告手写更改为"39.5"并以之计算建筑间距系数是错误的；涉案项目存在先建后批的问题。原告提起行政诉讼，要求撤销被告2013年3月4日发放的许可证。

【焦点问题评析】

本案的焦点问题是法院在审查被告作出的行政行为时，能否审查先行行政行为的合法性。

第一，原告诉称的理由分析。对于原告诉称的问题均没有证据证明或没有法律依据：变更未予公示的情形并无证据证明存在；没有法律依据表明工程图纸的审查是规划行政许可的前置条件；案中的数字改动是打印件错误被手写改动，法院经查明，安置项目的确是"39.5"，被告使用该数据的做法是合适的。

第二，法院对先行行为的审查是否适当的问题。建筑工程规划许可的行政行为较为复杂，涉及人防工程、园林绿化、发改委对项目的审批、土地使用权的出让及使用等方面的诸多先行性工作。一般情形下法院不得对先行行为的合法性进行审查，但最高人民法院《关于审理行政许可案件若干问题的规定》第7条①作了明确规定，指出对先行行为存在重大明显违法情形的，法院不予认可。这就意味着先行行为的一般性违法法院不予干涉，只有重大明显违法才会被认定。在本案中，法院认为首先要对先行行为的可诉性予以审查，划定后续审查范围；其次对具有重大明显违法的先行行为的可诉性予以审查，如果存在重大违法情形则其违法性由后续行为承继，若没有该情形则不予审查。

【案件启示】

司法机关对于先行行政行为的审查与否存在争议，存在三方面意见：一是不能审查。理由在于先行行政行为与后续行政行为均为相对独立的行政行为，即使先行行为存在实体或程序违法的问题，但只要其已经生效，则后续行政行为就要承认其效力，不能审查其合法性。前、后两种行为各自独立，不可混为一体同时审查。二是能够审查。其与上述否定说恰恰相反，认为先行行为是后续行政行为的必要条件，只要先行行政行为存在违法行为，则后续行政行为即使具备了合法的要件也应该被认定为违法。三是折中的意见。其认为对重大明显违法的先行行为可以予以审查，其他一般的违法行为不得审查。其依据是最高人民法院《关于审理行政许可案件若干问题的规定》第7条，作为行政行为基础的其他行为存在明显缺乏事实依据、法律依据或超越职权等重大明显违法情形的，法院不予认可。

有实务界人士认为折中意见的理由有三点：一是越权无效原则。因为后续行政行为对先行行政行为没有进行实质审查的权力，若先行行为存在重大明显违法行为导致其无效等，后续机关未尽审慎形式审查之义务，则需要司法机关的合法性审查。二是保护相对人权益的需要。行政相对人对先行行政行为不享

---

① 《关于审理行政许可案件若干问题的规定》第7条："作为被诉行政许可行为基础的其他行政决定或者文书存在以下情形之一的，人民法院不予认可：（一）明显缺乏事实根据；（二）明显缺乏法律依据；（三）超越职权；（四）其他重大明显违法情形。"

有诉权，如其权益因先行行为而受损则难以寻求救济，则立法需要避免"有侵害、无救济"的情形出现，需要法院的司法审查予以保障其权益。三是源于成本收益的分析。对先行行政行为重大明显违法的审查与辨别的成本，远远小于后续行政行为因先行行为违法而作出行政行为所带来的损失。法院通过对重大明显违法先行行为的审查而作出判断，及时撤销后续行政行为，消除其不利影响，可以实现成本的最小化。

尽管法院有对重大明显违法的先行行为的审查权，但该审查权的范围有着限制条件，为有限的司法审查权。

在以上案例中，法院都对现行行政行为作了审查。在实务中，最高人民法院《关于审理行政许可案件若干问题的规定》第7条列举的"明显缺乏事实根据和法律依据、超越职权等"重大违法情形，基本属于行政行为无效的情况。从上述案例和最高法院的司法解释看，只要先行行为违法事实未达到"重大明显"的程度，则法院的司法审查是受到限制的，其对情节较轻的一般违法行为不予审查（或称不得审查），这可看作行政行为确定力、安定性和可信性的体现。

（三）行政许可的变更、撤回和撤销

根据行政行为的基本理论，作出行政行为的行政机关原则上有权改变原行政行为。同理，行政许可的作出机关原则上有权变更、撤回和撤销已作出的行政许可行为。但行政机关对于已作出行政行为的改变不是任意的，应当受到信赖保护原则的限制。《行政许可法》和部分单行法律对行政许可行为的变更、撤回和撤销作出了相应的规定。

1. 行政许可的变更、撤回

《行政许可法》第8条①规定了行政许可的变更和撤回，可作如下认识：

（1）第8条的基本含义

①行政许可"不得擅自改变已经生效的行政许可"，即原则上不得随意改变行政许可行为，体现了行政行为的公定力和确定力的特征；②从行政决定撤

---

① 《行政许可法》第8条规定："公民、法人或者其他组织依法取得的行政许可受法律保护，行政机关不得擅自改变已经生效的行政许可。行政许可所依据的法律、法规、规章修改或者废止，或者准予行政许可所依据的客观情况发生重大变化的，为了公共利益的需要，行政机关可以依法变更或者撤回已经生效的行政许可。由此给公民、法人或者其他组织造成财产损失的，行政机关应当依法给予补偿。"

回之日起，行政许可失效；③因变更或撤回行政许可给相对人带来财产损失的，行政机关应当依法予以补偿。

(2) 第8条存在的缺陷分析

《行政许可法》颁布实施以后，理论与实务界对于第8条的争议较多，主要体现在以下几个方面：

第一，对于合法预期保护的规定不够严谨。第8条的规定体现了两个行政法的原则：一方面，"不得擅自改变已经生效的行政许可"体现了信赖保护的行政法原则；另一方面，"行政许可所依据的客观情况发生重大变化的"体现了重大情势变更原则。在一个法条中将两个基本原则混合在一起加以规定，而体现的法律精神却不同，就出现了原则冲突的问题。从合法预期保护的角度分析，行政行为的变更或撤回应对合法权益受到侵害的相对人作相应补偿。信赖保护原则体现的是针对全部损失的全额补偿，而重大情势变更原则体现的是为了公共利益的公平补偿，二者补偿的原则是不同的。尽管这两种原则都体现了法治的进步，但出现在同一个法条中势必会带来理解上的冲突和混乱。

第二，没有运用比例原则，没有明确突出为了"重大公共利益"的需要。从法律正确适用的角度看，并非只要为了公共利益而不论大小，都允许行政行为的变更或撤回，而是应当符合比例原则的要求。就是应当将公共利益与相对人的合法权益作出比较，只有相比之下公共利益更加巨大、更加重要，而相对人受损的合法权益较之公共利益要小得多，且属于相对人能够合理忍受的程度，此时行政机关才能够变更或撤回行政许可。①

第三，行政补偿的方式、标准不明确。第8条规定因公共利益的需要，行政机关变更或撤回已经生效的行政许可，给相对人带来财产损失的，应当依法予以补偿。这是行政许可立法对行政补偿规定的重大进步，有利于保护公民、法人和其他组织的合法权益。但该项补偿规定并不完善：①缺乏明确的补偿条件、补偿标准和补偿期限；②补偿的范畴模糊，即没有规定公平补偿还是全额补偿；③行政机关的违约责任和相对人的救济程序欠缺。由此，第8条关于"补偿"的规定过于模糊和抽象，不够明确具体，缺乏可操作性。

第四，没有规定变更、撤回程序中行政许可中止的运用空间，立法不够

---

① 余凌云著：《行政法案例分析和研究方法》，中国人民大学出版社2008年版，第183—184页。

完善。

第五，行政机关变更、撤回行政许可的行为欠缺程序上的限制，对于行政权力规范和相对人权利保护的效果不理想。

对于行政许可变更和撤回的情形，司法机关在实务中发挥了司法对行政的监督作用，对《行政许可法》第8条在实践中的合理应用起到了积极的促进作用。在B县杜康镇弘某煤业有限责任公司（以下简称弘某煤业）诉陕西省B县人民政府（以下简称B县政府）行政补偿案中，最高法院裁定认为，按照《行政许可法》第8条第2款规定，行政许可只要是依法取得就应受法律保护。行政机关无论因法律规范废改，还是客观情况变化，抑或为了公共利益需要而变更或者撤回已经生效的行政许可，都应就由此造成的财产损失，对公民、法人或者其他组织依法给予补偿。按照该款规定的精神，弘某煤业因煤矿资源整合而丧失依法取得的许可，应当得到公平合理的补偿，而煤矿资源整合的实施者则负有落实相关补偿问题的职责。

因此，本案所涉烽某煤业对弘某煤业的资源整合，并非单纯的市场行为，而是被告B县政府行政命令所致，是被告配合省、市政府行政命令并具体实施行政管理职权的行政行为。同时，煤炭资源的整合要兼顾各方主体的利益。被告根据上级政府要求完成企业整合任务是其职责所在，维护被整合对象合法权益也是其应当承担的任务和责任。整合主体向被整合主体支付相应价款，并由相关政府部门返还关闭矿井剩余采矿权价款等具体约定均列明于省、市、县三级政府的相关文件中。作为被告的B县政府认为涉案煤炭资源整合、补偿款等问题仅属于行政指导行为的说法，不符合事实和法律、政策的规定。

2. 行政许可的撤销

《行政许可法》第69条[①]规定了可以撤销行政许可的五种情形，但也存在

[①] 《行政许可法》第69条规定："有下列情形之一的，作出行政许可决定的行政机关或者其上级行政机关，根据利害关系人的请求或者依据职权，可以撤销行政许可：（一）行政机关工作人员滥用职权、玩忽职守作出准予行政许可决定的；（二）超越法定职权作出准予行政许可决定的；（三）违反法定程序作出准予行政许可决定的；（四）对不具备申请资格或者不符合法定条件的申请人准予行政许可的；（五）依法可以撤销行政许可的其他情形。被许可人以欺骗、贿赂等不正当手段取得行政许可的，应当予以撤销。依照前两款的规定撤销行政许可，可能对公共利益造成重大损害的，不予撤销。依照本条第一款的规定撤销行政许可，被许可人的合法权益受到损害的，行政机关应当依法给予赔偿。依照本条第二款的规定撤销行政许可的，被许可人基于行政许可取得的利益不受保护。"

一定争议：①如没有区分行政救济程序的撤销和救济程序外的撤销；②该条规定"……撤销行政许可，被许可人的合法权益受到损害的，行政机关应当依法给予赔偿"，有观点提到此处的损失是由"合法的""撤销"行为带来，因此责任后果应为"补偿"而非"赔偿"。③行政机关撤销行政许可对相对人合法权益造成损害，但第69条没有为相对人提供程序上的保护，也没有对行政机关施加程序上的限制，容易造成权力与权利的失衡。

在涉及行政许可的一些部门法律中也规定了行政许可的撤销：①根据《婚姻法》第11条①和《婚姻登记条例》第9条的规定，受胁迫结婚的一方向婚姻登记机关请求撤销该婚姻，且不涉及子女抚养、财产及债务问题的，婚姻登记机关应当撤销该婚姻，宣告结婚证作废。在陈某青诉福建省连城县隔某乡人民政府撤销离婚证案中，二审法院认为上诉人（李某明）与被上诉人（陈某青）于1999年4月30日依法向原审被告（隔某乡）提供相关的材料申请离婚，原审被告经审查确认双方确实自愿离婚，且已对子女和财产问题作了处理，并发给了离婚证，完成了二人的离婚登记手续，该具体行政行为程序合法。离婚登记涉及当事人的人身权益，没有法定的事由，不能予以撤销。上诉人及被上诉人并无弄虚作假、骗取婚姻登记的情形，原审被告撤销上诉人及被上诉人的离婚证书的理由不能成立。②根据《城乡规划法》第57条的规定，城乡规划主管部门违法作出行政许可的，其上级主管部门有权责令其撤销或者直接撤销该行政许可。因撤销给当事人合法权益造成损失的，应当依法给予赔偿。③根据《房屋登记办法》第81条②的规定，有效的法律文件证明当事人以隐瞒真实情况、虚报等非法手段获取房屋登记的，有权机关可撤销该房屋登记。

案例4：违法设定行政许可条件的行政行为应予撤销——梅某荣诉东某市民政局行政许可及附带审查规范性文件案

【基本案情】

原告梅某荣从事殡葬服务行业但并未获得殡葬营运证，即殡葬服务车辆许

---

① 《婚姻法》已失效。现相关规定见《民法典》第1052条。
② 《房屋登记办法》第81条规定："司法机关、行政机关、仲裁委员会发生法律效力的文件证明当事人以隐瞒真实情况、提交虚假材料等非法手段获取房屋登记的，房屋登记机构可以撤销原房屋登记，收回房屋权属证书、登记证明或者公告作废，但房屋权利为他人善意取得的除外。"该办法已被住房和建设部2019年9月6日发布的《住房和城乡建设部关于废止部分规章的决定》（住房和城乡建设部第48号令）所废止，其相关规定精神已被《不动产登记暂行条例》所吸收和取代。

可证。2014年3月25日，原告向被告申请信息公开，要求公开申请殡葬营运许可证的信息。同年4月4日，被告作出政府信息公开申请答复，告知原告申请殡葬营运许可证需要的相关证件材料等。原告随后申请办理殡葬营运许可证，被告就其申请办证事宜向原告发出通知，告知原告：依据本市《关于规范全市殡葬车辆营运管理的意见》（以下简称《意见》）的规定，原告需要补充驾驶证、书面申请、户籍所在地关于已划定服务区域的意见等办证所需资料。同年9月6日，原告向被告邮寄书面申请及户籍所在地镇政府的意见。9月24日，被告工作人员口头告知原告缺少镇政府的明确意见，且其所提供的专用车辆不合要求，只能作为副车使用；被告不能为其办理殡葬营运许可证。原告于同年12月24日提起行政诉讼，法院于2015年3月10日作出判决，要求被告于判决生效起30日内作出对原告申请的答复。当事人均未上诉。2015年5月4日，被告作出关于原告申请殡葬营运许可证事宜的答复，要求原告尽快补充前文所述的镇政府明确的工作意见。原告不服，再一次提起行政诉讼，请求确认被告答复违法，并要求一并审查被告答复行为的依据《意见》的合法性。

【焦点问题评析】

本案的焦点问题有两个：一是被告所作答复的合法性；二是作为被告答复行为依据的规范性文件的合法性。

第一，殡葬营运许可证办理的法律依据。现阶段，案涉许可证办理的依据为《行政许可法》《民政部门实施行政许可办法》《殡葬管理条例》和被告所在的江苏省《殡葬管理办法》等法律、法规和规章。根据《行政许可法》第14条至第17条规定，法律、行政法规、地方性法规、国务院决定、省级政府规章可以设定行政许可，除此之外的任何规范性文件不得设定行政许可。《殡葬管理条例》第13条、第16条分别对遗体的处理、运尸车等殡葬服务设备的技术标准作了相应的规定。江苏省《殡葬管理办法》第5条规定了殡仪馆是殡葬服务的专门机构，其他单位和个人从事殡葬服务需要县级以上民政部门批准。这些法律、法规和规章的规定构成了从事殡葬服务的基本要求，即申请从事殡葬服务的行政许可的法律依据。符合以上法律规范规定的相应条件的，即满足了申请行政许可的条件。

第二，案涉《意见》作为行政许可行为的依据不合法。《意见》为被告所在县级市政府所制定的行政规范性文件，其第3条规定所有殡葬车辆需按所属乡镇政府划定的区域服务范围并报民政局审定后从事营运。这一规定是对殡葬车辆从事营运的行政许可要求。通过查询相应法律、法规和规章可知关于殡葬车辆从事营运的许可并无该项要求，即其没有上位法的依据，属于另行设定行政许可的条件。违反了《行政许可法》的规定，属于违法的规范性文件。

第三，被告以违法依据作出行政许可决定行为违法。被告依据《意见》的规定作出不予许可的案涉决定，其行政行为的依据违法，属于行政行为适用法律法规错误，因此导致该行政行为违法。依据《行政诉讼法》第70条的规定，法院撤销了案涉对行政许可申请的答复。

【案件启示】

第一，法院可以对规范性文件进行附带性审查。根据《行政诉讼法》第53条的规定，法院可根据原告的请求在对行政行为进行合法性审查时附带性对规范性文件进行审查。所谓附带性审查，是指法院对行政机关的行政行为进行审查时附带地对行政行为所依据的规范性文件予以合法性审查。如果原告单独提起对规范性文件的审查申请，法院不予受理或受理后驳回起诉。本案中，法院对《意见》的审查即符合对规范性文件的附带性审查的标准。

第二，法院对规范性文件的审查结果不宜在裁判结果中评价。根据《行政诉讼法》第64条的规定，法院经审查认为作为行政行为依据的规范性文件不合法的，在裁判中不作为认定行政行为合法的依据，同时可通过口头或书面的方式向规范性文件制定机关提出司法建议。本案中，东某市政府根据法院的司法建议撤销案涉《意见》，体现了司法对部分抽象行政行为的监督。

第三，行政许可的设定应依法进行。根据《行政许可法》的规定，行政许可的设定只能由法律、行政法规、地方性法规、国务院决定设定，省级政府规章可以设定临时性行政许可，其他任何规范性文件均不得设定行政许可。本案中，县级市政府通过发布规范性文件的形式为殡葬车辆运营许可增加了需要乡镇政府提供其划定的区域服务范围的要求，是通过文件的形式设定行政许可，违反了法律的规定。依据的不合法最终导致了行政许可行为的违法和被撤销。

（四）行政许可有效期的延续

行政许可有效期的延续，是指被许可人在行政许可的期限即将届满时向作出行政许可的机关申请延长许可期限，并由许可机关作出是否同意决定的法律程序。《行政许可法》第 50 条规定了行政许可有效期延续的申请及决定程序，第 70 条规定行政许可有效期届满未延续的需要办理注销手续。

案例 5：行政机关针对超出法定期限申请延续行政许可的情形应不予受理或不予延续——某公司诉某市政局行政许可案

【基本案情】

某燃气公司作为被许可人在城市燃气经营许可期限届满当天，向原许可机关某市政局提出延续行政许可有效期的申请，某市政局在许可证期限届满后的第十天作出准予延续的决定。但是准备参与城市燃气经营权竞争的某公司（第三人）认为某市政局的决定违法，向法院起诉。被许可人能否援引《行政许可法》第 50 条①第 2 款的规定维护自己的权益？

【焦点问题评析】

本案的焦点问题是申请人在行政许可期限届满当日提出延期申请，行政机关在期限届满后作出准予延续的决定的合法性。

（1）本案的法律依据

对《行政许可法》第 50 条和第 70 条规定的行政许可有效期的延续包括两种情况：一是行政许可机关在许可期限届满前作出准予许可延续的决定，有效期届满未延续的应当依法予以注销；二是行政机关逾期未作出是否许可延续决定的，视为准予延续。

（2）案例逻辑关系分析

第一，视为准予延续的要件。根据《行政许可法》第 50 条的规定，视为准予延续包括两个要件：一是被许可人在法定期限内提出了有效期延续的申请；二是行政许可机关在有效期届满前未对延续申请作出是否准予延续的决定。

第二，对以上准予延续要件的理解：①从目的解释的角度看，《行政许可法》第 50 条第 1 款的立法目的在于给行政机关审查延续申请留下足够的时间；而《行政许可法》第 50 条第 2 款的立法目的在于，督促行政机关及时履行审查延续申请的法定职责并及时作出决定，如果行政机关逾期未作出是否准予延续

---

① 《行政许可法》第 50 条规定："被许可人需要延续依法取得的行政许可的有效期的，应当在该行政许可有效期届满三十日前向作出行政许可决定的行政机关提出申请。但是，法律、法规、规章另有规定的，依照其规定。行政机关应当根据被许可人的申请，在该行政许可有效期届满前作出是否准予延续的决定；逾期未作决定的，视为准予延续。"

的决定，就要作出有利于被许可人的法律推定，视为许可证在有效期届满后继续有效，被许可人可继续从事原被许可的活动。① ②从归谬论证的角度看，如果被许可人不在法定期限内提出延续有效期的申请，而是等到许可证有效期届满前的最后一个工作日提出，此时行政机关由于时间限制可能无法在许可证期限届满前作出决定，就意味着可援引《行政许可法》第50条第2款的规定来维护自己的权益，即"逾期未作决定的，视为准予延续"。由此，被许可人未在法定的期限届满30日前提出申请，属于违反法律规定，但却因第2款获益，违反了"任何人不得从违法行为中获得利益"的法谚。以上假设不仅违背了第50条第1款的立法目的，而且还容易带来行政机关无根据的乱作为，即在许可证期限届满前随意作出准予或不准予延续的决定。由此可见，被许可人不遵守《行政许可法》第50条第1款的规定，就不再具备适用第2款的条件，也无权引用第2款的规范保护自身权益。

第三，行政许可有效期届满未延续情形的法律规定。《行政许可法》第70条第1项规定："行政许可有效期届满未延续的，行政机关应当依法办理有关行政许可的注销手续。"

第四，案例事实应用。上述案例中的事实表明，燃气经营许可有效期届满，该许可证就失去法律效力，应依法办理注销手续。市政局在燃气公司经营许可证有效期届满后又作出准予延续许可的决定，不符合第50条第1款的规定，即不能提供特别的法律依据来证明其行政决定的合法性，同时也不能排除《行政许可法》第70条的适用，因而市政局的行政决定是违法的。

综上所述，被许可人违反了《行政许可法》第50条第1款的规定提出申请，故无法适用第2款的规定。燃气公司在许可证期限届满的当天申请延续，市政局应该当场作出不予受理或者不予延续的决定。

【案件启示】

①行政机关只能决定延续尚未届满的行政许可有效期，不得延续已经届满失效的行政许可；②如果要产生视为准予延续的法律后果，前提必须是被许可人已经在法定期限内提出了延续申请；③视为准予延续的法律后果，仅仅指行

---

① 肖泽晟：《论许可证有效期的延续——基于〈行政许可法〉第五十条的解释》，载《浙江学刊》2016年第3期。

政许可的有效期自动延续到行政机关针对被许可人的延续申请作出最终处理决定为止；④准予延续后的行政许可有效期，可以等于原行政许可有效期，也可以短于原行政许可有效期，可以不同于申请人申请延续的行政许可有效期；⑤行政许可有效期的延续是在行政许可的条件和标准以及被许可人不变的情况下才发生的，因此一般不应当适用于行政特许，而行政特许期限届满后，如何获得相应的行政特许证，应当由单行法律、法规规定行政特许更新制度；⑥对于逾期提交的延续申请，行政机关有权裁量决定是否受理申请。

三、相关法律文书

1. 行政许可委托书
2. 行政许可申请书
3. 行政许可申请材料清单
4. 行政许可申请材料补正告知书
5. 行政许可受理（不予受理）审批表
6. 行政许可受理（不予受理）凭证
7. 行政许可陈述、申辩告知书
8. 行政许可延长期限审批表
9. 行政许可延长期限通知书
10. 行政许可听证公告
11. 行政许可听证告知书
12. 行政许可听证通知书
13. 行政许可听证会笔录
14. 准予（不准予）行政许可决定审批表
15. 准予行政许可决定书
16. 不准予行政许可决定书
17. 行政许可准予（不准予）延续审批表
18. 行政许可延续决定书
19. 行政许可不准予延续决定书
20. 行政许可准予（不准予）变更审批表

21. 行政许可变更决定书（用于当事人申请变更情形）
22. 行政许可变更决定书（用于行政许可机关职权变更情形）
23. 行政许可不准予变更决定书
24. 行政许可证件送达（领取）登记表
25. 行政许可撤回审批表
26. 行政许可撤回决定书
27. 行政许可撤销审批表
28. 行政许可撤销决定书
29. 行政许可注销审批表
30. 行政许可注销决定书
31. 行政许可办结报告

第四章 行政处罚实务

2021年1月22日,第十三届全国人大常委会第二十五次会议修订通过了《行政处罚法》,规定自2021年7月15日起施行。本次《行政处罚法》的修订幅度较大,集中总结补充了《行政处罚法》自1996年制定实施以来行政法理论与实务的新发展,对进一步指导、规范行政执法,保障公民、法人和其他组织的合法权益具有重大的现实意义。本书相关内容也是依据新修订的《行政处罚法》展开,力求与新法同行。

一、法理基础

(一)行政处罚的基本原则

1. 处罚法定原则

处罚法定原则,是指行政处罚主体与职权、处罚程序、处罚对象、违法行为、主观过错、应否处罚、处罚种类、处罚幅度,以及处罚的设定和规定等内容均由法律明文规定。此处的"法律",是指广义的法律,即包括法律、行政法规、规章等有权设定或规定行政处罚的成文法。《行政处罚法》第4条[1]规定了行政处罚法定原则。处罚法定原则包含以下内容。

(1)法无明文规定不处罚

此原则类似于刑法中的法无明文规定不为罪的原则精神,对没有法律明文规定的行政处罚,当事人有权不予接受。其存在四层含义:①违法行为的边界应由法律明确规定;②应受行政处罚的违法行为应由法律规范予以明确,否则

---

[1] 《行政处罚法》第4条规定:"公民、法人或者其他组织违反行政管理秩序的行为,应当给予行政处罚的,依照本法由法律、法规、规章规定,并由行政机关依照本法规定的程序实施。"

没有罚则的违法行为不能处罚；③对违法行为的处罚种类与幅度要明确；④行政处罚法一定要遵循"法不溯及既往""从旧兼从轻"等原则。

（2）处罚设定法定

即行政处罚除应当具有明确的法律依据外，还必须做到法律规定的行政处罚规范本身不能违法设定或越权设定。如根据《行政处罚法》的规定，我国有权设定行政处罚的机关包括：①全国人大及其常委会；②国务院及其组成部门、直属机构；③设区的市及以上级别地方人大及其常委会；④设区的市、自治州及以上的地方人民政府。

（3）处罚实施主体法定

《行政处罚法》第10条至第21条规定，以下机关和组织可依法行使行政处罚权：①法律、法规和规章规定的具有行政处罚权的行政机关；②法律、法规授权的组织；③行政机关依据法律、法规或规章的规定委托的组织。受委托实施行政处罚权的组织必须具备如下条件：依法成立的管理公共事务的事业组织；具有熟悉有关法律、法规、规章和业务的工作人员；对违法行为需要进行技术检查或者技术鉴定的，应当有条件组织进行相应的技术检查或者技术鉴定。

（4）处罚职权法定

行政处罚权的实施主体应当在法定职权范围内行使行政处罚权，不得超越或滥用处罚权。在行政处罚行为中，超越职权，是指行政处罚权的行使主体超过了自身的法定职权边界和领域执法；滥用职权，是指行政处罚权的行使主体虽在法定职权范围内但违反行政法的基本原则不正当地行使了处罚权。行政处罚之超越职权与滥用职权的主要区别是：前者为明显违法；后者表现为形式合法但实质违法，因其违背了行政处罚的基本目的。

（5）处罚程序法定

《行政处罚法》第4条规定了行政处罚程序法定原则，可做如下理解：①处罚程序法定，是指行政处罚行为的立案、调查、审理、告知、复核与听证、决定、送达、执行等环节均需符合法定的方式、方法、步骤、时限和顺序；②"行政处罚无效"，是指处罚程序"没有法定依据或者不遵守法定程序的"严重违法或不合法的情形，行政处罚决定自始无效；③处罚程序违法并非一概无效：一般程序违法属于可撤销的行政行为；轻微的程序瑕疵，虽然也属于违法的范畴，但在司法实践中不属于无效或可撤销的情形，而是属于可补正或转换的行政行为。

(6) 处罚种类及幅度法定

其表现为行政处罚行为的种类和幅度必须有法律、法规和规章的依据，否则该处罚行为违法。

2. 公正公开原则

《行政处罚法》第5条①规定了行政处罚的公正、公开原则，第7条关于公民、法人或者其他组织在行政处罚中的陈述权、申辩权的表述也体现了这一原则。

(1) 公正原则

包括两方面含义：一方面，相同情况相同对待，不同情况区别对待。要注意的问题：行政处罚是否必须"遵循先例"？即违法当事人是否能够以其他人同样违法未受查处为由而提起针对行政处罚的抗辩呢？近几年，学界对此基本达成了共识，认为合法合理的"先例"值得"遵循"，非法的"先例"不予保护，上述抗辩法律不予支持。主要理由有：①依法行政原则的要求。一个违法的事务不具有受法律秩序保护的价值，行政机关有将其排除的义务。②改善社会秩序的要求。"不法平等"现象的存在是行政机关通过持续实施行政规则形成的行政先例所产生，对此，应允许行政机关改正；任何的改正都会产生一个不同于以往先例的新案件，此时不允许再坚持先例，否则行政权将永远没有改善现存法律秩序的机会。③平等原则的内涵是同等情况同等对待，不同情况不同对待，因此，其适用必须存在"比较案例"，而违法的个案并不能作为据以比较的案例。④从法的价值看，平等原则追求的理想在于提供一种良好的法律秩序来实现人们对于自由的追求，而非使法律秩序倒退，如追求"不法的平等"会使法律失去其应有的作用。⑤行政处罚行为的相对人可以就发现的"不法先例"向有权机关举报并进行全过程监督，但不得以"不法先例"作为自己提起行政处罚抗辩的理由。因此，不能模仿不法，也不能因自己受到不法侵害

---

① 《行政处罚法》第5条规定："行政处罚遵循公正、公开的原则。设定和实施行政处罚必须以事实为依据，与违法行为的事实、性质、情节以及社会危害程度相当。对违法行为给予行政处罚的规定必须公布；未经公布的，不得作为行政处罚的依据。"第7条第1款规定："公民、法人或者其他组织对行政机关所给予的行政处罚，享有陈述权、申辩权；对行政处罚不服，有权依法申请行政复议或者提起行政诉讼。"

而希望其他个案也同样受害。

对此,学界认识基本统一,如德国行政法学者沃尔夫等在论述法律适用的平等性时,认为"不得对错误的法律适用行为主张平等性要求。平等性要求不是维护非法做法或者只有例外情况下才允许的正当理由,不存在不法的平等性。"① 我国台湾地区学者洪家殷教授也提到,平等原则不应适用于违法事件,不得因为其他人违法未受处罚而主张对其不法行为亦不得加以处罚。② 章剑生教授认为,"平等不处理"不是平等原则的题中应有之义。③

另一方面,处罚程序应当公正。处罚公正存在结果公正和过程公正两层含义。结果公正一般被认为是实体正义,过程公正被认为是程序正义。在行政处罚行为中,无论处罚结果多么公正,如果程序不公正,必然违反公正原则,也难以让相对人或利害关系人感受到真正的公正,容易引发当事人的不满和对抗情绪,也不利于培植公众的法律信仰。处罚程序公正性的内容包括禁止单方面接触以及回避、参与、听取意见、说明理由等制度。其中,回避制度在一般意义上是指行政执法人员与案件之间存在利害关系时要予以回避,以帮助当事人树立对行政处罚案件能够得以公正处理的信心。对此,有学者对此作了更进一步的解释,认为"利害关系应不仅限于这一种形式,例如,罚款如果能给处罚机关带来财政上的利益,该机关的罚款处罚都属于有利害关系。"④

(2) 公开原则

处罚公开原则是指设定和作出处罚的依据、程序、结果等全过程的公开,是处罚法定、处罚公正、处罚和教育相结合原则的外在表现。即:行政处罚事前的职权依据、事中的决策过程、事后的决定结论均要公开。行政处罚公开原则的内容包括:①处罚依据公开:设定处罚的依据及理由应当向社会公开,且处罚的依据应当事先向社会公开;处罚的依据必须向处罚的相对人公开。②处罚程序公开:执法人员表明身份制度、对相对人的信息告知义务复核、听证制度。③处罚结果公开。

---

① [德] 汉斯·沃尔夫、奥托·巴霍夫、罗尔夫·施托贝尔著:《行政法》(第1卷),高家伟译,商务印书馆2002年版,第420页。
② 洪家殷著:《行政罚法论》,五南图书出版股份有限公司2006年版,第87页。
③ 章剑生:《"选择性执法"与平等原则的可适用性》,载《苏州大学学报》2014年第4期。
④ 杨小君著:《行政处罚研究》,法律出版社2002年版,第48页。

3. 罚教结合原则

行政处罚重在教育，处罚为辅。《行政处罚法》第 6 条[①]规定了罚教结合的原则。行政处罚的目的在于规范行为并帮助当事人成为一个懂规则、守秩序、讲诚信、有尊严的行政行为参与主体，处罚只是手段，是为实现上述目的而为。在现有法律规范中对于罚教结合原则的体现还有不少，如《行政处罚法》第 5 条规定的处罚公开原则；第 28 条规定的"行政机关实施行政处罚时，应当责令当事人改正或者限期改正违法行为"；第 30 条规定的对未成年人不予处罚或从轻、减轻行政处罚的情形；第 32 条规定的"应当从轻或者减轻行政处罚"的情形；第 44 条规定的行政处罚决定前对当事人信息公开及权利告知。《治安管理处罚法》第 9 条有关公安机关对情节较轻的违反治安管理的行为"可以调解处理"的规定；第 21 条规定的对"应当给予行政拘留处罚的，不执行行政拘留处罚"的几种情形；等等。

从以上规定可以看出：①上述处罚法定和公正公开原则均能体现行政处罚的合法、合理与程序公正可以较好地保障当事人的实体权利，让当事人体会到法律对个体和组织基本权利的尊重，蕴含着教育意义；②处罚过程中的程序公正，如执法主体说明理由、当事人的陈述申辩等可以较好地缓解当事人的不满情绪，让相对人既知其然又知其所以然，提高行政处罚行为的被接受度；③《行政处罚法》的相关处罚规范对未成年人、限制行为能力人即情节较轻的当事人处罚的不予处罚、从轻或减轻处罚等特别条款，也是侧重于规范、教育和保护，处罚只是手段；④对当事人的违法行为，行政执法主体认为其有条件纠正的要及时纠正或责令改正，纠正或改正的情形可以作为是否处罚或处罚程度的参考依据，法律规定必须予以处罚的除外；⑤处罚与教育结合，意味着二者同在，相辅相成，不可偏废，要坚持处罚法定原则，不得以教代罚，也不得"不教而诛"；⑥要把处罚的全过程视为教育的过程，包括处罚前的纠正违法或责令改正，处罚中的体恤弱者的教育感化，处罚后的安抚与帮助等，处罚只是其中的强制手段，是为了更好地取得教育效果；⑦针对特定对象的行政处罚也是对其他广大社会公众的变相教育，可起到警示、规范、预防、引导的作用。

---

① 《行政处罚法》第 6 条规定："实施行政处罚，纠正违法行为，应当坚持处罚与教育相结合，教育公民、法人或者其他组织自觉守法。"

在处罚与教育的结合方面,地方立法中的《湖南省规范行政裁量权办法》作了较为细致的规定,第30条①规定行政机关应当采取多种多样的行政指导方式,预防公民个体或社会组织违法行为的出现,并严禁行政机关采取"钓鱼式执法"等不正当方式致使当事人违法并实施行政处罚。第31条规定行政机关对违法行为应当及时采取措施予以纠正,不得先放任违法行为,再实施行政处罚;不得因已实施行政处罚而放任违法行为持续存在。

4. 权利保障原则

"权利保障"是对行政处罚的相对人或其他利害关系人权利的保护。《行政处罚法》第1条开宗明义地提出:"为了规范行政处罚的设定和实施,保障和监督行政机关有效实施行政管理,维护公共利益和社会秩序,保护公民、法人或者其他组织的合法权益,根据宪法,制定本法。"这里提到的"公民、法人或者其他组织的合法权益"包括其基本人权、实体权利和程序权利。如行政处罚时不得非法拘禁或超期拘禁当事人,就是对基本人权的保护。《行政处罚法》第30条对不满14周岁的未成年人和14周岁以上18周岁以下的未成年人有违法行为不予处罚或从轻、减轻处罚的规定,第31条对精神病人、智力残疾人的特别规定等就是对实体权利的规范。

从当事人程序权利保障的角度出发,行政处罚中的权利保障原则包括以下方面:获得通知权、陈述申辩权、举证权、申请权(申请书面复核权、申请听证权、申请回避权、申请处罚执行变通权等)、委托代理权、阅卷权、拒绝明显违法处罚权、行政救济权等。

5. 职能分离原则

行政处罚职能分离,包括行政处罚设定与实施机关分离;查审分离,即较大案件或普通程序的处罚案件现场检查、调查取证及案件审理、裁处的职能分别由不同的机构及人员来行使,保障当事人合法权益不受侵犯的制度;调查与听证人员分离;原审与再审人员分离;罚缴分离等各项制度。

6. 一事不再罚原则

《行政处罚法》第29条第1款规定,"对当事人的同一个违法行为,不得

---

① 《湖南省规范行政裁量权办法》第30条规定:"行政机关应当采取发布信息、提醒、建议、引导等行政指导方式,预防公民、法人或者其他组织可能出现的违法行为。严禁行政机关采取利诱、欺诈、胁迫、暴力等不正当方式,致使公民、法人或者其他组织违法并对其实施行政处罚。"

给予两次以上罚款的行政处罚"。这在理论上被称作"一事不再罚"原则。

(1)"一事不再罚"原则的含义

①已受到行政处罚的行为不应根据同样的法律、法规或规章再受处罚;②同一个应受处罚的行为不能由几个行政机关分别依同一法律、法规或规章的规定进行不同的处罚;③从理论上讲,该原则不限于"罚款"这一处罚种类,也包括对其他种类的处罚。

(2)"一事不再罚"原则的适用

①对当事人的同一个违法行为,不得给予两次以上罚款的行政处罚。②多个违法行为可罚款多次:即不同违法行为罚款两次是可以的。③一个行政违法行为可予以多种行政处罚,但罚款只能适用一次:即一个行为触犯一项或多项法律,可分别进行行政处罚,但罚款只能一次。④违法行为构成犯罪的,须依法移送司法机关追究刑事责任。⑤违法行为构成犯罪,须依《行政处罚法》第35条①的规定将行政拘留折抵刑期、行政罚款折抵罚金。

(3)不适用"一事不再罚"原则的情形

①行政处罚的转处(换罚或易科):在一些具体的行政法规范中,规定行政机关对行为人给予一种处罚后,处罚难以执行,行政机关可以改施另外一种形式的行政处罚。② ②行政违法中的屡犯:一方面,违法行为经行政机关依法给予行政处罚后,没有得到纠正,继续危害社会秩序和社会利益的,行政机关可以再次给予处罚,但应注意处罚后须让当事人有条件纠正,如果缺乏期待可能性的,不能再罚。如公路超载被执法部门处罚,必须为其留出卸下超载货物的合理时间和路径选择,在此路途中再次被查获超载的不应再罚。另一方面,行为人因某一违法行为被行政处罚后不久,又重新实施与已处罚过的违法行为同一性质的违法行为,行政机关可以对重新实施的违法行为再次给予处罚,而不受"一事不再罚"原则的限制。如上述超载情形中当事人未在合理时间、地点内卸下超载的货物,又偷偷继续上路行驶,被相邻地市执法人员查处。③并

---

① 《行政处罚法》第35条规定:"违法行为构成犯罪,人民法院判处拘役或者有期徒刑时,行政机关已经给予当事人行政拘留的,应当依法折抵相应刑期。违法行为构成犯罪,人民法院判处罚金时,行政机关已经给予当事人罚款的,应当折抵相应罚金;行政机关尚未给予当事人罚款的,不再给予罚款。"

② 《外国人入境出境管理法实施细则》第48条规定:"由于不可抗拒的原因而违反《外国人入境出境管理法》及本实施细则的,可免予处罚。外国人无力缴纳罚款的,可以改处拘留。"

处：指依法对某一违法行为处以某种处罚，同时并处其他种类处罚的情形。如《公司法》第205条规定："公司在清算期间开展与清算无关的经营活动的，由公司登记机关予以警告，没收违法所得。"④双罚：即对组织违法的，同时对组织的负责人或直接责任人予以处罚。⑤重作：指原处罚决定被依法撤销后重新作出处罚决定的情形。

（二）行政处罚的法定种类

依据《行政处罚法》第9条的规定，行政处罚的种类包括警告、通报批评；罚款、没收违法所得、没收非法财物；暂扣许可证件、降低资质等级、吊销许可证件；限制开展生产经营活动、责令停产停业、责令关闭、限制从业；行政拘留等。

1. 警告、通报批评

警告是指行政处罚主体对情节轻微的违法者给予书面形式的警示、告诫及谴责，是行政处罚法定种类中最为轻缓的制裁方式。实践中，警告的适用包括以下几种情形：①违法情节轻微但又需要予以处罚的情形。②没有造成危害后果或危害后果轻微，且没有其他从重情节的，应适用警告。③依法有减轻处罚的情节，由较重的其他处罚种类减轻为警告的处罚。④对未成年人的处罚不宜适用其他处罚种类的，可以适用警告，以发挥警示教育作用，帮助其树立正确的是非观念；要注意对没有经济来源的未成年人尽量不要适用罚款处罚，其难以达到处罚效果。⑤"口头警告"不属于警告这一处罚种类的范畴，这在理论与实务界基本形成了共识。① 通报批评与警告是同一层次、并列的行政处罚种类，对其认知基本类似于上述警告的规定。警告多为"点对点"对行政相对人的违法行为予以警告，提醒其下不为例；而通报批评多为"点对面"，有一定的公开性。

2. 罚款、没收违法所得、没收非法财物

①罚款是行政处罚种类中适用主体最多、适用范围最广、适用频率最高、适用幅度最大的一种，但也是最容易在适用中出问题的处罚种类。实务中，如何控制行政执法者罚款处罚的适用及其罚款幅度是其自由裁量权科学运用的重

---

① 晏山嵘著：《行政处罚实务判例释解》，法律出版社2016年版，第91—92页。

要标准。具体实践中，执法机关开出的罚单数额大小不一，从数十元到几十亿元皆有。如国家发改委"发改办价监处罚〔2015〕1号""行政处罚决定书"对高某公司处以60.88亿元的高额罚款。尽管如此，行政罚款也存在不宜处罚的例外，如违法行为人是无经济来源的未成年人的；违法行为人经济状况较差，难以承担罚款的义务，此类情况有人提出参照最低生活保障的标准，等于或低于此标准的，不宜适用罚款。[①] 要避免"以罚代教""依法代征""以罚代管"等"重罚主义"倾向，注意科学使用罚款的自由裁量权，严格坚持处罚法定、公平公正、权益保障等原则，充分发挥罚款的最大功效，以实现执法目的。

②没收违法所得、没收非法财物中的"违法所得"，主要是指行政相对人因从事违法活动而获得的金钱收入，如赌博收入、诈骗收入等。"非法财物"，是指没有合法来源的财物，主要包括生产或者经营禁止生产或经营以及"无证经营"的产品、物资，生产或销售的假冒伪劣产品，用于违法活动的工具等。没收财物是一种较为严重的行政处罚，极易对行政相对人的财产权益带来损害，需要严格依法行政。

没收违法所得与没收非法财物既有联系又有区别。二者的联系有三个方面：①二者都针对违法性行为；②都是没收违法行为人事实上所有或占有的财物，其不包括预期利益；③该违法所得或非法财物在满足特定条件时可以转化为合法财物，如取得走私货物的善意第三人。

二者的区别有三个方面：①存在的时间有差别。获取违法所得是违法行为人实施违法行为的目的或结果，违法所得是在违法行为行使之后所获得，属于违法行为的结果或转化物；非法财物是行为人在实施违法行为时已经占有的财物，主要是为行为人实施违法行为提供便利或创造条件，或是违法行为的指向物。②外在表现形式不同。违法所得可表现为具体财物或具体财物的权利凭证等；非法财物一般表现为具有经济价值的实体物。③财物来源不同其属性不同。如对于违禁品，以盗窃等非法手段获得可视为违法所得，如购买所得可视为非法财物。

3. 暂扣许可证件、降低资质等级、吊销许可证件

暂扣或吊销许可证件，是针对合法取得的某项权利或资格的限制或剥夺，其不具有溯及力，只向后发生效力。有一个问题值得注意："暂扣驾驶证"与

---

① 杨小君著：《行政处罚研究》，法律出版社2002年版，第185页。

"先予扣留机动车驾驶证"的区别。"先予扣留驾驶证"的目的是制止违法行为，便于行政机关调查取证，为将来的行政处罚提供执行的便利，属于行政强制措施。"暂扣驾驶证"的目的是特定时间内限制相对人驾驶车辆的权利或资格，是因违法行为而对相对人的制裁、惩戒，属于行政处罚中的资格罚。《道路交通安全法》第110条①规定了"先予扣留驾驶证"的相关行为规范。

降低资质等级。比如，驾驶证扣分"降级"，施工一级资质降为二级。虽然为资格罚，但实际上限制了行政相对人的某种行为。

4. 限制开展生产经营活动、责令停产停业、责令关闭、限制从业

限制开展生产经营活动、限制从业。就是在一定区域和时间内限制或禁止行政相对人从事某种活动。比如，"终生禁驾"和建设领域的"失信黑名单"等。

责令停产停业，是在保留当事人生产、营业资格的前提下，暂停其一段时间的生产或经营，通过经济与声誉的制裁达到执法目的的处罚种类。其严厉程度相当于对公民个人处以人身自由罚。其需要注意以下问题：①责令停产停业是限制生产或营业能力的一种处罚，是针对单位或自然人的行为能力展开的；②其实施主体可以是有权的行政主管部门，也可以是其上级机关；③责令停产停业的对象包括单位和自然人，如《律师法》第47条规定的对违法律师"给予停止执业三个月以下的处罚"，第50条规定的对违法的律师事务所作出的"停业整顿一个月以上六个月以下的处罚"；④责令停产停业必须附有明确的期限；⑤该处罚一般适用于较为严重的违法行为。

5. 行政拘留

行政拘留，是指行政主体在一定期限内限制违法相对人人身自由的行政处罚，是现阶段我国最严厉的行政处罚手段。其主要适用于较为严重但尚未构成犯罪的行政违法行为。通常情况下，行政拘留适用于两类领域的违法行为：一是，治安管理领域的违法行为，如《治安管理处罚法》对严重扰乱公共秩序、妨害社会管理秩序、违反消防管理、违反交通管理等行为作出了行政拘留的规

---

① 《道路交通安全法》第110条规定："执行职务的交通警察认为应当对道路交通违法行为人给予暂扣或者吊销机动车驾驶证处罚的，可以先予扣留机动车驾驶证，并在二十四小时内将案件移交公安机关交通管理部门处理。道路交通违法行为人应当在十五日内到公安机关交通管理部门接受处理。无正当理由逾期未接受处理的，吊销机动车驾驶证。公安机关交通管理部门暂扣或者吊销机动车驾驶证的，应当出具行政处罚决定书。"

定。二是，非治安管理领域的违法行为，如《集会游行示威法》《枪支管理法》《消防法》《居民身份证法》及《人民警察法》等法律中就诸多领域中构成严重违法但尚未构成犯罪，且具有较大社会危害性的行为作出了行政拘留的处罚规定。另外，相关法律中还有若干类似"行政拘留"但非行政处罚种类的规定。如《海关法》第6条第4项规定的对相对人的"扣留"："对走私犯罪嫌疑人，扣留时间不超过二十四小时，在特殊情况下可以延长至四十八小时"；《集会游行示威法》第27条第2款规定的"立即予以拘留"①。上述"扣留"相对人、"立即予以拘留""拘留审查"等规定具有限制权利、临时措施、临时辅助等特点和功能，其不属于行政处罚的性质，应归入行政强制措施的范畴。

实践中，针对我国的行政拘留制度也存在如下一些不同的观点。

①行政拘留由公安机关决定和执行，不利于维护相对人权益，应将行政拘留决定权交由基层司法机关（基层法院或检察院）。其理由是：行政拘留从立案、审查到决定、执行均由公安机关掌控，不利于对自由裁量权的监督和规范；行政救济不及时，往往行政拘留执行完毕后，行政复议或诉讼程序才刚刚展开，事后救济难以弥补相对人受损的权益。

②行政拘留未纳入听证范围，作为最严重的行政处罚措施，缺乏相对人的事先参与，不利于行政处罚的公正性和可接受性，应将其纳入听证范围。其理由包括：其一，行政拘留是一种最严重的行政处罚类型，"制裁越重，给予当事人的抗辩权利应当越充分"，而相比处罚程度较轻的"较大数额罚款""没收违法所得、没收非法财物""限制从业"等都可以获得听证的权利，赋予被行政拘留处罚的相对人以听证的权利实属应有之义，这也体现了行政处罚公平公正公开的原则，能够更好地协调公权力与私权利的平衡关系。其二，应当摒弃"赋予被行政拘留相对人听证权会影响公安机关行政效率和社会管理秩序"的消极理念和做法，要更新观念：将其纳入听证范围将会更好地纠正违法或不当的行政拘留决定，推动有权机关依法行政，谨慎使用行政拘留处罚，减少行政复议发生率、行政诉讼撤销率和行政赔偿率的发生，从而进一步提高行政效率，降低行政成本。

---

① 《集会游行示威法》第27条第2款规定："有前款所列情形之一，不听制止的，人民警察现场负责人有权命令解散；拒不解散的，人民警察现场负责人有权依照国家有关规定决定采取必要手段强行驱散，并对拒不服从的人员强行带离现场或者立即予以拘留。"

③行政拘留暂缓执行制度存在设计上的缺陷，应改进其使用条件和程序。其包括以下方面：第一，应明确行政拘留暂缓执行适用的前提条件。一是，行政相对人不服行政拘留决定而申请行政复议或提起行政诉讼的，可作为前提条件之一，而非《治安管理处罚法》第107条规定的必要条件；二是，结合《治安管理处罚法》第21条的规定，行政拘留的相对人已满14周岁不满16周岁，已满16周岁不满18周岁且系初次违反行政管理法律法规的；三是，结合对《治安拘留所管理办法（试行）》第13条的规定，行政相对人遇有招工、升学考试或者妻子生育、近亲属病危、丧葬、子女需要抚养而家中无其他亲人等特殊情况需要暂缓执行进行处理的；四是，行政相对人患有传染病、精神病或其他严重疾病等情形需要暂缓执行的；五是，其他应当暂缓执行或可易科为罚款处罚的，如情节较为轻微暂缓执行行政拘留决定不致危害社会的、遇有不可抗力事件执法机关难以执行的等情形；六是，以上五种情形均需以公安机关认定的"不至于发生社会危险性"为前提和标准。第二，公安机关认定的"社会危险性"需要明确，应有相对人可能发生社会危险性的具体证据或综合判断，如相对人的综合表现、违法记录、工作情况、是否干扰证人作证等情形，并且对于"不准予暂缓执行"的决定要告知相对人具体全面的理由。

④建议立法明确规定律师在行政拘留案件中的会见权和阅卷权等权利，以保障公民基本权利，推动依法行政。

6. 法律、行政法规规定的其他行政处罚

《行政处罚法》第9条规定的处罚种类只限于以上五类，其他的行政处罚种类只能由法律和行政法规设定，地方性法规和规章等不得设定行政处罚的其他种类和形式。

（三）行政处罚的设定

1. 行政处罚设定的内涵

行政处罚的设定是一种行政处罚的创制活动，是设定应受行政处罚的行为、行政处罚的种类与幅度的立法行为。其区别于行政处罚的"规定"："设定"是从无到有的创制活动，是制定"原创性的法律规范"的行为；"规定"是在已有上位法规定的行政处罚规范的范围内作出具体规定的活动。①"规定"是"设定"基础上的衍生,其不得超出"设定"的范畴,不得违反上位法的"设定"内容。

2. 行政处罚设定权的理论依据

(1) 法律优先原则

该原则又称法律优位原则,要求行政必须受法律的拘束,一切行政活动,均不得与法律相抵触。该原则强调法律的位阶优先于行政法规、地方性法规和规章,要求:①行政立法必须有明确具体的法律依据;②行政立法不得与法律相抵触,在已有法律规定的情况下,行政法规、规章不得与法律相抵触,凡有抵触,以法律为准,法律优先于行政法规、规章;③在法律尚无规定,根据特别授权,行政法规、规章作了规定时,一旦法律就行政事项作出规定,法律优先,行政法规、规章都必须服从法律。据此,行政处罚设定中的法律优先原则有以下含义。

一是,较高层次的法律规范设定行政处罚规范后,较低层次的法律规范只能在较高层级法律规范设定的行政处罚的行为、种类和幅度内作出具体规定,而不可违反上位法规定单独创设行政处罚。如《行政处罚法》第11条第2款规定,法律对违法行为已经作出行政处罚规定,行政法规需要作出具体规定的,必须在法律规定的给予行政处罚的行为、种类和幅度的范围内规定。第12条至第14条也规定了地方性法规和规章均必须在其上位法规定的给予行政处罚的行为、种类和幅度的范围内作出相应的具体规定,不得违反上位法的规定。

二是,较高层级的法律规范尚未设定行政处罚的,较低层级的法律规范可以在法定授权范围内设定行政处罚,但是法律规范层级越低,行政处罚设定权受到的限制越大。《行政处罚法》第11条至第16条对此作了较为具体的规定。

(2) 法律保留原则

该原则是指凡属宪法、法律规定只能由法律规定的事项,则只能由法律规定,或必须在法律明确授权的情况下,才能由行政机关作出规定。即在国家法律秩序范围内,某些事项必须专属于立法者规范,行政机关不得代为规定;法律保留范围的事项,行政机关非经法定授权不得自行创制规则。法律保留包括绝对保留和相对保留。绝对保留,是指特定事项只能由国家最高立法机关通过制定

---

① 关保英主编:《行政处罚法新论》,中国政法大学出版社2007年版,第58—72页。

法律加以规定，其不能将该事项的立法权授予其他主体。如《立法法》第9条①就此作了相关规定。相对保留，是指虽然特定事项应由法律规定，但法律可以授权其他特定国家机关对部分事项先行制定非法律形式的行为规范。如《行政处罚法》第11条至第14条对行政法规、地方性法规和规章关于行政处罚设定权的规定。

3. 行政处罚的设定

根据《行政处罚法》第10条至第16条的规定，行政处罚设定权有以下划分。

（1）法律的设定权

法律可以设定所有种类的行政处罚，其中限制人身自由的行政处罚只能由法律设定。《立法法》第9条也规定"有关犯罪和刑罚、对公民政治权利的剥夺和限制人身自由的强制措施和处罚、司法制度等事项"不得授权国务院制定行政法规，而属于法律绝对保留的事项。

（2）行政法规的设定权

《行政处罚法》第11条②规定行政法规可以设定除限制人身自由以外的行政处罚。

（3）地方性法规的设定权

《行政处罚法》第12条③规定了地方性法规的设定权。其中的"吊销营业执照"包括以下含义：①这里指吊销，如果只是暂扣，地方性法规仍可创设。②吊销营业执照，在原《行政处罚法》规定的吊销"企业"营业执照基础上修

---

① 《立法法》第9条规定："本法第八条规定的事项尚未制定法律的，全国人民代表大会及其常务委员会有权作出决定，授权国务院可以根据实际需要，对其中的部分事项先制定行政法规，但是有关犯罪和刑罚、对公民政治权利的剥夺和限制人身自由的强制措施和处罚、司法制度等事项除外。"

② 《行政处罚法》第11条规定："行政法规可以设定除限制人身自由以外的行政处罚。法律对违法行为已经作出行政处罚规定，行政法规需要作出具体规定的，必须在法律规定的给予行政处罚的行为、种类和幅度的范围内规定。法律对违法行为未作出行政处罚规定，行政法规为实施法律，可以补充设定行政处罚。拟补充设定行政处罚的，应当通过听证会、论证会等形式广泛听取意见，并向制定机关作出书面说明。行政法规报送备案时，应当说明补充设定行政处罚的情况。"

③ 《行政处罚法》第12条规定："地方性法规可以设定除限制人身自由、吊销营业执照以外的行政处罚。法律、行政法规对违法行为已经作出行政处罚规定，地方性法规需要作出具体规定的，必须在法律、行政法规规定的给予行政处罚的行为、种类和幅度的范围内规定。法律、行政法规对违法行为未作出行政处罚规定，地方性法规为实施法律、行政法规，可以补充设定行政处罚。拟补充设定行政处罚的，应当通过听证会、论证会等形式广泛听取意见，并向制定机关作出书面说明。地方性法规报送备案时，应当说明补充设定行政处罚的情况。"

订为"吊销营业执照",即不仅包括吊销企业营业执照,还包括个体经营者营业证照等,这是行政处罚关于吊销的基础性规定。③吊销"营业"执照,如企业的其他执照或许可证,地方性法规仍可创设。

(4) 规章的设定权

①《行政处罚法》第13条[①]规定了部门规章可以设定警告、通报批评或者一定数额罚款的行政处罚。罚款的限额由国务院规定。《国务院关于进一步贯彻实施〈中华人民共和国行政处罚法〉的通知》[②] 针对上述限额作了具体规定。②《行政处罚法》第14条[③]规定了地方政府规章同样可以设定警告、通报批评或者一定数额罚款的行政处罚。罚款的限额由省、自治区、直辖市人大常委会规定。

(四) 行政处罚实施主体、管辖与适用

1. 行政处罚的实施主体

其是指《行政处罚法》第3章规定的"行政处罚的实施机关",共包括三类:拥有行政处罚权的行政机关;法律、法规授权的组织;行政机关委托的组织。其中,行政处罚委托在实务中出现了一些问题:①委托方违法委托,表现在委托缺乏法律依据,委托方对受委托方的条件考察不足等;②受委托方滥用委托权限,表现为超越委托或法定的罚种、幅度等;③受委托方从部门利益出发乱收费、乱罚款现象较为严重,严重影响了行政处罚的公正性;④委托的责任不明,监督追责不到位。对此,要从完善制度与机制入手:建立健全追责制度,实行委托公示,明确委托协议中的法律责任,加大执法经费、工作待遇等

[①] 《行政处罚法》第13条规定:"国务院部门规章可以在法律、行政法规规定的给予行政处罚的行为、种类和幅度的范围内作出具体规定。尚未制定法律、行政法规的,国务院部门规章对违反行政管理秩序的行为,可以设定警告、通报批评或者一定数额罚款的行政处罚。罚款的限额由国务院规定。"

[②] 《国务院关于进一步贯彻实施〈中华人民共和国行政处罚法〉的通知》(国发〔2021〕26号)规定:"……尚未制定法律、行政法规,因行政管理迫切需要依法先以部门规章设定罚款的,设定的罚款数额最高不得超过10万元,且不得超过法律、行政法规对相似违法行为的罚款数额,涉及公民生命健康安全、金融安全且有危害后果的,设定的罚款数额最高不得超过20万元;超过上述限额的,要报国务院批准……地方政府规章设定罚款的限额,依法由省、自治区、直辖市人大常委会规定。"

[③] 《行政处罚法》第14条规定:"地方政府规章可以在法律、法规规定的给予行政处罚的行为、种类和幅度的范围内作出具体规定。尚未制定法律、法规的,地方政府规章对违反行政管理秩序的行为,可以设定警告、通报批评或者一定数额罚款的行政处罚。罚款的限额由省、自治区、直辖市人民代表大会常务委员会规定。"

方面的工作力度，逐步建立受委托人的利益与罚款、收费分离机制，并细化受委托机关自由裁量标准，建立全方位的监督机制等。

2. 行政处罚的管辖

《行政处罚法》第23条规定："行政处罚由县级以上地方人民政府具有行政处罚权的行政机关管辖。法律、行政法规另有规定的，从其规定。"其中蕴含四个方面的管辖原则：①地域管辖原则：行政处罚由违法行为发生地行政机关管辖；②级别管辖原则：县级以上政府行政机关管辖；③职能管辖原则：县级以上并且有行政处罚权的行政机关管辖；④除外原则：法律、行政法规另有规定的，从其规定。在行政处罚实务中，行政管辖的确定还应注意四个方面的问题：一是要讲究效率原则，这是行政处罚管辖确立的首要原则，要注意做到有利于行政处罚主体及时发现和查处违法行为。二是行政处罚主体职权范围与案件性质要相适应，注意案件查处坚持"职能最相近原则"，并根据"在先原则"和"优先归属原则"解决职能交叉的问题，同时结合上下级管辖和业务专属管辖的相关规定确定管辖。三是坚持公正公开查处原则，这是行政处罚管辖要遵循的基本原则。四是坚持原则性与灵活性相结合，在依法行政的前提下，以解决实际问题为出发点，灵活处理案件管辖中的争议与问题。

关于行政处罚的管辖，有一个问题值得思考：依法经上一级行政机关批准后以自己的名义作出的行政处罚行为应如何认定管辖机关？

《消防法》第70条第4款规定："责令停产停业，对经济和社会生活影响较大的，由住房和城乡建设主管部门或者应急管理部门报请本级人民政府依法决定。"对此，依法由上级行政机关决定后以自己的名义作出的行政处罚决定应如何认定管辖机关？

对以上问题，在立法及司法解释中有不同规定：第一，《最高人民法院关于适用〈中华人民共和国行政诉讼法〉的解释》第19条规定："当事人不服经上级行政机关批准的行政行为，向人民法院提起诉讼的，以在对外发生法律效力的文书上署名的机关为被告。"第二，《行政复议法实施条例》第13条规定："下级行政机关依照法律、法规、规章规定，经上级行政机关批准作出具体行政行为的，批准机关为被申请人。"第三，《最高人民法院关于审理行政许可案件若干问题的规定》第4条规定："当事人不服行政许可决定提起诉讼的，以作出行政许可决定的机关为被告；行政许可依法须经上级行政机关批准，当事人对批准或者不批准行为不服一并提起诉讼的,以上级行政机关为共同被告……"以上三种观点的出处不属于同一个法律位阶层次,其规定的内容分别属于行政诉讼、行政复议和行政许可,不完全属于行政处罚的范畴,但从以上规定可以看出立法者的立法理念和立法趋势。在第一种观点中,最终的行政行为是上级行政机关的意思表示,但在形式上却是下级行政机关成了行政主体对外行使行政处罚权,上级机关并非行政诉讼的被告,不需要承担相应的法律责任,这属于行政职权的行使与责任的承担不成正比,从理论上讲还存在诸多的问题。第二种观点中,以作出决定性意思表示批准机关为行政主体对外承担责任。此处的规定与第一种观点中的规定有所不同,即同等情形下,行政复议中的责任主体与行政诉讼中的责任主体并不统一。有学者提出,应借鉴上述第三种观点,即《最高人民法院关于审理行政许可案件若干问题的规定》第4条的规定,形成以下认识:经上级机关批准的行政行为应以下级机关及上级机关为共同行政主体。[1]

3. 行政处罚的适用

其基本含义是指实施行政处罚的主体,在认定行为人违法的情况下,依法决定是否给予行为人处罚以及给予何种处罚的行政执法过程。[2]《行政处罚法》第28条至第38条确立了行政处罚的适用原则,也确立了对违法行政相对人的处罚适用原则和标准。行政处罚适用的原则包括:行政处罚与责令改正相结合原则、一事不再罚原则、行政处罚折抵刑罚原则、行政处罚追诉限时原则、行政处罚从旧兼从轻等。行政处罚的裁量规则,规定对违法行为依法给予相应行政处罚,但有三种情形不予处罚:不满14周岁的人违法的、精神病人与智力残疾人不能辨认和控制自己行为时违法的、首次违法且违法行为轻微并改正的、有证据证明没有主观过错的。

(五)行政处罚的程序

《行政处罚法》实质上是一部规范行政处罚的行政程序法。其在行政处罚的程序上实现了"繁简分流",首次确立了听证程序规则并于2021年1月修法

---

[1] 晏山嵘著:《行政处罚实务判例释解》,法律出版社2016年版,第204—205页。
[2] 《行政法与行政诉讼法学》编写组编:《行政法与行政诉讼法学(第二版)》,高等教育出版社2018年版,第151页。

时作了补充和完善。行政处罚的程序依法分为简易程序和一般程序两种，其中一般程序中又特别规定了听证程序。行政处罚的程序规定是为了保障行政处罚行为的公平公正，其应该包括三个方面：行政主体应先查明事实后处罚、处罚前应进行告知、认真听取当事人的意见。

1. 行政处罚的简易程序

《行政处罚法》第51条[1]规定了简易程序规范。简易程序可以理解为当场处罚程序，是指行政执法主体在法定条件下对某些违法的当事人进行现场处罚的规则。简易程序反映了行政行为经济、效率的要求，也符合维护当事人合法权益的要求。行政处罚的建议程序主要涉及两个问题：一是简易程序的适用范围。其主要适用于事实清楚、情节简单、争议不大，且对当事人权益影响轻微的行政处罚，如上述《行政处罚法》第51条规定的三个条件：①违法事实确凿；②有法定依据；③对公民处以200元以下、对法人或者其他组织处以3000元以下罚款或者警告的行政处罚。以上三个条件必须同时具备。二是简易程序的基本步骤。一般包括表明执法身份、告知当事人有关事项、给当事人陈述与申辩的机会、当场填写行政处罚决定书、送达与备案、行政处罚的执行。

2. 行政处罚的一般程序

行政处罚的一般程序也称作普通程序，是大多数行政处罚行为应当适用的基本程序，主要包括以下内容。

（1）立案

立案是行政处罚程序启动的标志，其来源多样：公民或有关组织的举报、受害人的控告、违法行为人的自首或行政机关行使职权时主动发现、其他机关移送的案件。行政处罚主体经过初查，对于满足以下条件的应及时立案：①有违法行为发生；②违法行为依法应受到行政处罚；③行政主体具有管辖权；④属于行政处罚一般程序的适用范围。在司法实务中，很多判例确认了立案程序的重要性，如樊某喜诉蓝某县国土资源局行政处罚案[2]中，法院认为行政处罚决定程序违法，立案之前已经调查终结，向原告送达了停止土地违法行为的通知书，

---

[1] 《行政处罚法》第51条规定："违法事实确凿并有法定依据，对公民处以二百元以下、对法人或者其他组织处以三千元以下罚款或者警告的行政处罚的，可以当场作出行政处罚决定。法律另有规定的，从其规定。"

[2] 陕西省蓝某县人民法院（2004）蓝行初字第00022号《行政判决书》。

违反了《土地违法案件查处办法》第 25 条、第 26 条①之规定。又如孟某贞诉辛某市国土资源局行政处罚案中，法院确认了行政行为缺乏立案程序，属于程序违法，认为"被告提供的证据不能证实其经过了立案程序，属违反法定程序"②。

（2）调查取证

《行政处罚法》第 54 条③第 1 款的规定是行政机关进行调查取证的直接依据。调查取证也是行政处罚一般程序区别于简易程序的核心所在。此处的调查取证在学理上也被称为行政调查，是指行政主体为作出行政决定而提前进行的收集、整理各种资料、情报的活动，是行政行为构成要件事实调查。④ 行政处罚案件中的行政调查，是作出行政制裁行为前对违法行为证据进行调查的典型，是行政处罚决定作出的前提和基础，属于行政处罚执法过程的核心环节。结合《行政处罚法》第 54 条、第 55 条和相关立法规定，对行政调查取证有以下要求。

①行政调查的主体是行政主体，包括行政机关和法律法规授权的组织。行政调查是行政主体依法行使行政职权的证据收集活动，是行政处罚决定的必经程序。

②行政调查必须依法进行。行政调查是行政处罚中依法进行的以收集证据为目的的专门性工作，其实施必须按照实体法的授权并按照法定的程序依法进行。

③行政调查应坚持全面、客观、公正、及时等原则，要收集反映案件事实的一切证据材料，既要收集违法行为构成要件的证据，又要收集影响案件处罚幅度的证据；既要收集行政相对人违法的证据，又要收集其无违法行为的证据；

---

① 《土地违法案件查处办法》第 25 条规定："经立案调查认定有违法行为的，土地管理部门应当及时发出《责令停止土地违法行为通知书》，送达当事人。"第 26 条规定，"承办人在案件调查结束后，应当根据事实和法律、法规，提出《土地违法案件调查报告》"。

本办法已经被 2014 年 7 月 1 日实施的《国土资源行政处罚办法》所废止。

② 河北省辛某市人民法院（2004）辛行初字第 003 号行政判决书。

③ 《行政处罚法》第 54 条规定："除本法第五十一条规定的可以当场作出的行政处罚外，行政机关发现公民、法人或者其他组织有依法应当给予行政处罚的行为的，必须全面、客观、公正地调查，收集有关证据；必要时，依照法律、法规的规定，可以进行检查。符合立案标准的，行政机关应当及时立案。"

④ 方芳主编：《行政法律实务实训教程》，高等教育出版社 2016 年版，第 53 页。

要从案件的实际情况出发，尊重客观事实，真实地收集、保存、记录各种证据；要注意收集对当事人有利和不利两方面的证据；要及时取证，保证行政效率，避免证据的丢失，这些都是依法行政、合理行政的基本要求。

④调查方式应限制在法定的范围内。主要有检查、询问、抽样、鉴定、检阅、复制、收集、提取及证据的登记保存等。应适用的法律法规各异，不同的行政主体所采取的行政调查方式有所区别，但均应在法定授权范围内，依据法定程序进行。采取非法的方式获取的证据无效，不得作为行政处罚的依据使用。

⑤调查的框架与标准。行政处罚中的调查取证主要针对当事人违法行为的构成要件展开，主要是构成要件事实和处罚裁量（从轻、减轻、不予处罚等）事实的调查取证。其调查的工作方向和内容框架包括：违法行为的主体要件、客体要件、违法主观方面要件和客观方面要件等四个构成要件。行政调查要依法进行，必须坚持两个标准（"七何""三性"）：一是要查清违法事实，即何人、何时、何地、何事、何目的、何手段、何后果，这是调查取证工作的基本要求。二是要做到证据材料确实、充分，具有合法性、真实性、关联性。

⑥行政调查的程序。行政调查应依法进行，严格履行相应的法定程序，主要有以下步骤：

第一，应取得依法调查权。行政调查不是随意的行政行为，而是应事先取得有权机关签发的行政调查令，或经申请由有权机关批准；行政调查必须依法启动。

第二，调查前通知相关调查对象。在行政调查开始之前，作为行政调查主体的行政机关、法律法规授权的组织或行政机关委托的组织等及其相关工作人员，应该按照法定途径和方式（公开信息渠道发布、公布、通知或送达等）告知行政相对人或相关人即将进行的行政调查的内容和调查步骤等基本情况，让被调查者有一定的时间作出准备。除特殊情况外，一般行政调查的事先通知有以下形式：一方面，针对命令当事人到场陈述或要求其提供相应文书资料、相关物品等情形，应提前以书面或口头形式通知当事人做好准备；另一方面，针对现场勘验、检查的调查行为，除非情况紧急来不及通知或事先通知将难以实现调查目的等特殊情况，否则行政调查均应通知当事人。

第三，表明身份。行政执法人员调查之前应主动向当事人或相关人员出示工作证件、授权文书或佩戴代表工作身份的公务标志等，以表明自己进行行政调查的主体资格或工作资质。执法人员不出示执法证件的,当事人或者有关人员有权拒绝接受调查或者检查。

第四,依法配备调查人员。参与行政调查的人员不得少于两人,调查人员与当事人有利害关系的应当回避。

第五,制作调查笔录。行政调查主体通过询问并听取当事人陈述,进行统计、检查、现场勘验、鉴定方式了解、收集证据材料,形成调查笔录等书面材料或视听资料等电子文书,对抽样调查、检验或扣押物证材料等行为,应向当事人出具相应的书面文书,做到有据可查。

第六,告知当事人的相关权利。对当事人的权利告知是行政行为中保障当事人权利的一个重要程序和步骤,其内容主要包括:当事人对行政调查的陈述、申辩权;当事人对相关行政调查行为的申诉权;当事人其他的救济权利等。

同时应注意,在行政实务案件中,司法机关曾因行政主体的以下行为而确认行政行为程序违法:行政调查违反全面、及时原则;检查记录及现场记录未经当事人或代理人签名确认,又未依法作出当事人拒签标注的;违反先取证后裁决原则的;采取行政强制措施而不出具相应的法律文书的;违反双人调查的规定;扣押与案件无关的物品;对未成年人的调查未通知其成年家属或学校老师在场陪同;等等。

(3) 作出行政处罚决定

有权机关在行政调查终结后,应对调查的结果予以审查,并依据《行政处罚法》第57条、第58条①的规定对当事人的行为根据不同情况分别作出相应处理决定。

---

① 《行政处罚法》第57条规定:"调查终结,行政机关负责人应当对调查结果进行审查,根据不同情况,分别作出如下决定:(一)确有应受行政处罚的违法行为的,根据情节轻重及具体情况,作出行政处罚决定;(二)违法行为轻微,依法可以不予行政处罚的,不予行政处罚;(三)违法事实不能成立的,不予行政处罚;(四)违法行为涉嫌犯罪,移送司法机关。对情节复杂或者重大违法行为给予行政处罚,行政机关负责人应当集体讨论决定。"

第58条规定:"有下列情形之一,在行政机关负责人作出行政处罚的决定之前,应当由从事行政处罚决定法制审核的人员进行法制审核;未经法制审核或者审核未通过的,不得作出决定:(一)涉及重大公共利益的;(二)直接关系当事人或者第三人重大权益,经过听证程序的;(三)案件情况疑难复杂、涉及多个法律关系的;(四)法律、法规规定应当进行法制审核的其他情形。行政机关中初次从事行政处罚决定法制审核的人员,应当通过国家统一法律职业资格考试取得法律职业资格。"

(4) 送达决定书

《行政处罚法》第61条①规定了送达的行为规范。对于送达的方式，一般有当场送达、直接送达、留置送达、委托送达、邮寄送达、公告送达、转交送达、境外送达、传真或电子邮件送达等。

3. 行政处罚的听证程序

从行政处罚程序划分的角度看，听证程序并不是与简易程序、一般程序并列的程序，而是一般程序中的特别程序。听证程序从其功能上分析，一方面是为了保障当事人合法权利，另一方面是行政主体调查取证的一种特别方式。

（1）听证原则

我国现行的《行政处罚法》并未具体规定行政处罚听证的一般原则，只是作了较为笼统的规定。根据《行政处罚法》的立法精神和行政法的基本原则，行政处罚听证应坚持公开原则，但涉及国家秘密、商业秘密和个人隐私的除外。

（2）听证范围

行政处罚的听证范围受到法律的严格限制，《行政处罚法》第63条明确规定只有四类行政处罚，当事人才有权事先申请听证，即：较大数额罚款；没收较大数额违法所得、没收较大价值非法财物；降低资质等级、吊销许可证件；责令停产停业、责令关闭、限制从业。

"较大数额罚款"的具体数额由相应的法规、规章予以规定。如《山东省行政处罚听证程序实施办法》第2条②、《北京市行政处罚听证程序实施办法》第2条③、

---

① 《行政处罚法》第61条规定："行政处罚决定书应当在宣告后当场交付当事人；当事人不在场的，行政机关应当在七日内依照《中华人民共和国民事诉讼法》的有关规定，将行政处罚决定书送达当事人。当事人同意并签订确认书的，行政机关可以采用传真、电子邮件等方式，将行政处罚决定书等送达当事人。"

② 《山东省行政处罚听证程序实施办法》第2条规定："本省行政区域内各级行政机关（含经依法授权的行政执法组织，下同）对当事人依法作出下列行政处罚之前，应当告知当事人有要求举行听证的权利：（一）责令停产停业；（二）吊销许可证或者执照；（三）对公民处以500元以上罚款，对法人或者其他组织处以20000元以上罚款。法律、法规或者规章对举行听证的罚款数额另有规定的，从其规定。"

③ 《北京市行政处罚听证程序实施办法》第2条规定的较大的幅度为："对公民处以超过1000的罚款，对法人或者其它组织处以超过30000元的罚款。"根据2018年2月12日公布的《北京市人民政府关于修改〈北京市利用文物保护单位拍摄电影、电视管理暂行办法〉等26项规章部分条款的决定》，上述条款已被修改为："经立案调查，当事人涉嫌违法的行为可能面临责令停产停业、吊销许可证或者执照、较大数额罚款等行政处罚的，行政机关（含依法授权或者受委托的行政执法组织，下同）应当在案件调查终结前告知当事人有要求举行听证的权利。当事人要求举行听证的，依照行政处罚法和本办法执行。前款所称较大数额罚款由市级行政机关确定，并报市政府法制机构备案。"

《公安部关于行政处罚听证范围中"较大数额罚款"数额的通知》[1] 等法规、规章就对"较大数额"作了更为明确的规定。对此，不同地区与行政管理领域有不同的规定，难以一概而论。同理，2021 年 1 月《行政处罚法》修订后新增加的"没收较大数额违法所得、没收较大价值非法财物"中的"较大数额""较大价值"的确定也应根据相应法规、规章和国务院有关行政主管部门规定的标准执行。

（3）时间规则

《行政处罚法》第 64 条、第 65 条对听证时间作了较为具体的规定，基本与《行政许可法》中关于听证的规定保持了一致。①申请时间：当事人要求听证的，应在行政机关告知后 5 日内提出。②组织时间：即行政机关在接到听证申请后多长时间内组织听证，《行政处罚法》对此没有具体规定；而《行政许可法》规定行政机关应当在收到申请后 20 日内组织行政许可的听证。③告知申请人的时间：在举行听证的 7 日前将相关事项通知当事人；此规定与《行政许可法》规定的听证告知时间相同。

（4）对当事人及其代理人的听证要求

当事人及其代理人无正当理由拒不出席听证或者未经许可中途退出听证的，视为放弃听证权利，行政机关终止听证。

（5）回避规则

听证应由行政机关指定非本案调查人员主持，当事人如认为主持人与本案有利害关系的，有权申请回避。

（6）委托代理规则

当事人可以亲自参加听证，也可以委托 1 人至 2 人代理参加听证。

（7）举证和质证规则

当事人对调查人员提交的涉及自身的违法事实和证据可提出申辩并质证，双方可以进行辩论。

---

[1] 《公安部关于行政处罚听证范围中"较大数额罚款"数额的通知》（1996 年 9 月 17 日　公通字〔1996〕62 号），就公安机关行政处罚听证范围中"较大数额罚款"数额规定为：对个人处以 2000 元以上罚款的，对违反边防出入境管理法律、法规、规章的个人处以 6000 元以上罚款的；对法人或者其他组织处以 10000 元以上罚款的，在做出处罚决定前，应当告知当事人有要求举行听证的权利，当事人要求听证的，应当组织听证。

（8）案卷排他规则

听证应制作听证笔录，由当事人审核无误后签字或者盖章；笔录是作出行政处罚决定的重要依据之一。而《行政许可法》对此做了更加严格的要求：行政机关应当根据听证笔录，作出行政许可决定。

（9）听证费用规则

对于行政机关组织听证的一切费用，当事人均不需要承担。《行政许可法》也规定"申请人、利害关系人不承担行政机关组织听证的费用"。

二、实务案例

实务中，对行政处罚的认识主要表现为对其性质及合法性的判断。

对行政处罚性质的认识，重点是一个行政行为是否属于行政处罚，从而能否以行政处罚的法律规范予以认识和解读。实务中行政机关的诸多行政行为与行政处罚行为有颇高的相似度，容易带来概念的混淆，需要我们进行辨别从而判断其是否适用行政处罚的法律规范。如行政处分、责令改正、劳务罚、行政取缔、加处罚款和重复罚款等行为。

（1）行政处罚与行政处分

从行政法理论和实务的规定看，行政处分与行政处罚有着明显的区别，前者属于内部行政行为，有自己独特的行为规则，下文中将予以详述。

（2）责令改正①

责令改正并非行政处罚的法定种类，但其与行政处罚有着密切的关系，其能否作为一种单独的行政处罚行为存在，需要在法律实务中区别对待。按照主流观点，责令改正有以下几种情形：一是，单独规定时为行政处罚。行政法律法规单独就责令改正作出规定时，应认定其为行政处罚，按行政处罚的规范予以处理。二是，作为从行政行为出现。如行政法律法规规定行政机关作出行政处罚时，"应当"责令改正的，此时的责令改正属于附属于行政处罚的从行政行为，并非独立的行政处罚行为。三是，作为先行行为或后续行为出现。如行政法律法

---

① 《行政处罚法》第28条第1款规定："行政机关实施行政处罚时，应当责令当事人改正或者限期改正违法行为。"

规规定行政机关作出行政处罚时,"可以"责令改正的,行政机关应依据《行政处罚法》第28条的规定责令改正。行政机关实质上没有责令改正的裁量权,此时其为行政处罚的先行行为或后续行为,并非独立的行政处罚行为。①

(3) 劳务罚

劳务罚是指行政执法机关对行政相对人作出的要求其从事一定公益劳动的行政处罚,是行政处罚与教育相结合的一种处罚方式。

(4) 行政取缔

取缔是指命令取消或者禁止。② 行政取缔,一般是指行政机关采取解散等方式处理未经许可的无证经营者或非法社会团体、组织的行政行为。如《商业银行法》《社会团体登记管理条例》等法律法规中都有关于行政取缔的规定。③ 对于行政取缔的性质,我国行政法学界形成了以下几种意见:行政处罚、行政强制措施、以行政处罚为主兼具行政强制措施、强制限权性行政行为、接近于行政强制执行等。全国人大宪法和法律委员会副主任委员江必新认为,行政取缔属于行政处罚的一种,其针对的是非法或未依法设立的社会组织或团体。而对于合法成立的社会组织或团体违法的,应适用吊销许可证照的行政处罚。

对行政行为合法性的审查是行政审判的核心,对行政处罚行为同样如此。对行政处罚行为的认识与判断,行政审判实务一般从执法主体资格、认定事实、法律适用、执法程序和执法目的等方面进行全面审查。

以下分别结合案例予以介绍和分析。

(一) 行政处罚原则的运用

1. 过罚相当与行政自由裁量权

案例1: 苏州鼎某食品有限公司不服苏州市工商局商标侵权行政处罚案④

---

① 江必新、梁凤云著:《行政诉讼法理论与实务(上下卷)》,法律出版社2016年版,第220页。
② 《辞海》,上海辞书出版社1999年版,第4879页。
③ 《商业银行法》第81条第1款规定:"未经国务院银行业监督管理机构批准,擅自设立商业银行,或者非法吸收公众存款、变相吸收公众存款,构成犯罪的,依法追究刑事责任;并由国务院银行业监督管理机构予以取缔。"
《社会团体登记管理条例》第32条规定:"筹备期间开展筹备以外的活动,或者未经登记,擅自以社会团体名义进行活动,以及被撤销登记的社会团体继续以社会团体名义进行活动的,由登记管理机关予以取缔,没收非法财产……"
④ 参见《最高人民法院公报》2013年第10期,第36—41页。

【基本案情】

原告苏州鼎某食品有限公司（以下简称鼎某公司）系一家专业从事生产、销售（焙）烘烤制品的外商独资企业。其在2003年至2008年先后注册取得"艾某尔I Will""爱某尔"以及"爱某尔I will"文字及图商标，核定使用的商品类别均为第30类"蛋糕、面包、月饼等"。鼎某公司在其产品包装和加盟店招牌等处均全面持续使用上述商标以及"I Will 爱某尔"组合标识。最近几年，爱某尔品牌在相关市场及公众中影响力较高。

2009年6月23日，鼎某公司委托浙江某包装公司生产涉案带有标识的礼盒等包装产品用于包括涉案的"乐某"在内的23个类别的月饼，印制了配套的广告宣传册，并投放市场。鼎某公司主要通过自己的销售渠道在苏州市内销售。鼎某公司在涉案"乐某"款月饼的内外包装的外侧均明显标注有标识及本公司的相关信息。

东某公司经国家商标局核准于2009年7月14日取得第534××××号注册商标，被批准的使用商品为第30类"糕点；方便米饭；麦片；冰淇淋"，目前尚未在产品上使用该商标。

2009年9月8日，有人举报鼎某公司生产销售的"乐某LOHAS"等月饼有商标侵权嫌疑，苏州市工商局经调查后认定鼎某公司在该年度销售的所有23款月饼中有一款使用了"乐某LOHAS"商标，截至2009年9月20日，"乐某LOHAS"月饼已销售10200盒，销售额为1213800元。苏州市工商局于2010年3月和4月先后两次就该行政处罚案举行听证。2010年6月11日，苏州市工商局最终依《商标法》和《商标法实施条例》对鼎某公司作出了责令停止侵权行为并罚款人民币50万元的行政处罚决定。

后鼎某公司提起诉讼，一审败诉后又向江苏省高级人民法院提起上诉。

【案例分析】

本案二审的焦点问题是工商行政管理部门的行政处罚行为是否合法。以下结合法院的裁判，仅就本案中行政行为存在的问题进行简要分析。

一是，行政机关应准确适用法律规定的自由裁量权。根据《商标法》(2001)第53条的规定，工商行政管理部门认定侵权行为成立的，责令立即停止侵权行为,并可处以罚款。① 对此,应理解为法律赋予行政执法机关对是否并处罚款的行政自由裁量权。本案中,鼎某公司使用的标识与东某公司的注册商标构成近似商标,其行为构成商标侵权,苏州市工商局作为查处侵犯注册商标专用权行为的行政机关,有权依据《商标法》对鼎某公司的违法行为予以查处并作出处罚,但其在责令鼎某公司停止侵权行为的同时并处50万元罚款,处罚幅度较大,并未准确适用《商标法》第53条规定的自由裁量权。

二是,行政处罚要遵循"过罚相当原则"。《行政处罚法》规定,实施行政处罚必须以事实为依据,与违法行为的事实、性质、情节以及社会危害程度相当。因此,实施行政处罚应当遵循上述法律规定的"过罚相当原则"。本案中,苏州市工商局未考虑行政相对人违法行为存在的主观上无过错,侵权性质、行为和情节显著轻微,尚未造成实际危害后果等因素,对鼎某公司并处50万元罚款,使行政处罚的结果与违法行为的社会危害程度之间明显不适当,其行政处罚缺乏妥当性和必要性,应当认定属于显失公正的行政处罚。

三是,行政执法要注意保持与相对人权益保护的平衡。工商行政机关依法对行政相对人的商标侵权行为实施行政处罚时,应在保证行政管理目标实现的同时,兼顾保护行政相对人的合法权益,行政处罚以达到行政执法目的和目标为限,并尽可能将相对人权益的损害降到最低。否则,将违背过罚相当原则,导致行政处罚结果显失公正。

【裁判结果】

最终,二审法院撤销了一审法院的判决,并变更原行政处罚决定"1. 责令停止侵权行为,2. 罚款人民币50万元"为"责令停止侵权行为"。

【法理分析】

本案涉及的主要问题是对属于行政处罚类别的具体行政行为的合法性审查,即苏州市工商局对鼎某公司作出的"1. 责令停止侵权行为,2. 罚款人民币50万元"的行政处罚决定的合法性问题。

一是,行政行为的法律依据。本案中,行政处罚行为作出的主要依据有:①《商标法》(2001)第53条规定:"有本法第五十二条所列侵犯注册商标专用权行为之一,引起纠纷的……工商行政管理部门处理时,认定侵权行为成立

---

① 已被修正,现相关规定见2019年修正的《商标法》第60条第2款。

的，责令立即停止侵权行为，没收、销毁侵权商品和专门用于制造侵权商品、伪造注册商标标识的工具，并可处以罚款……"②根据《商标法》（2001）第52条第1项的规定，未经商标注册人的许可，在同一种商品或者类似商品上使用与其注册商标相同或者近似的商标的，属于侵犯注册商标专用权。① ③《商标法实施条例》（2002）第52条规定："对侵犯注册商标专用权的行为，罚款数额为非法经营额3倍以下；非法经营额无法计算的，罚款数额为10万元以下。"

二是，对行政行为的合法性进行司法审查。《行政诉讼法》第6条规定，人民法院审理行政案件，对行政行为是否合法进行审查。行政行为的合法性，一般要从行为主体的职权依据、事实认定、法律适用、行为程序等方面予以判断。本案中，行政行为的适用依据中的《商标法》（2001）第53条规定"责令立即停止侵权行为"，"并可处以罚款"，二审法院认定工商机关"责令立即停止侵权行为"的行政处罚正确，但"罚款50万元"的行政处罚显失公正。可见，工商机关行政处罚行为的作出是行使了行政自由裁量权，且法院对行政行为的合法性审查的重点也集中在了行政自由裁量权的行使。

三是，对行政处罚裁量权行使的法律评价。行政处罚制裁、惩戒的特征使其具有较多的裁量属性，多数关于罚则的规定都非常明确授予行政机关选择制裁措施的裁量空间，而非对相关违法行为规定明确的、唯一的法律后果。这就使得行政处罚裁量权行使的合法性评价变得尤为重要。《行政诉讼法》第70条将行政行为"明显不当"作为其可撤销的标准，第77条第1款规定："行政处罚明显不当，或者其他行政行为涉及对款额的确定、认定确有错误的，人民法院可以判决变更。"

对行政处罚行为合法性的判断，主要集中在两个方面：一方面，要进行形式合法性分析，即判断行政处罚行为是否与现有法律规则保持一致。如本案中，法院认为行政机关对相对人侵权行为的判断合乎《商标法》（2001）规定。另一方面，要进行实质合法性分析，即判断行政处罚行为的裁量性是否适当与合理，是否存在明显不当。本案中法院认为"罚款50万元"明显不当就是一种实质合法性的分析判断。

---

① 已被修正，现相关规定见2019年修正的《商标法》第57条第1项、第2项。

四是，对行政处罚自由裁量权进行司法审查的逻辑规律。法院对于行政处罚自由裁量权行使合理与适当性的审查，可分为三个步骤：首先要看是否符合法律授权的要求。法院对行政自由裁量权行使的审查，一方面要审查行政机关自由裁量行为是否存在法律法规的授权，另一方面要审查行政机关行使自由裁量权时是否存在超越授权的情形。本案中苏州市工商局对鼎某公司的处罚依据是《商标法》（2001）第53条规定的"并可处以罚款"，从法律依据看，该处罚行为有法律的授权，从形式上看似乎也未超越法律授权。其次要看是否符合行政程序的要求。本案中并未过多涉及工商局行政执法程序问题，争议焦点也不在此。但在本案中，苏州市工商局首先应进行调查取证，然后向鼎某公司送达行政处罚事先告知书、听证申请告知书，赋予相对人相应的陈述、申辩权，并认真听取鼎某公司的陈述和申辩，依法履行了行政处罚程序，符合程序要求。最后要看是否充分考虑了相关因素。《行政处罚法》规定，设定和实施行政处罚必须以事实为依据，与违法行为的事实、性质、情节以及社会危害程度相当。在本案中，要先考虑鼎某公司商标侵权事实及其对第三人造成的危害程度、主观恶性、是否经常侵权且"屡教不改"；然后要考虑行政行为的特殊性问题，即考量行政处罚行为作出时要注意考虑相关风险预防原则，如立即或不立即作出行政处罚是否会带来相应社会风险（环境污染的扩大、群体事件的爆发、第三人更多权益的受损等）。本案中"责令停止侵权行为"就是基于此类考虑。接下来要考虑行政处罚的社会效果，即行政处罚行为能否保护第三人的商标权益，维护市场经营秩序。总体看，本案中鼎某公司商标侵权行为主观恶性小，并未带来事实损害，影响轻微，且为初次违法，责令其停止侵权基本能够满足执法需要，预防危害的发生，较好地保护第三人的商标权益和市场秩序，足以达到执法目的，实现良好的社会效果。在没有造成事实损害的前提下，再对其处以50万元的罚款，违反了充分考虑相关因素原则，不符合行政处罚法规定的适当与合理原则。

2. "一事不再罚"原则的适用

案例2：某旅行社有限公司诉某工商分局工商行政处罚案[①]

[①] 国家法官学院案例开发研究中心编：《中国法院2019年度案例（行政纠纷）》，中国法制出版社2019年版，第179页。

【基本案情】

某旅行社有限公司及其下属服务网点在店中放置邻省某画廊景点的宣传彩页进行宣传。该彩页上印有"全国民族文化旅游十大新兴品牌"字样。该旅行社有限公司及其下属服务网点在客户咨询、报名时依据该宣传彩页的内容进行宣传。2016年7月,某工商分局接到举报称某旅行社有限公司及其下属两家服务网点对其邻省某画廊景点的宣传涉嫌违法后立案调查,认为该公司及其下属服务网点放置的宣传彩页上印制的"全国民族文化旅游十大新兴品牌"字样,与其获得的"2008全国民族文化旅游推介活动新兴十大品牌"称号相比,隐去了"2008"字样,模糊了其获奖年份,构成引人误解的虚假宣传,违反了《反不正当竞争法》的相关规定,系违法行为。因此,给予该公司及其下属两个服务网点行政处罚,作出三个行政处罚决定。这三个行政处罚决定均涉及某画廊景点宣传彩页问题,每个决定处罚2万元,共计罚款6万元。

【裁判结果】

二审法院认为,涉案两个服务网点的经营额都是交给某公司的,各个网点并非独立核算单位,并没有独立的财产,不能独立承担财产责任。该三次行政处罚行为责任实质上均由某公司承担,即某公司因同一事项、同样数额的经营额受到了三次相同罚款的行政处罚,违反了《行政处罚法》第24条"一事不再罚"的法律原则。

3. 行政处罚原则的适用之案例对比

案例3: 陈某诉济某市城市公共客运管理服务中心客运管理行政处罚案

【基本案情】

原告陈某于2015年1月7日使用无营运证的车辆,通过网络约车软件,接送乘客并收取了车费。被告认为原告未经许可擅自从事出租汽车客运经营。

根据《山东省道路运输条例》(2011)第73条规定,汽车租赁经营者将车辆租赁给不具备与租赁车辆相适应的驾驶资格的人员驾驶或者向承租人提供驾驶劳务的,由县级以上道路运输管理机构或者交通运输监察机构责令改正,处2000元以上5000元以下罚款,有违法所得的,没收违法所得。① 《济某市城市

---

① 2022年3月修订的《山东省道路运输条例》第62条规定:"违反本条例规定,出租汽车客运经营者使用无车辆营运证的车辆从事出租汽车客运经营的,由县级以上人民政府交通运输主管部门责令改正,处三千元以上一万元以下罚款;有违法所得的,没收违法所得。"

客运出租汽车管理条例》第 41 条第 1 款规定："未取得出租汽车车辆运营证从事出租汽车经营的，由出租汽车管理部门处以五千元以上三万元以下罚款，没收违法所得。经处罚仍继续非法从事出租汽车运营的，处以三万元以上十五万元以下罚款，没收违法所得。"

2015 年 2 月 13 日，被告依据上述规定，对原告作出鲁济交（01）罚（2015）8716 号《行政处罚决定书》，责令被告停止违法行为，对其处以 2 万元罚款并没收非法所得。被告不服，提起行政诉讼。一审法院撤销了被告的《行政处罚决定书》，被告不服提起上诉。

【裁判结果】

二审法院经审理认为，行政处罚应遵循比例原则，"必须与违法行为的事实、性质、情节和社会危害程度相当。"一方面，网约车作为客运服务的新业态和分享经济的产物，符合社会发展趋势和创新需求，对其应当保持适度宽容。另一方面，这种新业态给既有客运管理秩序带来负面影响，需加强规范引导。但对网约车所带来的社会危害的评判既要遵从法律规定，又要充分考虑社会公众的感受。本案中，被上诉人陈某的行为社会危害性较小且符合一般社会认知。行政机关在行政执法过程中要充分考虑比例原则，将对当事人的不利影响控制在最小范围和幅度之内，实现行政管理与保护新生事物的平衡。被告的行政处罚行为未提供证据证明网约车经营行为中有几方主体受益，在此情形下将行为后果完全归责于被上诉人，且作出较重处罚，违反了比例原则，行政执法行为明显不当。同时，上诉人在《行政处罚决定书》中对被上诉人违法事实的认定未达到明确具体的要求，不符合法律规定。故二审法院维持了一审判决。

（二）行政处罚行为必须有上位法的依据

明确合法的法律依据是行政处罚行为的前提和基础，是依法行政的基本内容。《行政诉讼法》第 63 条[①]规定人民法院审理行政案件，以法律、法规为依据，并参照规章。在行政审判中，法院应当对行政行为的合法性进行全面审查，其中对行政行为法律适用的审查是重点内容之一。

---

① 《行政诉讼法》第 63 条规定："人民法院审理行政案件，以法律和行政法规、地方性法规为依据。地方性法规适用于本行政区域内发生的行政案件。人民法院审理民族自治地方的行政案件，并以该民族自治地方的自治条例和单行条例为依据。人民法院审理行政案件，参照规章。"

案例 4：青岛市李某区市场监管局申请执行嗨饺餐厅行政处罚案

【基本案情】

申请执行人青岛市李某区市场监督管理局，认为被执行人发布的户外广告内容中使用繁体字属违法行为，并责令其改正，但被执行人并未改正。因此，区市场监管局以被执行人违反了《广告语言文字管理暂行规定》①第 12 条第 2 项规定，构成广告用语用字不规范的违法行为为由，依据《广告语言文字管理暂行规定》第 15 条规定，于 2016 年 3 月 17 日作出青李沧市监李处字〔2016〕第 27 号行政处罚决定，对被执行人罚款 2000 元。随后，区市场监管局向区法院申请强制执行上述行政处罚决定。

李某区法院依法对上述行政处罚决定的合法性进行了审查，并最终作出了行政处罚决定没有上位法依据，不准予强制执行的行政裁定。

【焦点问题评析】

本案的焦点问题是如何判断行政处罚行为的合法性。

对行政行为合法性的审查应从执法主体资格、案件事实的认定、相关法律的适用、执法程序和执法目的等方面进行。从本案提供的案情看，本案焦点主要集中于行政处罚行为的法律适用问题。

本案中，行政处罚决定的依据是《广告语言文字管理暂行规定》，其属于原国家工商总局制定的部门规章。

《行政处罚法》(2009) 第 12 条第 1 款、第 2 款②对行政处罚的依据作出了限制性规定，即部门规章可以在法律、行政法规规定的给予行政处罚的行为、种类和幅度的范围内作出具体规定。这意味着，行政机关作出行政处罚决定的依据是部门规章的，该规章关于行政处罚的规定不得超出相关法律、法规规定的行为、种类和幅度的范围。否则该部门规章属于违法，并不得作为行政处罚的依据。

本案中法院对于行政处罚行为法律依据的审查应关注两点：是否存在法律依据；法律依据是否合法。《广告语言文字管理暂行规定》作为行政处罚行为

---

① 已被 2020 年 7 月 13 日《国家市场监督管理总局关于废止部分规章的决定》(国家市场监督管理总局第 29 号令) 公布废止。

② 《行政处罚法》(2009) 第 12 条第 1 款、第 2 款规定："国务院部、委员会制定的规章可以在法律、行政法规规定的给予行政处罚的行为、种类和幅度的范围内作出具体规定。尚未制定法律、行政法规的，前款规定的国务院部、委员会制定的规章对违反行政管理秩序的行为，可以设定警告或者一定数量罚款的行政处罚。罚款的限额由国务院规定。"现相关规定见 2021 年修订的《行政处罚法》第 13 条。

的法律依据，应符合《行政处罚法》（2009）第 12 条的规定。《国家通用语言文字法》第 23 条规定了县级以上各级人民政府工商行政管理部门拥有对广告的用语用字进行管理和监督的职权。该法第 26 条第 3 款[①]规定对广告用字违反规定的"责令改正"，如拒不改正则予以"警告"，并未设定"罚款"这一处罚种类。因此，李某区市场监管局依据《广告语言文字管理暂行规定》作出"罚款2000 元"行政处罚决定违反了其上位法《国家通用语言文字法》的相关规定，属于法律依据违法，从而导致该行政行为违法。故法院作出了不准予其强制执行的行政裁定。

（三）关于行政处罚程序的几个问题

行政处罚程序分为简易程序、一般程序和听证程序，是判断行政处罚行为合法性的重要内容。行政程序的合法性问题日益受到行政执法机关和法院行政审判的关注，行政处罚程序亦不例外。以下是涉及行政程序的常见问题。

1. 行政程序瑕疵对行政行为效力的影响

《行政诉讼法》第 70 条[②]第 3 项规定，行政行为"违反法定程序的"，判决撤销或者部分撤销，并可判决"重新作出"。此处的"违反法定程序的"，是指严重违反法定程序，还是轻微违反法定程序，抑或包含严重与轻微的所有违反法定程序的行为？对此，在理论与实务中经常出现认识上的分歧，需要厘清认识。

案例 5：贾某乐诉河南省 Z 县公安局治安行政处罚案

【基本案情】

原告贾某乐与其同学李某阳均系河南 Z 县第三小学学生。2015 年 4 月 9 日，二人在学校附近玩耍时，原告不小心碰到了李某阳。李某阳的父母到场后对原告有踢腿、打肩膀的行为。原告之父赶到后报警。被告辖区的真某派出所出警后对双方作了调解，李某阳的父亲李某当场向原告及其父母赔礼道歉，并陪同原告去医院检查了身体并支付相关费用。随后，原告父母要求派出所对打人者

---

① 《国家通用语言文字法》第 26 条第 3 款规定："城市公共场所的设施和招牌、广告用字违反本法第二章有关规定的，由有关行政管理部门责令改正；拒不改正的，予以警告，并督促其限期改正。"

② 《行政诉讼法》第 70 条规定："行政行为有下列情形之一的，人民法院判决撤销或者部分撤销，并可以判决被告重新作出行政行为：（一）主要证据不足的；（二）适用法律、法规错误的；（三）违反法定程序的；（四）超越职权的；（五）滥用职权的；（六）明显不当的。"

进行处理。Z县公安局于2015年5月11日作出伤情鉴定结论：原告的损伤尚不构成轻微伤。Z县公安局于2015年5月12日，依据《治安管理处罚法》第43条第2款第2项、第19条第1项之规定，作出正公（真）行罚决字（2015）第0653号行政处罚决定，以李某殴打原告贾某乐为由，对其作出行政拘留7日，罚款500元的行政处罚，并执行完毕。原告对Z县公安局的上述处罚决定不服，提起行政诉讼，称被告行为违反法定程序且适用法律错误，严重侵害了原告的合法权利。被告及第三人李某的行为致使原告的身体和精神受到严重的伤害，造成原告性格改变，学习成绩直线下降。请求：撤销被告作出的正公（真）行罚决字（2015）第0653号行政处罚决定，责令被告重新作出行政行为；要求被告赔偿原告精神损害抚慰金10万元。

一审法院认为，原告是行政处罚行为中的被侵害人，与被诉的行政行为具有法律上的利害关系，具有本案原告诉讼主体资格。被告作为县级人民政府公安机关，根据《治安管理处罚法》第2条和第91条的规定，具备相应的行政主体资格，享有相应的行政职权。2015年4月9日晚上7时许，原告与第三人李某之子李某阳等学生在Z县真某第三小学附近玩耍时，原告不小心用身体碰到了李某阳。第三人李某及妻子陈某梅到场见李某阳在哭，第三人李某朝原告腿部踢了一脚。该事实，已为被告在行政程序中调查的原告、第三人陈述及证人证言所证实。

被告在办理本案过程中，未经上一级公安机关批准延长办案期限，且未提供证据证明第三人存在客观原因造成案件在上述法定办案期限内无法作出行政处理决定，超过《治安管理处罚法》第99条[1]第1款规定的法定办案期限，被告的行为属于拖延履行法定职责，具有违法性。

因原告属于不满14周岁的未成年人，依据《治安管理处罚法》第43条[2]第2款第2项的规定，本应对第三人作出10日以上15日以下行政拘留。被告

---

[1] 《治安管理处罚法》第99条规定："公安机关办理治安案件的期限，自受理之日起不得超过三十日；案情重大、复杂的，经上一级公安机关批准，可以延长三十日。为了查明案情进行鉴定的期间，不计入办理治安案件的期限。"

[2] 《治安管理处罚法》第43条规定："殴打他人的，或者故意伤害他人身体的，处五日以上十日以下拘留，并处二百元以上五百元以下罚款；情节较轻的，处五日以下拘留或者五百元以下罚款。有下列情形之一的，处十日以上十五日以下拘留，并处五百元以上一千元以下罚款：（一）结伙殴打、伤害他人的；（二）殴打、伤害残疾人、孕妇、不满十四周岁的人或者六十周岁以上的人的；（三）多次殴打、伤害他人或者一次殴打、伤害多人的。"

鉴于第三人李某事后陪同原告到医院检查伤情并支付了检查费，且原告的损伤不构成轻微伤，依据《治安管理处罚法》第19条第1项①之规定，对第三人的行为减轻处罚，对第三人李某作出行政拘留7日、罚款500元的处罚并无不当。

鉴于被告对第三人作出的行政处罚其他程序符合法律规定，上述超期限的轻微违法性不影响被告对第三人作出的行政处罚的实体法律效果。为避免被告重新作出结果相同的行政行为而带来不必要的反复处理和资源浪费，可以对被告作出的被诉行政处罚决定不予撤销。被告的行政行为并未侵犯原告的人身权，原告请求被告赔偿精神损害抚慰金10万元，未向法院提供证据，缺乏事实和法律依据。判决驳回原告贾某乐的诉讼请求。

贾某乐不服，提起上诉。二审法院经审理，以同样事实和理由，判决驳回上诉，维持原判。

【焦点问题评析】

本案涉及两个问题的分析与判断：一是被告Z县公安局所作行政处罚决定是否合法；二是被告Z县公安局是否应当赔偿原告精神损害抚慰金。

案件中，被告Z县公安局所做行政处罚决定的行政相对人是第三人李某，并非原告贾某乐，而且原告并没有其他证据证明被告侵害了其人身权。被告作出行政处罚决定的行为与原告所称的身心严重受伤、性格改变、学习成绩直线下降之间并不存在直接的因果关系。因此，原告要求被告赔偿精神损害抚慰金的诉讼请求并未得到法院的支持。对于法院的这一裁判，在实务中意见是统一的。由此，被告正公（真）行罚决字（2015）第0653号行政处罚决定的合法性成为本案的焦点问题。

根据案情，被告Z县公安局行政处罚行为的合法性判断，主要是指超越法定办案期限是否影响行政处罚行为的有效性的问题。超越法定办案期限是一种轻微的程序违法，其是否会影响行政行为的效力呢？在行政法理论与办案实务中一般存在两种不同的意见。

一种意见认为，只要行政程序违法，无论违法程度轻重，均应认定行政行为违法，应予撤销行政行为。本案中，《治安管理处罚法》第99条规定了公安

---

① 《治安管理处罚法》第19条规定："违反治安管理有下列情形之一的，减轻处罚或者不予处罚：（一）情节特别轻微的；（二）主动消除或者减轻违法后果，并取得被侵害人谅解的；（三）出于他人胁迫或者诱骗的；（四）主动投案，向公安机关如实陈述自己的违法行为的；（五）有立功表现的。"

机关办理治安案件的期限。为自受理之日起不得超过 30 日，经批准可延长 30 日。本案中，从真某派出所 2015 年 4 月 9 日受理案件到 Z 县公安局 2015 年 5 月 12 日作出行政处罚决定，办案期限已经超过了 30 日。即使按照第 99 条第 2 款的规定将对鉴定原告伤情的 5 月 11 日这一天不计算在办案期限内，整个办案期限也超过了 30 日。即使超过仅仅几天时间，违法情节较为轻微，也属于违反法定办案期限，属于行政行为的程序违法。《行政诉讼法》第 70 条①第 3 项规定"违反法定程序的"，法院"判决撤销"。本案中，Z 县公安局的行政处罚行为超越办案期限，属程序违法，应当撤销。

另一种意见认为，Z 县公安局的行政处罚行为超过了法定办案期限，属违法行为，但其违法行为并未影响行政处罚的实体性效果，不宜直接撤销该行为。该意见认为，Z 县公安局未严格按照《治安管理处罚法》第 99 条规定的办案期限作出行政处罚行为，超出了 30 天的办案期限，且没有向上级公安机关申请延期，也没有提供证据证明存在因为原告的伤情鉴定或行政处罚相对人方面的原因等客观因素影响办案期限的情形。鉴于此，Z 县公安局违反法定办案期限的行为应定性为迟延履行法定职责，认定该行政行为违法没有疑义。根据案情可见，行政处罚相对人即本案第三人夫妇在事发后认识到自己的错误，向原告及其父母赔礼道歉，并陪同原告到医院检查身体并承担了医药费。原告的伤情经鉴定后尚未构成轻微伤，第三人的违法行为属于情节特别轻微，依据《行政处罚法》第 27 条第 1 项②、《治安管理处罚法》第 19 条③第 1 项的规定，属于减轻处罚的范畴。案件中对第三人行政拘留的决定也已经执行完毕。同时，Z 县公安局行政处罚决定的其他程序是合法的，从整体看，行政处罚超出法定期限的轻微违法行为并未对行政处罚的实体内容及法律效果造成影响。如撤销行政处罚行为，其可以预见的结果就是 Z 县公安局再重新按照法定期限做出内容相同的行政处罚决定，是一种符合程序的原行政行为的重现。为避免行政机关不

---

① 《行政诉讼法》第 70 条规定："行政行为有下列情形之一的，人民法院判决撤销或者部分撤销，并可以判决被告重新作出行政行为：（一）主要证据不足的；（二）适用法律、法规错误的；（三）违反法定程序的；（四）超越职权的；（五）滥用职权的；（六）明显不当的。"

② 现相关规定见 2021 年修订的《行政处罚法》第 32 条第 1 项。

③ 《治安管理处罚法》第 19 条规定："违反治安管理有下列情形之一的，减轻处罚或者不予处罚：（一）情节特别轻微的；（二）主动消除或者减轻违法后果，并取得被侵害人谅解的；（三）出于他人胁迫或者诱骗的；（四）主动投案，向公安机关如实陈述自己的违法行为的；（五）有立功表现的。"

必要的重复行为，减少行政资源的浪费，法院对原行政处罚行为不予撤销是合适的，符合现行法律规定以及法律原则、法律精神。① 因此，本案中采用了第二种意见。

【案件启示】

第一，司法裁判中要注意对法律原则与规范目的的理解。《治安管理处罚法》中关于案件办理期限的程序性规定，其立法目的是规范执法机关办案流程，提高行政效率，避免行政执法机关无故拖延办理期限，侵害当事人的合法权益。本案中，行政处罚虽然超出了办理期限，但其超期较少，尤其是该超期限行为并没有影响原告的合法权益，未对原告的权益带来直接的影响，属于轻微违法和程序瑕疵。案件中并不存在影响案件实质内容的事实认定和法律适用方面问题，法院可作出驳回原告诉讼请求，不宜直接作出撤销决定。

第二，司法裁判要注意对程序违法后续行为的认识与判断。案件中，如果行政机关稍有程序违法就一律作出撤销决定，并责令行政机关重作，将不利于受害人合法权益的保障，也与行政效率的原则相违背。同时，行政行为的反复处理，也会造成行政资源的浪费，与依法行政的目的和原则相悖。

第三，对行政执法的程序瑕疵的处理应慎重对待。案件中，行政机关延期作出行政决定并无法律规定的适当理由，的确存在行政违法行为，但其属于程序瑕疵。按照《行政诉讼法》第70条的规定精神，联系行政行为的"撤销"与"违反法定程序"的逻辑关系，只要行政行为的事实认定、法律适用不存在问题，对并非程序严重违法的程序瑕疵行为，很难作出撤销决定的判断。这也是综合考量行政效率和诉讼经济原则的结果。至于具体案情中存在的程序瑕疵问题，法院可通过向有关行政机关发出司法建议的形式帮助其纠正相应的轻微程序违法，以辅助案件的更好解决及今后工作的依法开展。

2. 未充分说明理由的行政处罚决定构成违法

案例6：启某市某液化气有限责任公司诉启某市住建局城建行政处罚案

【基本案情】

2015年7月25日晚，启某市汇龙镇××新村××号楼发生瓶装液化气泄漏

---

① 国家法官学院案例开发研究中心编：《中国法院2018年度案例（行政纠纷）》，中国法制出版社2018年版，第152—153页。

爆炸事故，造成人员伤亡。经公安机关调查，涉事故液化气钢瓶系案外人吴某芹当日至某液化气公司充装后，送至用户处。吴某芹至某液化气公司充装价为75元（批发价），向用户收取价格为87元，所用钢瓶为用户提供。9月23日，启某市住建局立案后进行调查，查明吴某芹未取得瓶装燃气经营许可，也非某液化气公司培训上岗的送气服务人员，认定某液化气公司行为违反《江苏省燃气管理条例》第20条第2款的规定，于9月30日作出启住建罚字〔2015〕27号行政处罚决定书。启某市住建局调查过程中，称因为无法向吴某芹调查核实，故作出处罚决定前，未向吴某芹及燃气用户进行调查取证，未说明具体原因。处罚决定书认定，某液化气公司向无瓶装经营许可证人员销售燃气，2015年7月至9月23日期间，某液化气公司以批发价的形式向自然人吴某芹出售了瓶装液化气，吴某芹未取得瓶装燃气经营许可证和瓶装燃气供应许可证，违法销售燃气。据此，启某市住建局作出责令某液化气公司改正，并处罚款人民币1万元的行政处罚决定。某液化气公司不服，申请行政复议。启某市人民政府于2016年2月22日作出〔2015〕启行复第57号行政复议决定书，维持被诉处罚决定。某液化气公司仍不服，向一审法院提起行政诉讼，请求撤销启某市住建局作出的启住建罚字〔2015〕27号行政处罚决定书和启某市人民政府作出的〔2015〕启行复第57号行政复议决定书。

　　一审法院认为，本案争议焦点为：启某市住建局认定某液化气公司行为违反《江苏省燃气管理条例》第20条第2款的规定是否具有事实依据。吴某芹代客充装燃气，属未取得瓶装燃气经营许可的违法销售经营行为，还是接受用户委托代充气行为。

　　吴某芹自某液化气公司以批发价75元充装液化气后，再到用户处按某液化气公司公布的瓶装液化气价格收取87元，其交易过程符合销售定义，属赚取差价的销售经营行为。根据国务院发布的《城镇燃气管理条例》第15条第1款规定，国家对燃气经营实行许可证制度。《江苏省燃气管理条例》第20条[①]规定："未取得瓶装燃气经营许可证或者瓶装燃气供应许可证的单位和个人，不得从事瓶装燃气的经营活动。禁止向无瓶装燃气经营许可证或者瓶装燃气供应许可证的单位和个人供应用于销售的燃气。"吴某芹未取得瓶装燃气经营许可证或者瓶

---

　　① 现相关规定见江苏省2020年5月1日起施行的《江苏省燃气条例》第27条。

装燃气供应许可证,也不是瓶装燃气经营企业或瓶装燃气供应站点的送气服务人员,向用户提供瓶装燃气并赚取差价,属于违法经营销售行为。某液化气公司明知吴某芹无瓶装燃气经营许可证或者瓶装燃气供应许可证,仍向其供应用于销售的燃气,违反了《江苏省燃气管理条例》第20条第2款的规定,启某市住建局作出的行政处罚具有事实依据。启某市住建局提供了公安机关为调查爆炸事故而对吴某芹做的调查笔录。吴某芹在向公安机关陈述中,明确表示其提供的是劳务,收取的12元是劳务费。启某市住建局依据公安机关的调查笔录认定吴某芹以批发价购气,以零售价卖气,存在中间赚取差价的行为。但被上诉人启某市住建局未对12元差价究竟属于劳务费,还是销售价格差,抑或是二者的结合进行调查核实,也未能明确赚取差价的行为仅发生在事发当日还是长时间持续。此外,被诉处罚决定认定吴某芹在一定期限内进行了燃气销售行为,同时也对爆炸事故发生当日销售行为作出认定,但并未明确行政处罚决定所认定的销售具体指向。启某市住建局还提供了两份某液化气公司管理人员的调查笔录。

  据此,一审法院认为启某市住建局作出的被诉处罚决定,认定事实清楚,证据充分,适用法律正确,符合法定程序。启某市人民政府作出的复议决定,程序合法,结论正确。依照《行政诉讼法》第69条作出驳回某液化气公司诉讼请求的一审判决。

  二审法院认为,本案的争议焦点是上诉人某液化气公司有无向不具有瓶装燃气经营许可证或者瓶装燃气供应许可证的吴某芹供应用于销售的燃气,也就是吴某芹将瓶装燃气提供给用户的行为是否构成销售。

  二审法院认为,被诉处罚决定作出前未向第三人吴某芹及燃气用户调查取证,所提供公安机关的调查笔录等证据不能认定为销售行为成立,处罚决定证据不足。处罚决定未充分说明理由且调查取证存在缺失,导致行政处罚决定据以成立的主要事实未能查清。对第三人吴某芹行为性质的认定成为判断相对人是否违法的前提条件,势必对吴某芹的后续权利产生影响,而住建局没有使其参与行政处罚程序,其亦未做陈述、申辩,直接认定其行为构成销售,属于程序违法。

  同时,本案的处理结果明显与吴某芹之间存在利害关系,吴某芹应当作为本案的第三人参加诉讼。一审法院未追加吴某芹参加诉讼明显不当,但考虑到二审以被诉处罚决定认定事实不清、程序违法为由否定被诉处罚决定的效力，从诉讼经济以及当事人实体权利保护的角度来看，未对吴某芹的实体权利产生不利影响，故对本案不作发回重审处理。

最终，二审法院判决撤销江苏省海门市人民法院（2016）苏0684行初66号行政判决；撤销启某市住建局启住建罚字〔2015〕27号行政处罚决定书；撤销启某市人民政府〔2015〕启行复第57号行政复议决定书。

【焦点问题评析】

综合来看，本案的争议焦点为：吴某芹为用户充装燃气是否构成未取得经营许可证的非法销售燃气行为。即对本案中第三人吴某芹行为性质的认定是被诉行政处罚决定是否成立的前提和基础，影响着本案的审理结果。具体可从以下两个方面予以分析。

一方面，启某市住建局将吴某芹的代充气行为认定为销售行为，证据不足，属行政处罚行为中事实认定不清。

《行政诉讼法》第34条①、《行政处罚法》第4条和第36条②规定，作为被告的行政机关负有举证责任；行政处罚行为必须以事实为依据；行政机关必须全面、客观、公正地调查，收集有关证据。按照以上法律规定及其立法精神，行政机关的行政处罚行为须"先取证，后处罚"，即行政处罚应先具备确实、充分的证据才能作出最后的决定行为。行政机关不提供或者无正当理由逾期提供证据，应视为没有相应证据。本案中，作出行政处罚行为的启某市住建局提交的证据难以证明其对行政处罚相对人行为的定性，主要理由如下：

（1）启某市住建局未做充分的行政调查

案件中，启某市住建局认定第三人吴某芹未取得瓶装燃气经营（或供应）许可证，构成违法"销售"瓶装燃气行为，并以此为依据认定为吴某芹提供瓶装燃气的某液化气公司违法，从而对后者作出了行政处罚决定。按照上文所述行政处罚调查取证的相关规定，行政处罚作出机关应对第三人吴某芹及其代充燃气的用户进行调查取证，核实相关事实，并结合相关法律规定做出第三人非法"销售"瓶装燃气的事实认定，从而进一步作出行政相对人机关燃气公司违

---

① 现相关规定见2017年修正的《行政诉讼法》第34条。
② 现相关规定见2021年修订的《行政处罚法》第5条、第54条第1款。

法的认定，最终依法作出行政处罚决定。但在诉讼过程中，启某市住建局并未提供相应事先作出行政调查的证据，即无法证明其在行政处罚决定做出前向第三人吴某芹和燃气用户做过调查核实。由此可见，作为执法机关的启某市住建局并未向相关当事人进行事先的行政调查就直接作出了有关事实认定，与行政处罚"先取证，后处罚"的法定程序不符，也违反了《行政处罚法》中行政处罚行为必须以事实为依据的规定，与行政处罚的公正原则相悖。因此，法院认定对直接当事人调查程序缺失，行政处罚行为证据明显不足，行政行为成立所依据的主要事实认定不清。

（2）行政处罚机关提供的证据无法证明销售行为的成立

销售行为一般是指，一方提供商品或者服务，对方支付货币或者其他对价以取得相应的商品或者服务。销售行为通常包括以下因素：买卖双方的合意、商品或服务的价格、标的物及其交付、售后服务等。在本案中，第三人吴某芹是否构成非法销售瓶装液化气的行为是行政机关作出行政处罚的前提和基础。没有对第三人吴某芹销售行为的认定就不可能有后续的行政处罚行为。因此，启某市住建局提供了相关的证据以证明这一逻辑关系的存在。但其提供的证据并无法证明第三人吴某芹构成销售行为，具体认识如下：

一是启某市住建局提供的调查笔录并非本机关调取，而是引用公安机关因燃气爆炸案对吴某芹所做的笔录，缺乏证明的针对性和逻辑性。公安机关做调查笔录的目的是对燃气爆炸案进行调查核实，是为查明事故原因而非证明第三人吴某芹存在销售行为。因此，由于两机关行政行为的方向、目的和性质的差异，调查笔录内容的针对性也截然不同，而启某市住建局引用公安局的调查笔录作为自己行政处罚的证据，并不具备相应的证明效力，难以达到相应的证明目的。

二是在公安机关的调查笔录中，第三人吴某芹明确表示自己提供的是劳务而非销售燃气行为，赚取的是劳务费而非销售燃气收入。同时，实务中也无证据证明吴某芹与燃气用户之间存在燃气直接销售与购买的合意。启某市住建局事先没有对该二者做详细的调查，这也是其行政调查缺失的体现。

三是启某市住建局凭公安机关的调查笔录认定吴某芹存在低价购气、高价卖气，从而赚取差价的行为，但未能提供足够证据证明该行为的"销售"性质。启某市住建局作为行政执法机关在作出行政处罚决定前，未就该12元的差价做尽职调查与核实，未能明确该赚取差价的行为的情节、程度、影响等方面事实，无法说明该行为的持续时间或发生次数，从而也无法明确行政处罚决定相对人的违法详情，属于认定模糊的情形。

四是启某市住建局所提供的对某液化气公司管理人员的调查笔录，属单方言词证据，难以直接证明第三人吴某芹赚取差价的行为构成"销售"行为。按照证据规则的要求，启某市住建局要证明吴某芹销售行为的存在，必须满足证据的合法、真实、关联三方面条件，需要由众多的证据组成完整的证据链条，形成具有较强逻辑性的因果关系及其论证。启某市住建局仅仅以某液化气公司管理人员的口头陈述这一单一证据，对吴某芹的行为作出"销售"行为的认定，显然是不够严谨的，难以形成有力的证明力。

（3）启某市住建局的行政处罚决定未作理由说明

依据《行政处罚法》第39条[①]规定，住建局作出行政处罚决定，应在给予行政相对人的行政处罚决定书中载明当事人违法的事实和证据、处罚的种类和依据。行政处罚决定属于科以义务的行政行为，会对行政相对人的权益产生不利影响。在此情况下，除非法律有特殊规定，行政处罚机关应当就决定作出的事实理由、法律依据向相对人作出具体说明。该说明理由应确实、充分并符合逻辑要求，以体现行政行为的合理性，做到以理服人，体现行政行为公开、公正的原则精神。启某市住建局作为全市燃气主管部门，负有管理辖区燃气经营市场、维护全市燃气市场秩序的行政职能。其作为燃气经营、使用的行政主管部门，完全有义务了解、掌握市场行为中"代充气"现象的客观存在。针对行政执法中所涉及的"代充气"个案，启某市住建局没有按行政执法程序作出行政调查，未穷尽事实调查，草率作出模糊的事实认定，没有做到尽职尽责。在法律的适用上，该行政处罚中所涉"代充气"行为并无明确法律规范予以禁止或规定其应受行政处罚。此时，作为执法机关的住建局更应谨慎对待，严密论证，以充分的事实证明该"销售"行为的真正属性。同时，其在行政处罚决定文书中应对作为行政处罚认定基础的吴某芹代充气行为进行充分论证，并说明必要的理由。而启某市住建局反而以并不明确的法律规范认定代充气行为的"销售"性质，并以吴某芹的代充气行为倒推和解释法律规范，脱离事实依据

---

① 现相关规定见2021年修订的《行政处罚法》第59条。

和逻辑作出法律适用上的推定,以概念论证概念,缺乏说服力。

以上关于行政行为调查取证不足和行政处罚决定欠缺充分说明理由环节的论述,可以认定启某市住建局作出的行政处罚决定应属于事实认定不清。

但另一方面,启某市住建局行政处罚决定程序违法。其违法性体现在行政行为的作出剥夺了利害关系人,即本案第三人吴某芹参与行政处罚行为程序的合法权利。《行政处罚法》第6条、第32条①规定,公民、法人或者其他组织对行政机关所给予的行政处罚,享有陈述权、申辩权。这是对有权行政机关作出行政处罚行为时的程序性要求,是权利受到不利影响的行政相对人参与权的保障性规定。即听取相对人的陈述、申辩是作出行政处罚的行政机关的基本义务。同时,《行政诉讼法》第2条对行政诉讼的受案范围作了概括性规定,即公民、法人或者其他组织认为行政行为侵犯其合法权益的,有权提起行政诉讼。第25条进一步规定,行政行为的相对人以及其他与行政行为有利害关系的公民、法人或者其他组织,有权提起诉讼。提起行政诉讼的主体不仅限于行政相对人,也包括其他利害关系人。这就意味着"利害关系人"享有与相对人相同的诉权,同理,其应当也享有与相对人同样的其他方面程序性权利。

本案中,行政机关处罚决定的成立是建立在对第三人吴某芹"销售"行为定性的基础上。尽管该行政处罚行为并未直接影响吴某芹的权利义务关系,但行政机关的处罚决定中对"销售"行为的定性,已经影响到了吴某芹的后续权利义务关系。吴某芹作为行政处罚行为的利害关系人,其知情权、陈述权、申辩权等参与性权利应该得到保障。启某市住建局有义务将作出行政处罚决定的事实、理由、依据等应公开事项事先告知吴某芹,以保证吴某芹作为利害关系人的知情权和陈述、申辩权的行使。启某市住建局在没有保障利害关系人吴某芹参与权的情形下,直接认定其构成销售行为,显然会对其权益带来重大影响。由此,应认定启某市住建局的行政处罚行为严重违反法定程序,构成行政行为的程序违法。

【案件启示】

①行政机关依法履行职责,加强对职权领域的管理,是其行政管理职权的体现,也是法律赋予的职责。案件中,启某市住建局通过对第三人"销售"瓶

---

① 现相关规定见2021年修订的《行政处罚法》第7条、第45条。

装燃气行为的调查，从而做出对某液化气公司的行政处罚决定，是执行国家相关法律法规的体现。作为行政主管机关，启某市住建局加强对瓶装燃气的储存、充装、配送的管理，是行政执法的基本要求，其目的在于维护社会公众的生命健康权益，维护良好的社会秩序。启某市住建局行使管理职权本身并无问题，但其行政监管的手段应依法进行，严格按照法律规定的职权和程序作出行政行为。住建局不应局限于行政处罚的手段，而应从行政管理的目的出发，在充分调查取证的基础上，明确查清违法事实之后再予以管理与纠正。对于发现的代充气行为，住建局应遵循"先取证，后处罚"的原则，通过充分调查核实，对构成行政处罚前提的"销售"行为性质予以充分论证，从而依法作出行政处罚决定，做到行政行为的合法、合理与程序正当。

②法院对行政行为的合法性审查是司法监督行政的体现，与行政机关依法行使管理职权并不冲突。法院对行政行为的合法性进行审查是法律赋予的司法审查职责，凸显了司法权对行政权的监督，是我国法律监督体系的应有之义。行政机关依法行使职权，司法机关依法对行政行为的合法性予以审查监督，其目的都是维护社会公众的基本权益，维护良好的社会秩序。本案中，法院通过对启某市住建局行政处罚决定的审查，指出其事实认定不清、证据不足、行政程序缺失等问题，从而撤销原有行政行为，就是为了纠正行政机关违法行为，监督其依法行使职权，从而维护公众的合法权益和良好的社会秩序。这是司法审查价值的体现。通过司法对行政的监督，可以纠正行政机关以罚代管的行政恣意行为，督促其依法行政，以更好地建设法治国家、法治政府和法治社会。在本案中，液化气是法律规定需要严格管理的危险品，法院否定行政处罚决定与行政机关对代充液化气行为的监管并不矛盾，并不是对行政机关正常监管行为的否定。

③行政行为的作出需遵循严格的法律程序。《行政处罚法》第31条①规定，行政机关在作出行政处罚决定之前，应当告知当事人作出行政处罚决定的事实、理由及依据，并告知当事人依法享有的权利。第39条②也规定了行政处罚决定书应载明相对人违法的事实和证据、行政处罚的依据。这些都体现了"无理由

---

① 现相关规定见2021年修订的《行政处罚法》第44条。
② 现相关规定见2021年修订的《行政处罚法》第59条。

则不行政"的行政法原则和立法精神。

第一，行政处罚应遵循法定程序：立案—行政调查—拟定处罚决定并告知利害关系人（包括申请听证权利）—听取利害关系人的陈述、申辩（包括组织听证）—作出处罚决定。其中，处罚决定作出前，需告知利害关系人处罚的理由，并在最终的处罚决定书中体现理由说明。对直接影响利害关系人基本权益的行政行为应说明理由，这也是行政法律精神的基本要求。第二，行政行为需说明理由，其价值在于彰显利害关系人的知情权，便于其参与行政行为，了解事实和理由并予以陈述和申辩；其目的在于更好地回应利害关系人参与行政行为所带来的陈述与申辩，维护利害关系人的合法权益。第三，通过说明理由作出事实认定并适用法律，是行政行为各要素的桥梁、纽带和黏合剂。只有说明理由，且理由确实充分，才能依法作出事实清楚、法律适用准确、合法合理的行政行为。如本案中，确实充分地说明理由就能够更好地作出事实认定，完善行政处罚程序，防止行政恣意。同时，也能够更好地体现行政行为的公正、公开，提高利害关系人对行政处罚结果的接受程度，更利于解决行政纠纷，维护社会秩序。

（四）当事人非法取得的行政许可应依行政许可程序撤销而非适用行政处罚程序予以吊销

案例 7：刘某不服临某市公安局交通警察支队行政处罚复议案

【基本案情】

2011 年 11 月 25 日，刘某在未考取驾驶证的情况下驾驶无号牌且已达到报废标准的机动车在与莒某县发生交通事故，致一人死亡后逃逸，交警认定其负事故全部责任。2012 年 7 月 27 日，山东省莒某县人民法院判决刘某犯交通肇事罪，判处其有期徒刑 3 年，缓刑 5 年。2013 年 3 月 11 日，刘某通过考试初次取得驾驶证。2017 年 11 月 28 日，临某市公安局交通警察支队（以下简称临某市交警支队）通过挂号信向刘某邮寄了《告知书》《公安交通管理行政处罚告知笔录》，告知刘某拟对其作出吊销驾驶证且终生不得重新取得驾驶证的行政处罚的事实与理由，及其享有陈述、申辩和提出听证的权利。通过中国邮政查询系统查知，该挂号信于 2017 年 12 月 5 日由他人签收，无签收人姓名。2018 年 1 月 31 日，临某市交警支队作出行政处罚决定书，认定刘某交通肇事后逃逸，构成犯罪，根据《道路交通安全法》第101条第2款的规定，决定吊销刘某的机动车驾驶证，并于2018年3月7日邮寄给刘某。

刘某于2018年3月19日向临某市政府提出行政复议申请，请求撤销临某市交警支队1月31日作出的《公安交通管理行政处罚决定书》。

申请人刘某称：被申请人临某市交警支队处罚依据的事实发生在2011年11月25日，且在作出吊销机动车驾驶证决定前没有告知申请人处罚的事实依据及申请人享有的权利。被申请人答复称：根据《道路交通安全法》第101条①的规定，申请人因违法发生交通事故构成犯罪被追究刑事责任，且属于交通肇事后逃逸，吊销驾驶证且终生不得重新取得机动车驾驶证。2017年11月17日，莒某县交警大队将告知书及告知笔录邮寄给申请人。2018年1月29日，被申请人将申请人的驾驶证吊销。

2018年4月10日，行政复议机关经审查撤销了被申请人作出的《公安交通管理行政处罚决定书》。

2018年11月27日，临某市交警支队莒某大队肇事处理科向申请人邮寄《行政处罚告知笔录》，告知申请人以下内容：你实施以欺骗、贿赂手段取得驾驶证的违法行为，违反了《道路交通安全违法行为处理程序规定》第103条②的规定，依据该规定拟对你作出"撤销机动车驾驶许可且三年内不得重新申请机动车驾驶证许可"的处罚，并告知其陈述和申辩的权利。11月30日，该挂号信被签收。11月20日，办案单位向交警支队请示撤销申请人的驾驶许可。12月18日，临某市交警支队同意了该请示。同日，刘某寄回了《告知笔录》，并提出了陈述和申辩的理由，该邮件于12月20日被签收。2018年12月19日，被申请人作出《公安交通管理撤销驾驶许可决定书》，决定撤销刘某驾驶资格许可。经莒某县交警大队2019年1月25日查询，刘某的驾驶许可处于"锁定、违法未处理、撤销"的状态。上述事实，有《机动车驾驶证申请表》《驾驶人信息查询结果单》等材料证实。

---

① 《道路交通安全法》第101条规定："违反道路交通安全法律、法规的规定，发生重大交通事故，构成犯罪的，依法追究刑事责任，并由公安机关交通管理部门吊销机动车驾驶证。造成交通事故后逃逸的，由公安机关交通管理部门吊销机动车驾驶证，且终生不得重新取得机动车驾驶证。"

② 《道路交通安全法实施条例》第103条规定："以欺骗、贿赂等不正当手段取得机动车登记或者驾驶许可的，收缴机动车登记证书、号牌、行驶证或者机动车驾驶证，撤销机动车登记或者机动车驾驶许可；申请人在3年内不得申请机动车登记或者机动车驾驶许可。"

刘某对临某市交警支队撤销其驾驶许可的行政行为不服,于 2018 年 12 月 29 日向市政府提出行政复议申请,请求确认被申请人临某市交警支队撤销申请人驾驶许可的行为违法并撤销该行政行为。

申请人称:申请人于 2018 年 12 月 19 日在处理机动车交通违章时被告知自己的驾驶证已经被撤销。该撤销行为没有告知处罚事实、理由和依据,没有告知当事人权利,没有制作处罚决定书。该行为违反法律规定应予撤销。被申请人答复称:我支队的行政行为不属于行政处罚,不适用《行政处罚法》的规定。申请人未向公安机关交通管理部门如实申报曾因交通肇事逃逸受过刑罚处罚从而非法取得驾驶证。我支队依据《道路交通安全法实施条例》第 103 条规定撤销其驾驶许可,并依法履行了告知程序。我机关依据《道路交通安全违法行为处理程序规定》第 65 条①之规定撤销其驾驶许可,程序合法。请求维持该行政行为。

【焦点问题评析】

本案涉及两个行政行为、两次提起行政复议申请,综合来看,其焦点问题是两次行政行为是否合法,以及如何处置。

(1)第一次行政处罚行为的认定

第一,《道路交通安全法》第 101 条的适用。根据该条的规定,违反道路交通安全法的规定,发生重大交通事故构成交通肇事罪的,由公安交通管理部门吊销机动车驾驶证;肇事逃逸的,吊销驾驶证且终生不得申请。以上规定的是具有合法驾驶证的当事人构成交通肇事罪的,吊销驾照并终生禁驾。这里的"吊销驾驶证"明显是针对已经合法拥有驾驶证的当事人而言,如果没有驾驶证则不存在吊销驾照的问题。终生禁驾是对严重违反交通法规且肇事逃逸的驾驶者无视生命与规则的最严厉的惩罚。总之,该条是针对拥有驾驶证的驾驶者而言的,并非针对无驾驶证者。第二,本案的适法情况及其认定。上述第 101 条适用的情形是行为人在发生交通事故、构成犯罪前已经取得了机动车驾驶资

---

① 《道路交通安全违法行为处理程序规定》第 65 条规定:"撤销机动车登记或者机动车驾驶许可的,应当按照下列程序实施:(一)经设区的市公安机关交通管理部门负责人批准,制作撤销决定书送达当事人;(二)将收缴的机动车登记证书、号牌、行驶证或者机动车驾驶证以及撤销决定书转至机动车登记地或者驾驶证核发地车辆管理所予以注销;(三)无法收缴的,公告作废。"

现相关规定见 2020 年修正的《道路交通安全违法行为处理程序规定》第 75 条。

格。本案中，刘某发生交通事故的时间是 2011 年 11 月 25 日，其初次取得机动车驾驶资格的时间是 2013 年 3 月 11 日，临某市交警支队作出吊销驾驶证的行政处罚行为的时间是 2018 年 1 月 29 日。临某市交警支队依据刘某在初次申领机动车驾驶证之前的违法事实作出吊销机动车驾驶证的处罚决定，明显错误。对此，行政复议机关也予以确认。第三，行政机关的行政处罚程序违法。根据《行政处罚法》第 44 条的规定，行政机关在作出行政处罚决定之前，应当告知当事人拟作出的行政处罚内容及事实、理由、依据，并告知当事人依法享有的陈述、申辩、要求听证等权利。本案中，临某市交警支队提交的证据显示其邮寄的告知书及告知笔录均由他人签收，且无签收人的签名，不能证实其保证了申请人的权利，违反了行政处罚法的规定。第四，行政复议机关的决定。行政复议机关认为，被申请人临某市交警支队发现申请人不具备申请机动车驾驶证资格或不符合法定条件而准予了申请人驾驶资格，应当进行调查核实。如情况属实则应依《行政许可法》的有关规定，依法撤销已发放的机动车驾驶证。因此，被申请人作出的行政处罚决定，适用法律依据错误，程序违法，依法应予撤销。

(2) 第二次行政决定的合法性问题

本案中，临某市交警支队作出第二次行政行为是在第一次行政处罚行为被行政复议机关撤销的前提下，重新就刘某的违法情况作出的处理。根据《行政许可法》第 69 条①第 1 款第 4 项的规定，对不具备申请资格或者不符合法定条件的申请人准予行政许可的，作出行政许可决定的行政机关或其上级行政机关可以撤销该行政许可。第 2 款规定："被许可人以欺骗、贿赂等不正当手段取得行政许可的，应当予以撤销。"临某市交警支队依据《道路交通安全法实施条例》第 103 条②的规定，撤销了刘某的机动车驾驶许可，并决定其 3 年内不得申领驾照。同时，依据《道路交通安全违法行为处理程序规定》第 65 条的规定，

---

① 《行政许可法》第 69 条第 1 款至第 3 款规定："有下列情形之一的，作出行政许可决定的行政机关或者其上级行政机关，根据利害关系人的请求或者依据职权，可以撤销行政许可：（一）行政机关工作人员滥用职权、玩忽职守作出准予行政许可决定的；（二）超越法定职权作出准予行政许可决定的；（三）违反法定程序作出准予行政许可决定的；（四）对不具备申请资格或者不符合法定条件的申请人准予行政许可的；（五）依法可以撤销行政许可的其他情形。被许可人以欺骗、贿赂等不正当手段取得行政许可的，应当予以撤销。依照前两款的规定撤销行政许可，可能对公共利益造成重大损害的，不予撤销。"

② 《道路交通安全法实施条例》第 103 条规定："以欺骗、贿赂等不正当手段取得机动车登记或者驾驶许可的，收缴机动车登记证书、号牌、行驶证或者机动车驾驶证，撤销机动车登记或者机动车驾驶许可；申请人在 3 年内不得申请机动车登记或者机动车驾驶许可。"

撤销机动车驾驶许可的,应当按照法定程序进行。本案中,虽然办案机关向申请人送达了告知书笔录,但临某市交警支队未提交向刘某送达《撤销决定书》的证据,视为没有送达,该《撤销决定书》尚未生效。被申请人未送达《撤销决定书》即撤销申请人的机动车驾驶许可,程序违法。因此,行政复议机关确认被申请人在未送达《撤销决定书》的情况下撤销申请人刘某驾驶许可的行政行为违法。

【案件启示】

本案涉及行政机关的两次行政行为,相对人提起的两次行政复议。从案件的源头来看,行政复议的申请人因交通肇事罪被吊销机动车驾驶证符合法律的规定和公众认知的常理,从结果上看行政机关的行政处罚似乎没什么问题。通过行政复议机关对行政行为的审查可以看出,被申请人的两次行政行为都涉及行政程序违法的问题。同时,其第一次的行政处罚行为还涉及事实认定不清,将过去发生的事实用作相对人后来行为的判断依据,属于事实认定和法律适用的错误。行政处罚针对的是申请人取得机动车驾驶证的行为,该办证行为属于行政许可的范畴,应适用行政许可法的法律规范。本案中,行政机关适用了行政处罚法对相对人作出吊销驾驶证的决定,属于法律适用错误。同时,申请驾驶证的行为在后,交通肇事犯罪在前,二者在行政处罚上没有必然的联系,不符合法律的规定。被申请人第一次的行政处罚行为被撤销后,又适用《行政处罚法》及相关部门法的规定作出撤销行政许可的决定符合法律的规定,适用法律正确。

被申请人连续两次的行政行为都是为同一事实行为,即交通肇事逃逸犯罪后不得再申请机动车驾驶证。对有驾驶证的应终生禁驾,对于无证驾驶造成重大交通肇事后逃逸被刑罚处罚的 3 年内不得申办驾驶证。被申请人经过两次行政行为,对申请人的行为的认定及处理已经较为妥当,结果是合理合法的。但是其在两次的行政行为中均程序违法,反映了行政执法机关执法程序意识的淡薄,其过多地重视了实质结果忽略了程序正义。第一次送达告知书没有接收人的签名,虽然履行了程序但没有实现严格程序的真正目的,影响了当事人的陈述、申辩权和申请听证的权利。被申请人第二次送达告知书时吸取了第一次的教训,在送达文书后对当事人有了反馈,征求意见的程序比较完整。行政机关也认为程序完整了,殊不知其遗漏了最后的重要程序——送达行政决定。没有送达让相对人知晓的行政行为相当于没有作出该行为,这也是严重的程序违法。

严格执法程序是依法行政的重要环节，行政机关怎么重视都不为过。

行政复议机关第二次的行政复议决定，只是确认被申请人的行为违法，没有要求其重新作出行政行为。按照《行政复议法》①第28条第1款第3项第3目的规定，违反法定程序的行政复议机关作出撤销行政行为的决定，并可以要求行政机关重新作出行政行为。这应该是行政复议机关考虑到因为程序违法的重作对于最终的结果来讲变化不大，不会对相对人的实质权利义务带来影响，因此只是确认行政行为违法，没有要求其重作。

本案看上去并不复杂，就是因为交通肇事逃逸犯罪后3年内不得申请机动车驾驶证的问题，但行政执法机关在执法中没有完全理解相关法律规范的内涵，导致了一系列问题的发生。此案件较为典型。

三、知识拓展

《行政诉讼法》第70条、第74条、第75条、第77条分别针对不同的违法行政行为，规定了对行政行为的撤销、确认违法、确认无效、判决变更等情形。在行政处罚行为中，如何认定行政行为的违法、违法后将如何处理是我们应当关注的问题。以下是对违法行政处罚行为的认识与处理。

（一）违法应予撤销的几种情形

《行政诉讼法》第70条②规定了行政行为存在六种违法情形时，应予撤销

---

① 《行政复议法》第28条规定："行政复议机关负责法制工作的机构应当对被申请人作出的具体行政行为进行审查，提出意见，经行政复议机关的负责人同意或者集体讨论通过后，按照下列规定作出行政复议决定：（一）具体行政行为认定事实清楚，证据确凿，适用依据正确，程序合法，内容适当的，决定维持；（二）被申请人不履行法定职责的，决定其在一定期限内履行；（三）具体行政行为有下列情形之一的，决定撤销、变更或者确认该具体行政行为违法；决定撤销或者确认该具体行政行为违法的，可以责令被申请人在一定期限内重新作出具体行政行为：1. 主要事实不清、证据不足的；2. 适用依据错误的；3. 违反法定程序的；4. 超越或者滥用职权的；5. 具体行政行为明显不当的。（四）被申请人不按照本法第二十三条的规定提出书面答复、提交当初作出具体行政行为的证据、依据和其他有关材料的，视为该具体行政行为没有证据、依据，决定撤销该具体行政行为。行政复议机关责令被申请人重新作出具体行政行为的，被申请人不得以同一的事实和理由作出与原具体行政行为相同或者基本相同的具体行政行为。"

② 《行政诉讼法》第70条规定："行政行为有下列情形之一的，人民法院判决撤销或者部分撤销，并可以判决被告重新作出行政行为：（一）主要证据不足的；（二）适用法律、法规错误的；（三）违反法定程序的；（四）超越职权的；（五）滥用职权的；（六）明显不当的。"

或部分撤销。对此，可从以下几方面理解。

1. 主要事实认定不清

行政机关作出的行政行为，如果影响到了利害关系人的合法权益，则必须满足法律所规定的行政行为成立的事实要件。而要认定事实要件是否存在，就需要若干相关证据予以证明。行政行为主要事实认定不清，就是指主要事实不存在、未认定或对主要事实的性质认定模糊、指向不明确，从而无法确定。主要事实认定不清就意味着该行政行为存在主要证据不足无法证明主要事实的存在。如启某市某液化气有限责任公司诉启某市住建局城建行政处罚案中，第三人代充液化气的行为是否构成"销售"行为的认定成为相对人是否构成违法的前提，对"销售"行为认定不清，即对主要事实认定不清。又如《土地管理法》第74条规定的需认定的事实要件主要涉及"土地"，行政执法机关对相对人的非法行为的事实认定需要证明其非法转让土地即属事实清楚；该法第75条所规定的事实要件指向是"耕地"，则行政执法机关就要认定行为人非法占用耕地，只证明其占用土地则属事实认定不清。

所谓事实认定中的"事实"作何理解？结合国内有关学者的研究[①]或行政执法与司法审查中的惯例来讲，事实一般包括"六要素"，即何时、何地、何人、何因、何事、何果。在行政处罚或其他行政行为的事实认定中，就是指违法行为的时间、地点、主体、原因、过程和违法后果。对事实的认定就对应地涉及：时间上的追诉时效，地点上的行政管辖权、土地规划、行为越界、法定特殊场所，主体中人员是否齐全、主体责任能力，以及违法结果等，均为事实认定的核心要素。其他因素如事实发生的原因、具体过程等因素相对要求不严格，一般不属于事实认定清楚的必要因素。

2. 主要证据不足

主要事实认定不清，就意味着行政行为成立须存在的待证事实条件缺乏证据予以证明。待证事实是否为核心要素可综合判断相应证据是否为主要证据。证据不足，是指证据无法满足行政处罚决定中相关事实的确定、唯一的证明标准，无法完全排除合理疑点。主要证据可从以下三方面理解：一是，行政处罚机关认定违法责任主体的证据缺失。如对主体资格认定错误，错把已注销企业、

[①] 刘建明主编：《宣传舆论学大辞典》，经济日报出版社1993年版，第193页。

无独立法人资格的企业当作责任主体处罚，对无责任能力的人处罚等。二是，该当性事实证据缺失，即违法行为人应担责的全部或部分事实缺乏证据证明，导致无关键证据。如启某市某液化气有限责任公司诉启某市住房和城乡建设局城建行政处罚案中，第三人非法"销售"瓶装燃气是相对人违法的前提，但行政机关并不能确实证明第三人代充气行为属"销售"行为，因此导致"事实认定不清，主要证据缺失"。三是，主要证据不符合证据合法性、真实性和客观性的基本要求，致使证据无法采信。

3. 适用法律法规错误

适用法律法规错误，包括以下含义：一是，从总体看，行政机关的行政行为没有正确适用应当适用的法律法规，而是适用了不该适用的法律法规。二是，从形式看，是指行政行为应当适用彼法律法规，却适用了此法律法规；应当适用彼法律条文，却适用了此法律条文；本应适用有效的却适用了失效或尚未生效的法律法规或条文。三是，从具体表现看，其表现为没有引用、遗漏或错误引用具体法律条款的情形。在宣某成等诉衢某市国土资源局收回国有土地使用权案中，最高人民法院认为行政机关在行政行为中没有引用具体法律条款，且没有另行证明自己的行政行为合乎法律规定，应视为无法律依据，属于适用法律错误。遗漏引用法律条款的情形，如行政机关对违法行为的罚款决定，只引用了应当予以处罚的条款，却没有引用罚款幅度的条款，使得被处罚的违法行为人不明所以，搞不清行政权力来源。错误引用法律条款的情形相对容易理解，如行政处罚中关于处罚种类、处罚幅度和自由裁量权等方面引用法律条文的错误等。四是，从实质看，适用法律法规错误，主要在于行政机关对事实认定不清，定性模糊或错误，对法律法规的理解把握不够细致、周全，对行政行为所涉法律法规的本意及法律精神、法律援助理解不够，也不能排除行政主体存在主观故意片面适用的可能性。

4. 超越职权和滥用职权

（1）超越职权

超越职权分为两种情况：一种是横向的范围越权。表现为超越了自身管辖的地域和事务范围行使职权。如联合执法中，在其他部门权限范围的行政文书上加盖自己部门的印章。另一种是纵向越权，又称级别越权，即超越了上下级的行政级别行使权力。如根据《矿产资源法》第 45 条第 1 款的规定，吊销勘查许可证或者采矿许可证的，须由"原发证机关决定"，如该发证机关的上级或下级行使了该吊销权即属超越职权中的纵向越权。

超越职权有故意或过失之分，但无论哪种，但凡超越职权均属违法行为。

超越职权的前提是行政行为的作出方具有行政主体资格。如不具备行政主体资格，则该行为不构成超越职权，而应认定其为无效行政行为。

以上超越职权是从行政行为的外部特征而言，而滥用职权就属于违法行政行为的内部特征。

（2）滥用职权

滥用职权，一般是指行政机关虽在职权范围内但职权行使具有"非正当性"和"非目的性"，即不正当行使职权，职权的行使不符合法律授权的目的。主要表现在自由裁量权的行使方面，相关个人或组织没有依据法律设定的目的、原则、精神行使行政职权。对是否滥用职权的判断，要从主、客观两方面考虑。主观方面是指违反法律规定的目的的情形，如为了私人利益或个别组织的利益而非公共利益，或虽为公共利益但不符合法律授权的特定目的，以及不适当考虑（应当考虑的没考虑，不应考虑的反而考虑了）。客观方面是指明显不合理和显失公正的情形，如违反常理，违反公平公正、比例原则等，主要涉及行政行为的合理性问题。

5. 违反法定程序

行政行为违反法定程序包括两类：一是违反重大法定程序，可能被撤销或部分撤销；二是行政程序轻微违法，无须撤销，可通过确认违法等方式解决。对于行政程序轻微违法行为的认识和处理，在下文论述。这里重点认识一下导致行政处罚决定等行政行为被撤销的重大程序违法问题。

重大行政程序违法的三个方面：一是影响相对人参与权的情形。相对人参与权是其知情权的体现，是行政法中公开、公正原则的具体体现。在行政处罚中，参与权可体现为行政机关在作出行政调查尤其是现场勘测、证据先行登记保存等环节要请相对人参加；完整告知当事人行政行为作出的事实、理由、证据及结果等；保证相对人的陈述申辩权，其中最重要的是告知相对人申请听证的权利并应要求组织听证；见证人的出面见证并通过影音系统予以固定证据等。二是有关重要期限方面的情形，如未告知相对人申请听证的期限，或告知的期限少于法定期限，会构成行政行为程序违法。三是其他重大程序，侵害申请回避权、应由行政机关集体讨论的决定程序的缺失等都属于重大程序违法。

（二）不宜通过撤销的方式直接纠错的几种情形

在法治建设中，虽然我们提倡有错必纠，但并非所有出错或违法的行政行为都需要撤销或重作来纠正错误。对相对人实体权利与义务不产生实际影响的出错或违法行政行为可不必纠错，主要包括程序轻微违法、信赖利益、文书笔误等。

（1）行政程序轻微违法的表现

按照《行政诉讼法》第74条的规定精神，行政行为程序轻微违法的，只要对当事人权利无实际影响，不撤销，只确认行政行为违法即可。如执法人员在执法现场未出示证件但违法行为人承认违法事实的，保障了相对人的听证权利但没有告知其陈述申辩权的，未在法定期限内告知听证的时间、地点，超出法定期限作出处罚决定等情形，因其不影响当事人的实体权利，所以不必撤销。

（2）存在信赖利益保护内容的行政行为，一般不予纠正

除非该行政行为达到非常明显的违法程度、相对人存在主观重大过错或涉及重大公共利益等情形，才可以撤销原行为，以纠正违法。这主要是为了保护当事人的合法权益，符合行政法的原则和精神。

（3）属于笔误的错误

在行政处罚等行政文书中出现如数字、编号、字迹、日期等明显书写错误时，通过补正的方式纠正即可，不必撤销或重作。

（三）行政行为违法或出错时的处理方式

对违法行政行为的纠正，一般有三个步骤：撤销原决定、重新履行调查程序、作出新决定。撤销原决定，要依据法定撤销程序进行，如集体讨论决定、法定的撤销机关等。重新履行调查程序，即因程序违法等情形行政行为被撤销，但原相对人的违法事实确实存在，则行政机关应重新履行行政执法程序进行调查处理。被撤销行政行为中已有符合法律规定的证据材料可继续使用。作出新决定，需要重新调查取证的要依法按执法程序进行；如原行政行为因适用法律错误等情形被撤销，不需要重新调查取证的，在撤销原行政行为时可同时作出修正后的新行政决定。

四、相关法律文书

可参照《市场监管总局关于印发〈市场监督管理行政处罚文书格式范本〉的通知》[1] 及河南省行政处罚文书格式范本（2021年版）。[2]

---

[1] 国家市场监督管理总局官网：http://www.samr.gov.cn/fgs/sjdt/201903/t20190325_292303.html。

[2] 参见http://www.xiping.gov.cn/portal/zwgk/gsgg/webinfo/2021/12/1642099908235913.htm，最后访问时间：2022年8月26日。

第五章　行政强制实务

行政强制是行政强制行为的简称，在行政行为的分类中属于负担行政行为。目前，我国对行政强制及其实务的认知主要以现行的《行政强制法》为依据，本章的内容也以对《行政强制法》的理解与适用为主。《行政强制法》与《行政处罚法》《行政许可法》并称行政程序立法的"三部曲"，其在行政法律体系中的重要性毋庸置疑。《行政强制法》的出台历经波折，从1999年开始酝酿立法到2011年由全国人大常委会审议通过，耗时12年之久。《行政强制法》于2011年6月30日由第11届全国人大常委会第21次会议通过，于2012年1月1日起施行，共7章71条。《行政强制法》的实施是我国法治建设的一件大事，填补了我国行政法律规范体系的一个很大缺口。

一、法理基础

《行政强制法》涉及的问题众多，如行政机关通过作出行政行为依法为行政相对人设定相关义务后，如相对人消极应对，不履行或迟延履行义务，经行政机关催告后仍不履行的，行政机关如何保证其行政目标的实现？行政机关在行政管理过程中，如遇有侵害公共利益或危害公共秩序的行为，或行政管理活动遭受人为阻碍不能实现行政管理目标的，该如何处理？对于以上问题，哪些机关享有进行处理的管理职权？应运用怎样的管理措施与手段进行处理？处理的程序是怎样的？相对人在接受行政机关的处理后，认为自己的合法权益受到侵害的，能否申请救济？通过什么途径申请救济？这些都是理论与实务应该解决的问题。

（一）《行政强制法》规范的主要对象

按照宪法学理论，人民选举自己的代表组成代议机关行使人民赋予的权力。

人民权力通过宪法授权形成国家机关的公权力,而行政权力又是国家公权力的主要内容,在国家和社会管理活动中发挥着举足轻重的作用。公权力是国家的主要象征,也是国家一切职能活动的根本前提。

我国的行政权力主要包括:行政命令、行政检查、行政征收、行政征用、行政确认、行政处罚、行政许可和行政强制等权力。《行政强制法》涉及的主要是行政强制权力,该权力分为行政强制措施和行政强制执行两类。行政强制措施,是指一个相对人本身没有事先的义务,而是具有行政强制权力的行政机关认为有这个必要性,临时赋予他这一义务,要他作出或者不作出某种行为。行政强制执行,是指一个行政相对人,有了行政法上的一个义务,但是他不自动履行,行政机关有权通过行政强制权力的行使,强行要求他去履行。

《行政强制法》直接规范的对象主要是行政机关行使行政强制权力的行为,进而规范国家公权力中的行政权力,乃至规范国家机关行使的公权力,其规范的对象具有递进性。

(二)《行政强制法》的立法意义与适用范围

1. 行政强制权力行使的特殊性和现实性

行政公权力作为国家公权力的重要组成部分,在国家管理中发挥着至关重要的作用。行政权力因内容广博,负有维护基本社会秩序之责,因而其掌控的社会公共资源最多,对社会各领域的干预力最强,属于对社会各个领域、自然人、法人和其他组织影响最为广泛的公共权力。行政管理目标的实现需要行政强制权力为根本保障,这也是国家公权力权威性的体现。社会事务纷繁复杂,行政管理的范围不断拓展,作为社会秩序和公共利益的维护者,行政管理机关需要行政强制权来保障行政管理与行政执法的效果,以实现社会管理的目标。相反,如果行政机关欠缺行政强制的手段,则难以保证其管理的实效性,这也是法律授予其行政强制权的意义所在,是国家强制性的体现。

2. 行政强制权力需要法律的规范

行政强制是一把"双刃剑"。行政机关依法运用行政强制权力能够保障行政管理目标的实现,但如运用不当则会给自然人、法人和其他组织的权益带来严重伤害。行政强制是一种最为严厉的行政权力,是运用国家强制力来处理相应社会矛盾,直接涉及利害关系人的人身权、财产权等,如控制不当,则侵害极大。行政管理实务中，不当或违法的行政强制行为有多种表现：①违法、不当的强制征收财产；②强制征用设施、设备；③强制拆除建筑；④强制冻结存款；⑤强行扣押物品；⑥强制隔离人员；⑦强制驱逐出场、押解出境；⑧即时限制集会；等等。徒善不足以为政，徒法不能以自行。因而，《行政强制法》的意义就在于规范行政强制权的行使，保障和监督行政机关依法履行职责，保护自然人、法人和其他组织的合法权益，维护公共利益和良好的社会管理秩序。

3. 《行政强制法》的适用范围

根据《行政强制法》第1条、第2条、第3条、第17条、第70条的规定，对其适用范围可作如下理解：①主体范围，包括：行政机关；法律、行政法规授权的组织；行政强制措施权不得委托制度。②行为范围，包括：行政强制的设定与实施。③权益范围，包括：人身权和财产权。④适用的排除：一是突发事件，如《突发事件应对法》《突发公共卫生事件应急条例》《传染病防治法》《防汛条例》等规定的特别事件，这些法律法规涉及的均为行政管理特殊领域的特殊问题，一般的行政强制措施难以解决，均应适用各自领域的特别法，不适用《行政强制法》。二是金融业审慎监管措施，如《证券法》《保险法》《银行业监督管理法》等涉及的金融监管措施。审慎监管原则出自作为国际金融惯例的《巴塞尔协议》，是指金融部门以防范和化解风险为目的，通过制定一系列谨慎的规则客观评价金融机构的风险状况，并及时进行风险监测、预警和控制的监管方式，是特殊情况下为维护国内金融秩序的稳定而采取的特殊措施。《行政强制法》将金融监管问题排除在外，更有利于我国灵活金融监管措施的适用，对维护我国金融秩序，及时预防和化解金融风险具有积极意义。三是进出境货物强制性技术监控措施，如《海关法》、《食品安全法》第6章、《畜牧法》、《国境卫生检疫法》等规范的领域，其涉及国际贸易和国家安全问题，属于《立法法》规定的法律保留的事项，拥有其法定的特殊性。

(三)《行政强制法》的立法原则

《行政强制法》明确规定或体现出的行政强制基本原则有6项：平衡原则、比例原则、法定原则、教育与强制相结合原则、正当法律程序原则和行政救济原则。①

1. 平衡原则

《行政强制法》第1条②规定了平衡原则。该规定体现了两方面的平衡关系：一是对行政机关履行职责之保障与监督的平衡。所谓"保障"，一方面是指《行政强制法》的实施保障了行政机关能有强有力的手段进行执法；另一方面指排除行政执法遇到的障碍，保障依法行政的顺利进行。所谓"监督"，一方面是指规范、约束行政强制权的行使，避免行政机关"用力过猛"，监督其依法行使职权；另一方面是指防止行政机关不作为，避免行政机关"出工不出力"，以保护利害关系人合法权益。二是维护公共利益与保障具体相对人权益的平衡。行政机关实施行政强制的目的是预防和制止违法行为人的违法行为，以保障社会公众的利益，行政强制权需要得到保障实施。同时，《行政强制法》又规定了严格的设定与实施规则以防止行政机关违法或防止相对人合法权益受到侵害。因此，需要实现维护公共利益与保障相对人个别权益的平衡。这也是行政法律体系中平衡原则的具体体现。

2. 比例原则

《行政强制法》第5条③规定了比例原则。此处的"比例"并非确定的、数字化的比例，而是指"适当""合适"的大体比例。行政强制的比例原则，就是指行政权力的行使力度与对公民权利的保护程度要保持在适当的水平，要把握好其中的度和大体的比例。较轻的强制手段能够实现行政管理目的的，就不能采取较重的强制手段。既要保证行政权力行使以维护公共秩序，又要注意保障相对人的权益。因二者不可能绝对适中，所以要控制好"适当"的比例。如可以为了重大的公共利益较小地影响相对人的权益，而不可为了较小的公共利益损害相对人较大的权益。行政机关在实施强制权力的过程中，要注意避免出现行政强制行为所造成的合理范围之外的伤害，以减少行政纠纷。如北京市第一中级人民法院在其判例"刘某艳诉某区城管局、某区政府限期拆除决定及行

---

① 姜明安：《〈行政强制法〉的基本原则和行政强制设定权研究》，载《法学杂志》2011年第11期。

② 《行政强制法》第1条规定："为了规范行政强制的设定和实施，保障和监督行政机关依法履行职责，维护公共利益和社会秩序，保护公民、法人和其他组织的合法权益，根据宪法，制定本法。"

③ 《行政强制法》第5条规定："行政强制的设定和实施，应当适当，采用非强制手段可以达到行政管理目的的，不得设定和实施行政强制。"

政复议案"中,指出某区城管局"限期拆除在原有宅基地上未批翻建的违建不符合比例原则"。法院认为,"尚可采取改正措施消除对规划实施的影响的"规定具有行政裁量的空间。特别是相对人针对已危及居住安全的旧房屋进行翻建,执法机关应充分考虑行政执法行为是否会对违法行为人的生活产生过度侵害,即其在能有多种执法手段和方式纠正当事人违法行为时,应采取"最小损害"的方式。此即比例原则的核心。

3. 法定原则

《行政强制法》第4条对行政强制法定原则作了具体规定,要求行政强制的设定和实施,应做到权限合法、范围合法、条件合法与程序合法。根据《行政强制法》第10条、第11条、第13条的规定,这里的"法"应该是指法律、行政法规和地方性法规,不包括规章。

4. 教育与强制相结合原则

《行政强制法》第6条规定,实施行政强制,应当坚持教育与强制相结合。一方面,该原则要求行政机关的执法行为不能一味采取强制手段,能通过教育方式使相对人认识并改正错误的,可依法采取教育方式,不必采取强制手段。如对于路边小商贩可予以教育,劝其停止违法摆摊设点行为,而不可直接采取强制措施扣押其物品。另一方面,"教育与强制相结合"应有先后顺序,即"先教育后强制",不可混淆。除非紧急情况下采取即时强制而无法进行事前教育,否则,事前教育应为行政强制执法前置程序,必须"先教育后强制"。同时,只要事先教育达到了执法的目的,即相对人自觉履行了相应的义务,就不可对其实施行政强制;教育贯穿于行政强制的全过程,其事前、事中、事后均应体现教育的原则,任何阶段可以通过教育方式督促相对人履行义务并解决问题的,就应避免使用行政强制的手段。如拆除违章建筑执法行为中,执法机关先告知违法行为人违法建筑的认定并督促其在一定期限内自行拆除;如超过一定期限没有拆除的,执法机关会再次设定一个自行拆除的期限,给违法行为人再一次自我纠正的机会;如其还不自我拆除,则作出行政强制执行决定并送达相对人,告知其行政强制执行的期限,而不是即刻强制执行,这意味着行政相对人还可以在强制执行之前自行拆除。

5. 正当法律程序原则

《行政强制法》中并没有具体的条款规定正当法律程序原则,该原则精神体现在不同的法律条款中。

（1）行政强制措施程序的一般规则

①违法行为显著轻微或者没有明显社会危害的，可不采取行政强制措施。②行政强制措施权由法定行政机关在法定职权范围内实施，不得委托，非行政机关和行政机关中非具备资格的行政执法人员不得实施行政强制措施。③实施行政强制措施须事前报行政机关负责人批准，由两名以上执法人员实施，实施时应出示身份证件，通知当事人到场，并制作现场笔录。④如紧急情况需要当场强制，行政执法人员应在24小时内向机关负责人报告，并补办批准手续，行政机关负责人认为不应当采取行政强制措施的，应当立即解除。⑤实施限制公民人身自由的行政强制措施还应当场告知，或实施行政强制措施后立即通知当事人家属实施行政强制措施的行政机关、地点和期限，在紧急情况下需要当场强制的，在返回行政机关后应立即向行政机关负责人报告并补办批准手续。⑥限制公民人身自由不得超过法定期限，在目的已经达到或条件已经消失后应立即解除。

（2）行政强制执行程序体现的一般规则

①只有具有法定行政强制执行权的行政机关才能实施行政强制执行；②当事人在行政决定期限内不履行义务时有权机关才能强制执行；③有权机关在作出强制执行决定前，应事先书面催告当事人履行义务；④当事人收到催告书后有权陈述和申辩，行政机关应当充分听取当事人的意见，对当事人提出的事实、理由和证据，应当进行记录、复核，当事人提出的事实、理由、证据成立的，行政机关应当采纳；⑤只有经催告，当事人仍不履行行政决定，且无正当理由的，行政机关方可作出强制执行决定，相应的催告书、强制执行决定书应直接送达当事人，而当事人拒绝接收或者无法直接送达当事人的，应当参照民事诉讼送达方式予以送达；⑥实施行政强制执行过程中，如具有法定中止执行或终结执行情形的，应中止执行或终结执行；⑦行政机关在不损害公共利益和他人合法权益的情况下，可与当事人达成执行协议，约定分阶段履行，当事人采取补救措施的，可减免加处的罚款或滞纳金；⑧行政强制执行除紧急情况外，不得在夜间或节假日实施，行政机关不得对居民采取停止供水、供电、供热、供燃气的方式迫使当事人履行；⑨对违法的建筑物、构筑物、设施等需要强制拆除的，行政机关应先予公告，要求当事人限期自行拆除。只有当事人在法定期

限内不申请复议或提起诉讼，又不拆除的，方可实施强拆。

6. 行政救济原则

《行政强制法》第 8 条、第 68 条确立了行政强制的救济原则。行政救济途径主要有行政复议、行政诉讼和国家赔偿。行政强制作为一种严重涉及公民人身权、财产权的"高权"行政行为，权利救济原则显得尤为重要。

（四）行政强制的种类与设定

《行政强制法》第 2 章第 9 条至第 15 条规定了行政强制的种类和设定，既是法律上对行政强制的授权，又是通过立法防止行政强制权力的滥用。鉴于行政强制权的"高权"性，《行政强制法》规定行政强制措施和行政强制执行由法律设定，行政法规与地方性法规可设定有限的行政强制措施，法律、法规以外的其他规范性文件不得设定行政强制措施。

1. 行政强制的种类

行政强制，包括行政强制措施和行政强制执行。《行政强制法》第 9 条设定的行政强制措施有四类：①限制人身自由（如扣留、约束、强制传唤、强制带离现场等）。②查封场所、设施或者财物（场所如营业场所、工作场所、娱乐场所等；设施如供水、供电、供气、供热设施等；财物如房屋、汽车、船舶等）。③扣押财物。④冻结存款、汇款。除上述四种具体种类外，《行政强制法》第 9 条设定的行政强制措施还包括前面述及的"弹性"的兜底项——其他行政强制措施，其作为兜底性条款存在，在实务中表现为强制进入住宅、强制进入经营场所等。

在实务中，行政强制的种类并不局限于以上种类，根据《行政强制法》第 10 条、第 11 条的规定，除法律的规定外，行政法规也对行政强制的种类作了一些具体的规定。如《内河交通安全管理条例》第 59 条规定，海事管理机构针对有关单位和个人不立即消除或逾期不消除内河交通安全隐患的，必须采取责令其临时停航、停止作业、禁止进港、离港等强制性措施。

《行政强制法》第 12 条设定的行政强制执行的具体方式有 6 类：①加处罚款或者滞纳金；②划拨存款、汇款；③拍卖或者依法处理查封、扣押的场所、设施或者财物；④排除妨碍、恢复原状；⑤代履行；⑥其他强制执行方式。最后一类为兜底条款，实务中表现为强制搬迁、强制销毁等。

2. 行政强制的设定

《行政强制法》第 10 条、第 11 条对行政强制措施的设定作出了具体规定，可作如下理解：①有权设定行政强制措施的，只有法律、行政法规和地方性法规。②行政法规的设定权，仅指尚未制定法律，且属于国务院行政管理职权事项的；行政法规的设定种类：除限制人身自由和冻结存款、汇款之外的其他种类。③地方性法规，仅能设定查封和扣押两类。④规章、其他规范性文件，无设定权限，仅负责贯彻落实和执行法律、法规的规定。

关于对第 11 条①的理解：①本条是法律、行政法规、地方性法规设定强制措施的统一规定，是对已有法律规定的具体执行。②法律对强制措施作了规定的，行政法规、地方性法规应在法律规定的范围内作出具体执行性规定，不得作扩大解释或规定。如 2009 年修正的《森林法》第 37 条规定，木材检查站对无证运输木材的，有权制止。但《森林法实施条例》（2018 年修订）第 37 条规定，无证运输木材的，木材检查站应当予以制止，可以暂扣无证运输的木材，并立即报请主管部门。此处的"制止+暂扣"的规定，就有超出《森林法》规定的"制止"权的嫌疑。尽管也有人称"暂扣"是"制止"的当然内涵，其与后续的"上报""处理"存在必然的逻辑关系，否则就无法完全理解"制止权"的全部含义。不论如何，此处的解释容易引发歧义。2019 年修订的《森林法》删除了上述第 37 条，《森林法实施条例》下一步亦应作出相应的修改。③法律中未设定行政强制措施，但是法律规定特定事项由行政法规规定具体管理措施的，行政法规可以设定查封、扣押的行政强制措施。如《农业法》第 64 条规定，农业转基因生物须依照国家规定实行"各项安全控制措施"；《农业转基因生物安全管理条例》第 38 条第 5 项规定，紧急情况下，农业行政主管部门有权对涉及非法的农业转基因生物"封存或者扣押"。这是行政法规对法律没有规定的行政强制措施的新规定，符合《行政强制法》第 11 条的规定。④地方性法规在此情况下无权设定，规章以下更无权。

根据《行政强制法》第 13 条的规定，行政强制执行只能由法律设定，行政

---

① 《行政强制法》第 11 条规定："法律对行政强制措施的对象、条件、种类作了规定的，行政法规、地方性法规不得作出扩大规定。法律中未设定行政强制措施的，行政法规、地方性法规不得设定行政强制措施。但是，法律规定特定事项由行政法规规定具体管理措施的，行政法规可以设定除本法第九条第一项、第四项和应当由法律规定的行政强制措施以外的其他行政强制措施。"

法规、地方性法规、规章均不得设定行政强制执行。

（五）行政强制措施实施程序

1. 普通强制程序

按照《行政强制法》第18条的规定，实施行政强制措施须按以下程序执行：实施前须向行政机关负责人报告并经批准（内部程序）；由两名以上行政执法人员实施（人员要求，避免单一执法，体现公开透明度）；出示执法身份证件（表明身份制度）；通知当事人到场（告知制度，保障当事人参与权）；当场告知当事人采取行政强制措施的理由、依据以及当事人依法享有的权利、救济途径（说明理由制度和教示制度，权利救济制度）；听取当事人的陈述和申辩（听证制度）；制作现场笔录（案卷制度）；现场笔录由当事人和行政执法人员签名或者盖章，当事人拒绝的，在笔录中予以注明；当事人不到场的，邀请见证人到场，由见证人和行政执法人员在现场笔录上签名或者盖章。

2. 即时强制与特别强制程序

《行政强制法》第19条[1]规定了即时强制程序，也称为当场强制程序。第20条规定了特别强制程序，即对人身的强制程序，该程序在第19条规定即时强制程序基础上，又增加了执法机关应当场或事后立即通知当事人家属的情形。

3. 查封、扣押程序

《行政强制法》第18条、第19条、第24条、第25条规定了查封、扣押程序：①向负责人报告并经批准，此为必经程序，包括查封、扣押的事由、依据、对象、种类等；紧急情况下按第19条规定的特别强制程序执行。②现场需由两名以上执法人员出示执法证，并通知当事人到场。执法人员表明身份存在多种表现形式：出示证件、穿着制服、设置告知牌、语言告知、车载喇叭或广播电台告知等；特殊情况需特殊证件，如海关缉私证、警察入户搜查证（不可仅出示警察证）等。当然，交警处置违章车辆时，如驾驶人不在现场，交警可以直接安排拖车而不必出示证件。③当事人到场的，行政机关应保证其参与权，按照第18条规定的普通强制程序实施，并在现场笔录中记载实施查封、扣押的情

---

[1] 《行政强制法》第19条规定："情况紧急，需要当场实施行政强制措施的，行政执法人员应当在二十四小时内向行政机关负责人报告，并补办批准手续。行政机关负责人认为不应当采取行政强制措施的，应当立即解除。"

况。④当事人不在场的，同样参照第 18 条规定的程序执行。⑤制作并当场交付查封、扣押决定书和清单。⑥查封、扣押的解除（第 27 条、第 28 条）①。

4. 查封、扣押程序中应注意的两个问题

（1）查封、扣押标的有限原则

该原则本属民事强制执行法律规范中的一个基本原则，但学者晏山嵘等认为在行政强制中也同样适用，笔者也同意此观点。究其原因：①因财物涉及公民生存保障或属于个人尊严或荣誉象征物的，不得被强制。如《行政强制法》第 23 条②就此作了具体规定；2020 年修正的《最高人民法院关于民事执行中查封、扣押、冻结财产的规定》第 3 条也就不得查封、扣押、冻结的财产作了明确列举，应当作为行政强制执行的依据。但《行政强制法》并没有明确规定不得采取行政强制措施的财物，对此应参照上述司法解释，以完善行政查封、扣押制度。②因已被依法强制而不得被重复强制的情形。③因行政决定被撤销而不得被行政强制的情形，如《行政强制法》第 40 条规定的"被撤销的应终结执行"。④因财物的性质与违法行为无关而不得被强制的情形，如《行政强制法》第 23 条规定的内容。⑤被侵害人或善意第三人合法占有的财产。

（2）对《行政强制法》第 25 条、第 27 条办案期限的理解

《行政强制法》第 25 条规定查封、扣押的期限不得超过 30 日；情况复杂的，经行政机关负责人批准，可以延长，但是延长期限不得超过 30 日。此处是否意味着前后相加的 60 日即为办案期限？本条目的在于规范对被采取查封、扣押措施的财物的处理，行政机关必须在规定的期限内适当处理，如解除查封、扣押或先行变卖等，并不意味着要在第 25 条规定的期限内对案件作出终局性处理。第 27 条规定，行政机关采取查封、扣押措施后，应当及时查清事实，在

---

① 《行政强制法》第 26 条规定："对查封、扣押的场所、设施或者财物，行政机关应当妥善保管，不得使用或者损毁；造成损失的，应当承担赔偿责任。对查封的场所、设施或者财物，行政机关可以委托第三人保管，第三人不得损毁或者擅自转移、处置。因第三人的原因造成的损失，行政机关先行赔付后，有权向第三人追偿。因查封、扣押发生的保管费用由行政机关承担。"第 27 条规定："行政机关采取查封、扣押措施后，应当及时查清事实，在本法第二十五条规定的期限内作出处理决定。对违法事实清楚，依法应当没收的非法财物予以没收；法律、行政法规规定应当销毁的，依法销毁；应当解除查封、扣押的，作出解除查封、扣押的决定。"

② 《行政强制法》第 23 条规定："查封、扣押限于涉案的场所、设施或者财物，不得查封、扣押与违法行为无关的场所、设施或者财物；不得查封、扣押公民个人及其所扶养家属的生活必需品。当事人的场所、设施或者财物已被其他国家机关依法查封的，不得重复查封。"

《行政强制法》第 25 条规定的期限内作出处理决定。此处的"处理决定"才属于对案件的终局性处理。

5. 冻结程序

《行政强制法》第 29 条至第 33 条规定了冻结程序。

作出冻结的主体：法律规定的行政机关。

冻结通知书与冻结决定书：行政机关在作出冻结决定前，须向行政机关负责人报告并经批准，并向金融机构发送冻结通知书；金融机构应当立即予以冻结，不得拖延，不得在冻结前向当事人泄露信息。冻结决定书应当在 3 日内向当事人交付。

关于冻结期限。一般情况：自冻结存款、汇款之日起 30 日内作出处理；复杂情况：经行政机关负责人批准，延长期限不得超过 30 日，及时书面告知当事人并说明理由。

解除冻结决定书的，须符合第 33 条的规定，并及时通知金融机构和当事人，金融机构应立即解除；行政机关逾期未作决定，金融机构自冻结期满起自行解除。

(六) 行政强制执行程序

《行政强制法》第 34 条至第 52 条规定了行政强制执行程序，包括行政机关强制执行和申请法院强制执行两个方面。《行政强制法》默认式地延续了《行政诉讼法》确定的"申请人民法院为主，行政机关强制执行为辅"的现行强制执行模式。本部分的行政强制执行是指行政机关的强制执行，《行政强制法》规定了强制执行的一般程序与代履行、执行罚、直接强制的特殊程序，为强制执行设定了统一的规范。

1. 行政强制执行的方式（如下图所示）

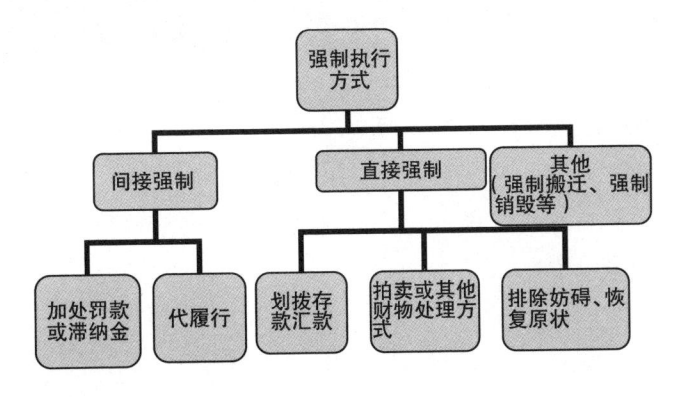

```
                        强制执行
                          方式
                            │
        ┌───────────────────┼───────────────────┐
      间接强制            直接强制          其他
                                        (强制搬迁、强制
                                         销毁等)
        │                    │
    ┌───┴───┐        ┌───────┼───────┐
  加处罚款  代履行   划拨存   拍卖或其他  排除妨碍、恢
  或滞纳金           款汇款   财物处理方   复原状
                              式
```

2. 行政强制执行的程序

按照《行政强制法》的规定，行政强制执行的程序可分为三种情形。

第一种：制作并送达行政强制执行催告书（第35条）—当事人行使陈述、申辩权（第36条）—行政机关复核（第36条）—分类处理：①如行政处理决定违法，则作出机关自行撤销；②如行政处理决定不合理，则作出机关自行变更；③行政处理决定合法合理，制作强制执行决定书（第37条）—送达并开始实施行政处理决定书（第38条）—结果：①中止执行程序（包括不再执行与恢复执行）（第39条）；②执行和解（第42条）；③终结执行程序（第40条）—执行完毕—执行回转（第41条）。

第二种：制作并送达行政强制执行催告书（第35条）—当事人未作陈述、申辩—制作并送达强制执行决定书（第37条）—送达并开始实施行政处理决定书（第38条）—之后程序同第一种情形。

第三种：制作并送达行政强制执行催告书（第35条）—当事人有转移隐匿财产迹象的（第37条）—行政机关可作出立即强制执行决定并实施。

3. 行政强制执行禁止

《行政强制法》第23条①规定了行政强制执行禁止扰民的相应要求。

---

① 《行政强制法》第23条规定："查封、扣押限于涉案的场所、设施或者财物，不得查封、扣押与违法行为无关的场所、设施或者财物；不得查封、扣押公民个人及其所扶养家属的生活必需品。当事人的场所、设施或者财物已被其他国家机关依法查封的，不得重复查封。"

4. 金钱给付义务的执行

《行政强制法》第 45 条至第 49 条规定了当事人逾期不履行行政机关依法作出的金钱给付义务的行政决定时，行政机关如何履行的问题。

（1）间接强制执行（加处罚款或者滞纳金）①

加处罚款或者滞纳金的标准应当告知当事人；加处罚款或者滞纳金的数额不得超出金钱给付义务的数额。（《行政强制法》第 45 条）

（2）直接强制执行

①前提：实施加处罚款或者滞纳金超过 30 日，经催告当事人仍不履行的；②主体：具有行政强制执行权的行政机关可以强制执行；行政机关已查封、扣押的，可将查封、扣押的财物依法拍卖抵缴罚款；③划拨存款汇款：应由法定行政机关决定，并书面通知金融机构，金融机构应立即划拨；④拍卖财物：由行政机关委托拍卖机构依照《拍卖法》的规定办理。

5. 代履行（《行政强制法》第 50 条至第 52 条）

（1）条件

当事人对于承担的排除妨碍、恢复原状等义务逾期不履行，经行政机关催告仍不履行，其后果已经或者即将危害交通安全、造成环境污染或者破坏自然资源的。

（2）主体

行政机关或受委托的无利害关系的第三人。

（3）程序

提前送达决定书；经行政机关 3 日前催告，当事人履行义务的，停止代履行；代履行完毕，到场的行政机关执法人员、代履行人、当事人或者见证人应在执行文书上签名或盖章。

（4）费用

当事人自己承担。

（5）特殊情形

①需要立即清除道路、河道、航道或公共场所的遗洒物、障碍物或者污染

---

① 参见《行政处罚法》第 51 条的规定："违法事实确凿并有法定依据，对公民处以二百元以下、对法人或者其他组织处以三千元以下罚款或者警告的行政处罚的，可以当场作出行政处罚决定。法律另有规定的，从其规定。"

物,当事人不能清除的;②行政机关可以决定立即实施代履行;③当事人不在场的,行政机关应当在事后立即通知当事人,并依法作出处理。

(七) 申请法院强制执行

行政机关作出行政决定后,行政相对人不履行或迟延履行,符合行政强制执行条件的,拥有行政强制权的可以直接强制执行,没有行政强制权的可以申请法院强制执行。《行政强制法》第 53 条至第 60 条规定了申请法院强制执行的程序,其分为两种情况:一般的申请执行程序和紧急情况下的申请执行程序。

1. 一般的申请执行程序

(1) 申请

①申请执行的条件(第 53 条、第 54 条):当事人在法定期限内不申请救济(不申请行政复议或提起行政诉讼),又不履行行政决定的;行政机关催告书送达 10 日后当事人仍未履行义务的;自履行期限届满之日起 3 个月内申请执行。②申请执行的管辖法院(第 54 条):行政机关所在地法院或不动产所在地法院(执行对象为不动产)。③申请执行材料(第 55 条):强制执行申请书由行政机关负责人签名,加盖行政机关的印章并注明日期;行政决定书及作出决定的事实、理由和依据;当事人的意见及行政机关催告情况;申请强制执行标的情况;法律、行政法规规定的其他材料。

(2) 法院的受理规定(第 56 条)

人民法院接到行政机关强制执行的申请,应当在 5 日内受理;不予受理的,行政机关可在 15 日内向上一级人民法院申请复议,上一级人民法院自收到复议申请之日起 15 日内作出是否受理的裁定。

(3) 法院的执行裁定

①书面审查(第 57 条),人民法院自受理之日起 7 日内作出执行裁定。②可听取行政机关和被执行人意见的情形(第 58 条):明显缺乏事实根据的,明显缺乏法律、法规依据的,其他明显违法并损害被执行人合法权益的;自受理之日起 30 日内作出是否执行的裁定。③裁定不予执行的,应当说明理由,并在 5 日内将不予执行的裁定送达行政机关。④行政机关对人民法院不予执行的裁定有异议的,可以自收到裁定之日起 15 日内向上一级人民法院申请复议,上一级人民法院应当自收到复议申请之日起 30 日内作出是否执行的裁定。

（4）执行费用（第60条）

行政机关申请法院强制执行的费用由被执行人承担。

一般情况下申请法院强制执行程序如下图所示：

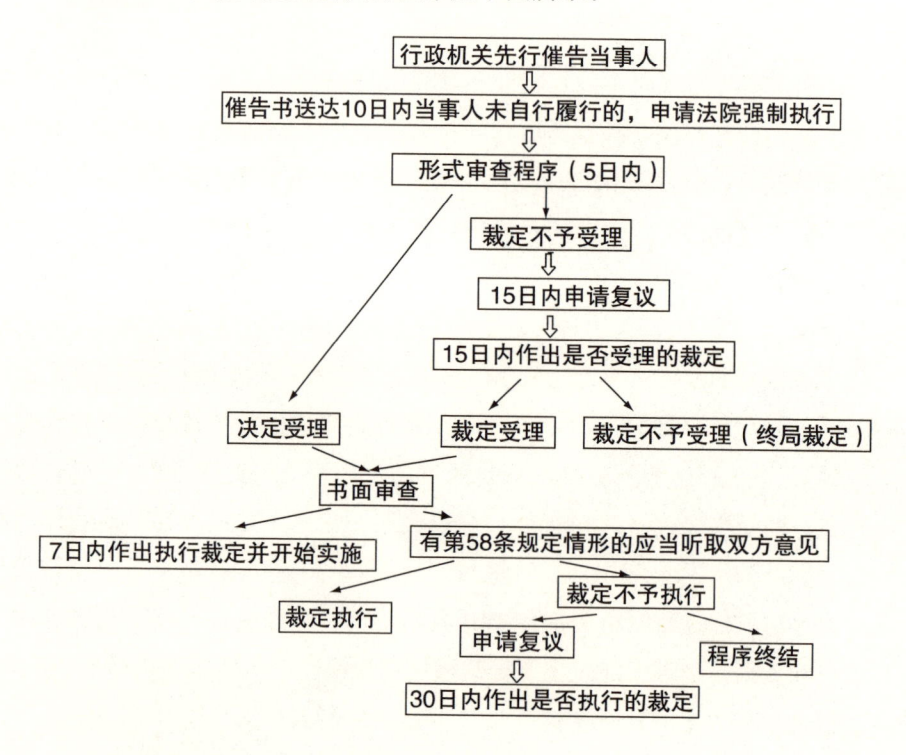

```
行政机关先行催告当事人
        ⇩
催告书送达10日内当事人未自行履行的，申请法院强制执行
        ⇩
   形式审查程序（5日内）
        ⇩
     裁定不予受理
        ⇩
     15日内申请复议
        ⇩
  15日内作出是否受理的裁定
   ↙      ↓       ↘
决定受理  裁定受理  裁定不予受理（终局裁定）
          ↓
         书面审查
   ↙              ↘
7日内作出执行裁定并开始实施    有第58条规定情形的应当听取双方意见
       ↓                          ↓
     裁定执行                  裁定不予执行
                             ↙         ↘
                          申请复议      程序终结
                             ↓
                     30日内作出是否执行的裁定
```

2. 紧急情况下的申请执行程序（第59条）

为了公共安全的需要，情况紧急时，经行政机关申请，法院院长批准，人民法院应立即作出执行裁定并于5日内执行。

（八）行政强制行为责任制度

《行政强制法》第6章（第61条至第68条）对行政机关、人民法院及其工作人员和具有协助义务的金融机构的法律责任作出了集中规定。但是，这一章节中所规定的责任制度是狭义的责任制度，而责任承担的方式比较多样，行政强制违法责任的追究不仅应当以《行政强制法》作为依据，还必须结合《行政诉讼法》《国家赔偿法》等法律的规定进行综合考量。

二、实务案例

（一）行政强制措施应由法律、法规规定的行政机关在法定职权范围内实施

案例1：秦某某、赵某某诉德州市公安局交通警察支队庆某大队行政强制及行政赔偿案（此处仅限于对行政强制部分的介绍与分析）

【基本案情】

二原告雇用的司机梁某某驾驶的带拖挂货车于2015年7月24日在某县发生单方交通事故，致同车的于某某死亡。被告于当日扣押该事故车辆，并出具了公安交通管理行政强制措施凭证（道路交通安全违法行为处理通知书）。被告于同年8月4日作出交通事故认定书，8月6日送达原告。死者于某某的母亲李某某于8月6日向辽宁省北票市人民法院起诉，要求依法查封二原告的车辆。同日，北票市人民法院作出了（2015）北立保字第00082-1号民事裁定书，裁定：查封原告秦某某所有的上述事故货车及挂车，查封期限为1年，查封期间不得隐藏、转让、变卖、毁损、抵押。同日，第三人李某某将民事裁定书邮寄给被告，被告以此为依据对该车进行了查封，查封至2016年8月5日。其间，二原告多次向被告索要车辆，被告均以查封期限尚未届满为由拒绝。2016年8月5日，被告通知二原告领取涉案车辆，但二原告未领取。2016年9月26日，二原告向一审法院提出申请，要求对涉案车辆进行鉴定后返还。12月28日，经法院委托的第三方机构出具评估结论后，二原告于12月底将涉案车辆取走。

【焦点问题评析】

本案的焦点问题是被告扣押车辆的行政强制措施的合法性问题。①被告在交通事故发生后扣押车辆行为是履行管理职权的合法行为。《道路交通安全法》第72条第2款规定，交通警察"因收集证据的需要，可以扣留事故车辆"。公安部《道路交通事故处理程序规定》第39条第1款规定，因收集证据的需要，公安机关交通管理部门可以扣留事故车辆，并开具行政强制措施凭证。由此可见，本案中被告在处理交通事故时依法扣留事故车辆，并出具行政强制措施凭证的行为具有法律依据，是依法行使公安交通行政管理职权的行为，具有合法性。②被告接到民事裁决书后的持续扣押行为属于行政协助执行的行为，是法

律规定的行政机关的义务,具有正当性。但行政协助行为应严格按照法院司法文书确定的内容实施。③被告扣押事故车辆不允许车主提车的行为超出了法院法律文书中规定的行政强制措施的范围,是违法行政行为。法院民事裁定书规定查封期间不得"隐藏、转让、变卖、毁损、抵押",期限为1年,其并未规定"不得使用"车辆。法院生效民事法律文书没有禁止即意味着"可为",也就是说该车是可以"使用"的,但不得"隐藏、转让、变卖、毁损、抵押"。因此,被告行政机关扣押车辆禁止车主取车的行为,超出了法院民事裁定书规定的车辆保全的范围。法院认为被告行为"主要证据不足,缺乏法律依据"。④因行政机关的违法扣押行为不具有可撤销的内容,法院判决确认行政行为违法是恰当的。

【案件启示】

①行政强制执行应严格依法实施。行政强制是国家行政公权力的体现,能够彰显公权力的权威性。但是行政强制也是一把"双刃剑",在展现强大公权力维护社会公共利益与公共秩序的同时,也会因为权力的任性与肆意而伤害相对人的合法权益。因此,行政强制行为必须依法实施,严格按照法定的程序进行。任何违反法定程序的行政强制行为都具有违法性,从而会影响行政行为的效力。

②行政行为目的的合法性不能代替行政行为过程的合法性。本案中,公安交通管理机关认为自己的扣押行为完全按法院民事裁定书的规定执行,存在目的上的正当性和依据上的合法性。认为本机关协助执行法院生效的司法文书是其法定义务,实施协助行为是履行协助权力的合法行为。但其忽视了对法院司法文书的解读与理解,在实施扣押行为过程中,超出了司法文书规定的权限范围,违反了《行政强制法》关于"行政强制措施由法律、法规规定的行政机关在法定职权范围内实施"的规定精神,构成违法。同时,该超越职权的行为也是对"法无授权不可为"原则的违反。作为行政执法机关应注意行政目的的合法性、正当性与行政实施过程的合法性并非完全一致,该目的与过程是一个行政行为的两个方面,都应具备合法性。

③行政执法机关应提高对法律法规具体条款及法律精神与原则的认识,切实依法行政,实现维护良好的社会秩序与依法维护利害关系人合法权益的平衡。

(二) 查封、扣押应严格遵循法定程序

案例 2：程某某诉合肥市庐某区城市管理行政执法局行政强制案

【基本案情】

2014年4月7日上午8时许，程某某在某小区门前的马路慢车道上推销产品，庐某区城管局执法人员以程某某占道经营为由，在当事人未察觉的情况下，将程某某经营的香肠、咸肉、托盘、纱网和架子等搬上执法车辆予以暂扣。当时并未告知程某某。为此，程某某持续地向相关部门反映问题。至当日下午4点多，在辖区派出所的协调下，庐某区城管局向程某某出具了《暂扣物品、工具决定书》。至庭审时，庐某区城管局未对扣押的物品作出处理决定。

城管局于2014年6月5日向法院提供了以下证据：①合肥市庐某区双岗街道办事处城市管理工作中心出具的情况说明一份，证明城管局执法过程合法；②暂扣物品、工具决定书，证明城管局执法程序合法；③照片3张，证明程某某违法占道经营的地点；④录音资料，证明城管局执法程序合法。庐某区城管局提供的法律依据为《行政强制法》。

原告举证：①城管局No：3430152号《暂扣物品、工具决定书》，证明程某某的物品被庐某区城管局扣押。②通话记录，证明程某某于2014年4月7日打电话追要罚单的时间和过程。

法院查明，被告提供的证据①系其行政执法过程的单方陈述，原告不认可，被告未提供其他证据印证该事实，法院对证据真实性不予确认。庐某区城管局和程某某均提供了No：3430152号《暂扣物品、工具决定书》，被告提供的照片反映了程某某当时推销产品所在的位置，法院均予以确认。被告提供的执法人员与原告的电话录音，原告予以否认，法院认为视听资料在2014年4月7日作出具体行政行为之后形成，故不予确认。原告提供的向有关部门投诉的时间和过程的通话记录，法院予以确认。最终，法院认定被告的扣押措施违反法定程序，判决撤销其暂扣物品、工具决定。

【焦点问题评析】

本案的焦点问题是行政机关作出扣押的行政强制措施是否合法。一是，行

政机关的扣押行为不符合《行政强制法》第18条①、第19条②规定的程序。如作出扣押这一强制措施前由机关负责人批准，在本案中，即使因为情况紧急，也应按照第19条的规定在24小时内向机关负责人申请补办手续。但本案中被告行政机关并未有相应证据证明其履行了该执法程序。同时，被告采取扣押措施时也并未告知现场的当事人，没有告知其采取扣押措施的理由、依据及相应的陈述、申辩及救济权利，缺少现场笔录等。二是，被告行政机关未当场交付扣押决定书及扣押清单。其未当场主动交付行政扣押的法律文书，只是由当地派出所协调后才出具了扣押决定书，且未提供扣押清单。且后来提供的《暂扣物品、工具决定书》中也未告知行政相对人对行政行为申请救济的途径和期限。该行政行为不符合《行政强制法》第24条第1款与第2款第4项③的规定。三是，被告行政机关的扣押行为超过了法定期限。《行政强制法》第25条④规定扣押的期限不得超过30天，情况复杂的经机关负责人批准至多再延长30天。本案中，被告行政机关的扣押行为事实清楚明了，不符合"情况复杂"可以延长的情形。而被告行政机关自2014年4月7日作出扣押行为，直至当年5月28日法院受理原告的起诉。且法院后来对案件审理过程中，被告都一直未解除扣押行为，其也未办理延长扣押期限的批准手续，超出了法定扣押期限，严重违反了《行政强制法》的规定。四是，被告一直未就扣押行为作出相关的行政处

---

① 《行政强制法》第18条规定："行政机关实施行政强制措施应当遵守下列规定：（一）实施前须向行政机关负责人报告并经批准；（二）由两名以上行政执法人员实施；（三）出示执法身份证件；（四）通知当事人到场；（五）当场告知当事人采取行政强制措施的理由、依据以及当事人依法享有的权利、救济途径；（六）听取当事人的陈述和申辩；（七）制作现场笔录；（八）现场笔录由当事人和行政执法人员签名或者盖章，当事人拒绝的，在笔录中予以注明；（九）当事人不到场的，邀请见证人到场，由见证人和行政执法人员在现场笔录上签名或者盖章；（十）法律、法规规定的其他程序。"

② 《行政强制法》第19条规定："情况紧急，需要当场实施行政强制措施的，行政执法人员应当在二十四小时内向行政机关负责人报告，并补办批准手续。行政机关负责人认为不应当采取行政强制措施的，应当立即解除。"

③ 《行政强制法》第24条规定："行政机关决定实施查封、扣押的，应当履行本法第十八条规定的程序，制作并当场交付查封、扣押决定书和清单。查封、扣押决定书应当载明下列事项：（一）当事人的姓名或者名称、地址；（二）查封、扣押的理由、依据和期限；（三）查封、扣押场所、设施或者财物的名称、数量等；（四）申请行政复议或者提起行政诉讼的途径和期限；（五）行政机关的名称、印章和日期。查封、扣押清单一式二份，由当事人和行政机关分别保存。"

④ 《行政强制法》第25条第1款、第2款规定："查封、扣押的期限不得超过三十日；情况复杂的，经行政机关负责人批准，可以延长，但是延长期限不得超过三十日。法律、行政法规另有规定的除外。延长查封、扣押的决定应当及时书面告知当事人，并说明理由。"

理决定。《行政强制法》第 27 条①规定，行政机关作出查封、扣押决定后，应及时查明事实，按照第 25 条的规定在 30 天内（符合延长条件的不超过 60 天）作出没收、销毁、解除查封扣押等处理决定。本案中，被告超出法定期限一直未作出最后的处理决定，违反了上述规定。从以上分析可见，被告行政机关的行为违反了《行政强制法》规定的扣押行为程序的多项规定，属于较为严重的程序违法，导致该行为被法院撤销。

【案件启示】

（1）城管执法对于城市管理和建设影响很大，更需注意依法行使职权

城管执法局是一个城市综合管理的主管部门，在城市建设和管理中发挥着举足轻重的作用。其日常行政执法涉及社会公众的范围宽泛，影响力很大。因此，其行政执法行为备受关注。本案中，被告城管执法局采取扣押的行政强制措施是其常见的行政执法手段，对于维护良好的城市管理秩序往往能够发挥较好的执法效果。但本案被告的扣押行为却违反了《行政强制法》规定的实施程序，最终被法院判决撤销。该案反映出行政执法机关依法行政的重要性，其应该按照法定职权，依照法定程序作出行政行为，这是依法行政的基本内涵，也是维护相对人合法权益的必然要求。

（2）程序正义更能体现公平正义

因为行政执法涉及社会公众的切身利益，因此行政机关更应该依法行政。在行政执法中实现程序正义，更能体现社会公平正义。行政执法要依法定程序展开，以严格的行政程序来体现公平，更好地解决行政纠纷。行政机关在行政管理活动中应致力于管理目的与行政执法程序的统一，推动法治政府的建设。

（三）行政强制执行主体的确定及责任承担

行政强制执行行为应依法实施，按照法律规定的主体、职权、程序实施并依法承担相应的法律责任。实务中，拆迁是城市建设中的常见工作，而强制拆迁是顺利完成拆迁任务的一项重要手段。近年来，因强制房屋拆迁引发了诸多行政纠纷与社会矛盾。如何依法拆迁、如何依法强拆成了城市规划、房屋征收

---

① 《行政强制法》第 27 条规定："行政机关采取查封、扣押措施后，应当及时查清事实，在本法第二十五条规定的期限内作出处理决定。对违法事实清楚，依法应当没收的非法财物予以没收；法律、行政法规规定应当销毁的，依法销毁；应当解除查封、扣押的，作出解除查封、扣押的决定。"

补偿等行政管理工作中备受关注的问题。而依法确认拆迁行为主体、强制行为程序及责任也成为法院对行政行为合法性进行审查的重点内容。

案例3：周某喜诉双某乡人民政府行政强制拆除案

【基本案情】

2014年11月1日，江苏省扬州市邗江区公安分局接到报警，报案人周某喜称其房屋被拆除遭到破坏。后公安局受理该案并展开侦查。2015年2月3日，公安分局以告知书的形式通知了周某喜基本案情。告知书称：周某喜报警所称位于邗江区双某乡的房屋，属于2010年扬州市房管局下发的拆迁公告划定的拆迁范围内。拆迁人为扬州双某投资发展有限公司，拆迁责任单位是双某乡政府，拆迁实施单位是江某拆迁有限公司。拆迁责任单位在上述拆迁项目中负责拆迁工作的组织、监督和协调等责任。拆迁工作中，双某乡政府组织了拆迁小组负责拆迁的相关工作，并组织安排其工作人员参与拆迁工作过程。双某乡政府称周某喜报警所称的上述房屋遭破坏是江某拆迁公司在拆除相连房屋时"误拆"，并非其所为。2月12日，周某喜签收上述告知书。6月12日，周某喜就房屋被拆一事向邗江区政府申请行政复议。6月16日，复议机关以超过复议申请期限为由作出不予受理行政复议申请决定书。周某喜因双某乡政府组织人员与自己商讨过拆迁事宜，因此认定房屋拆迁系由乡政府负责。因此，7月10日，周某喜以双某乡政府为被告向法院提起行政诉讼，要求确认被告强拆行为违法。法院受理了该案。庭审中，被告辩称并未委托拆迁公司拆除原告房屋，原告房屋被拆属拆迁公司拆除相邻房屋时"误拆"所致，自己并非适格被告。

【焦点问题评析】

本案的焦点问题有两个：一是，双某乡政府是否为强拆案件的适格被告；二是，拆迁公司受委托"误拆"原告房屋的行为是否为违法行政行为。

（1）双某乡政府是本案的适格被告

①双某乡政府是扬州市房管局下发的拆迁通告中的拆迁责任单位，负有组织、监督、协调等责任。②该乡政府组织了拆迁工作小组负责拆迁的相关工作，并认可了曾派工作人员与原告协商拆迁事宜的事实。③乡政府委托了拆迁公司拆除了相关房屋，尽管其辩称未委托拆迁公司拆除原告的房屋，称是"误拆"，但不能否认强拆行为是双某乡政府作出的行政强制行为。

(2)"误拆"行为属于违法的行政强制行为

根据《国有土地上房屋征收与补偿条例》第 26 条、第 28 条的规定①，房屋强制拆迁应遵循法定的程序：房屋征收部门与被征收人未达成补偿协议—市、县级政府作出征收补偿决定并公告—被征收人不服该补偿决定可申请行政复议或提起行政诉讼—如被征收人在法定期限内不申请上述救济，又不按时搬迁—市、县级政府申请法院强制执行。本案中，原告被拆的房屋虽属于拆迁通告的范围内，但县政府并未就拆迁问题作出补偿决定，从而也不曾有对于被拆迁人的救济渠道。同时，房屋拆迁问题也未经有权机关申请法院强制执行。因此，双某乡政府组织的强制拆除房屋的行为违反法定程序，超越其职权，属违法行政强制行为，应予撤销。但本案中，双某乡政府的违法强拆行为已经实施完毕，不具有撤销的内容，故法院作出确认违法的判决。

【案件启示】

一方面，证明案件主体资格的事实不足时，法官可根据案件事实作出积极推定。本案中，被告资格的确认作为焦点问题在实务中存在一定争议。如原告房屋系拆迁公司"误拆"，不宜认定为双某乡政府的责任，而且也没有事实证据证明该强拆行为系双某乡政府所为；房屋所有人可直接起诉拆迁公司，提起民事赔偿诉讼等。但从案情看，法院的审理是有理有据的。行政诉讼的举证规则属于举证责任倒置，相对人只负责证明自己的权益受到损失即可。而行政机关应该举证证明自己的行政行为合法。本案中，原告证明了自己的房屋在拆迁通告划定的拆迁范围内，也证明了双某乡政府负责与自己协商补偿事宜，且双某乡政府是拆迁工作责任单位。双某乡政府并未否认其在拆迁工作中的工作。由此，原告认为双某乡政府组织实施了强拆行为，要求其承担相应的责任。在行政诉讼中，此时应由乡政府举证证明其不是强制拆除房屋的主体，不应承担

---

① 《国有土地上房屋征收与补偿条例》第 26 条规定："房屋征收部门与被征收人在征收补偿方案确定的签约期限内达不成补偿协议，或者被征收房屋所有权人不明确的，由房屋征收部门报请作出房屋征收决定的市、县级人民政府依照本条例的规定，按照征收补偿方案作出补偿决定，并在房屋征收范围内予以公告。补偿决定应当公平，包括本条例第二十五条第一款规定的有关补偿协议的事项。被征收人对补偿决定不服的，可以依法申请行政复议，也可以依法提起行政诉讼。"

第 28 条规定："被征收人在法定期限内不申请行政复议或者不提起行政诉讼，在补偿决定规定的期限内又不搬迁的，由作出房屋征收决定的市、县级人民政府依法申请人民法院强制执行。强制执行申请书应当附具补偿金额和专户存储账号、产权调换房屋和周转用房的地点和面积等材料。"

相应责任。在此情况下，法官拥有一定的自由裁量权，其可以推定乡政府为适格主体，也可以认定强拆行为与乡政府无关。本案中，法官积极作为，依据法律和案件事实，认定乡政府是适格被告，从而作出了确认强拆行为违法的判决，维护了当事人的合法权益。诸多案例实务均对此类案件作出过类似的裁量，认为在行政行为实施主体不明的情况下，可以根据原告提供的证据和行政行为的受益主体等予以判断。本案中的拆迁公司属于乡政府投资的企业，受乡政府领导。双某乡政府是本次拆迁工作的责任单位，负责拆迁的具体实务；强拆行为结果有利于乡政府工作任务的完成，其为受益主体。因此，法院认定其为适格被告是合适的。

另一方面，实务中"误拆""危拆"（危房拆迁）等行政行为需要司法机关作出积极的司法审查。城市的发展已逐渐进入法治化、程序化的阶段，城市房屋拆迁日益合法化，但拆迁实务中的"误拆""危拆"现象却并不少见。针对这些行政行为，如何准确予以定性和划定法律责任就显得尤为重要。法院的司法审查在其中发挥着至关重要的作用，其可以如本案中那样大胆推定，充分考虑原被告之间举证责任及其举证能力的差距，以维护当事人合法权益与政府公共管理利益之间的平衡。

（四）"危房"拆除行为在房屋征收与补偿中的认定

"危房"拆除在地方土地上房屋征收与补偿实务中较为常见。一些土地征收主管行政机关为了提高房屋拆迁效率，解决房屋拆迁补偿中的拒不拆迁问题，往往会以"危房"的名义强制拆除被征收范围内的部分房屋，以扫清拆迁障碍。这作为解决拆迁问题的一项应对措施，屡屡被使用。对于这些拆迁主管部门来讲，"危房"拆除的后果多是"照价赔偿"，即按照拆迁补偿标准予以补偿；但其通过这样的方式解决了拒不签订拆迁补偿协议的问题，提高了拆迁效率，成效明显。其中也许包含着行政机关的诸多无奈，但侵害了相对人的合法权益，是违法行为，与依法行政的原则相悖，需要法院予以严格的司法监督。

案例 4：王某超等诉长春市九某区住房和城乡建设局紧急避险决定案①

【基本案情】

2010 年，长春市向阳区向某村集体土地经省政府批准被征收，王某超等 3 人所有的房屋在征收之列。因王某超等人未就房屋补偿问题与征收部门协商一致，2013 年 11 月 19 日，九某区国土资源局作出责令交出土地决定，王某超等人一直不予交付房屋。2015 年 4 月 7 日，当地街道办向九某区房屋产权管理中心（九某区住建局所属事业单位）报告，经省建筑工程质量检测中心鉴定，王某超等人所属涉案房屋属于"D 级危险"房屋。4 月 23 日，九某区住建局对涉案房屋作出紧急避险决定，将该决定张贴于王某超等人所有的无人居住的涉案房屋外墙上，并经过了催告、限期拆除程序。在王某超等人未自行拆除的情况下，九某区住建局于 4 月 28 日组织对涉案房屋实施了强制拆除行为，并请公证部门全程参与作了公证。王某超等 3 人对上述紧急避险决定不服，提起行政诉讼，请求法院确认该紧急避险决定无效、责令被告在原地重建房屋等。

【焦点问题评析】

本案的焦点问题是，在房屋征收补偿未达成协议的情形下，行政主管部门通过危房认定程序予以强拆，是否符合房屋征收程序，是否合乎行政执法的目的性。

（1）涉案房屋属于省政府批准的地上房屋征收范围内，应依据房屋征收补偿程序实施征收

王某超等人的房屋属于依法获批的被征收土地范围，应按照集体土地上房屋征收标准和程序予以征收，九某区住建局以危房的名义作出紧急避险决定，在没有保护重大公共利益等明显事实和理由的情况下，剥夺了原告对所有房屋的拆迁补偿收益。强制拆除原告涉案房屋，违反房屋征收和强制拆迁程序，属于违法行为。该房屋应当由征收主管部门按相关补偿协议和标准予以补偿后，依照拆迁程序拆除。

（2）危房申请处理程序不合法

根据《城市危险房屋管理规定》第 7 条、第 12 条的规定，危房鉴定申请人

---

① 国家法官学院案例开发研究中心编：《中国法院 2019 年度案例（行政纠纷）》，中国法制出版社 2019 年版，第 204—206 页。

是房屋所有人或使用人。本案中，原告所在街道办对原告所有的房屋提出危房鉴定申请，系主体不适格；九某区住建局将紧急避险决定张贴于无人居住的涉案房屋外墙，未送达房屋所有人，属送达方式不合法。由此可见，被告紧急避险决定违反法定程序，应予撤销。

（3）通过危房鉴定作出紧急避险决定不符合行政管理的目的，违反了行政法的比例原则

《城市危险房屋管理规定》第 2 条第 2 款就"危险房屋"的定义和目的作了明确限定：危险房屋系指结构已严重损坏或承重构件已属危险构件，随时有可能丧失结构稳定和承载能力，不能保证居住和使用安全的房屋。第 1 条规定了进行危房管理的目的，是"保障居住和使用安全，促进房屋有效利用"。因此，行政主管部门行使危房管理的职权并作出紧急避险决定，其目的也必须与上述法规的立法目的一致，其行政行为的目的必须具有正当性与目的性，这也是行政法比例原则的体现。

【案例启示】

（1）房屋的征收与强拆要遵循房屋征收补偿标准和强制执行程序

本案中，房屋征收主管部门为实现拆迁的目的，没有严格遵循房屋征收补偿标准和程序，在已经启动征收程序的前提下，没有通过拆迁补偿协议给予原告相应的补偿利益，而是动用了紧急避险程序解决问题，违反了房屋征收的基本原则。其所采取的强制拆除程序也违反了法定要求，造成了被征收房屋所有人合法权益的损失，属于违法的行政行为，在房屋征收补偿中应予避免。

（2）房屋征收不应以牺牲个体利益为代价提高行政效率

案件中行政机关为实现尽快拆迁的目的，提高行政管理效率，而采取了不当行政强制措施，造成了被拆迁人利益受损。该项工作的完成是以牺牲个体利益为代价，公权力的行使与个体利益保护的平衡被打破。司法机关在案件中充分发挥了对行政行为的监督作用，发挥了较好的作用。

（3）行政行为应符合行政管理的原则，合乎行政行为正当性目的，这是行政行为的出发点和落脚点

行政机关的执法行为应符合法律规定的目的，其可以采取多种合法的措施和手段实现行政目的，但前提是不能损害相对人的合法权益，应坚持行政法的基本原则和精神。行政机关执法的目的在于维护社会公众的利益和维护社会秩

序，其理应恪守谦抑原则，采取最小损害的比例原则行使管理职权。

(4) 本案彰显了行政程序的价值

行政执法实务中，程序违法较为常见。本案中，被告在明知征地程序已经启动的情形下，为解决拆迁中的障碍，以貌似合法的危房鉴定及紧急避险行为，实施违法强拆，以取代并不顺利的补偿程序。该行为虽解决了问题，完成了行政管理任务，却构成了执法程序的滥用，严重侵犯房产所有人的合法权益，对国家的产权保护制度带来较大破坏。法院通过司法程序审查监督行政行为的合法性，依法撤销违法行政行为，彰显了行政程序的价值，实现了个案的公平正义。目前，随着我国城市化建设的进程和市场经济的发展，土地征收与房屋拆迁工作仍将是政府工作的重要内容。如何以人为本，依法行政，建设新时代中国特色社会主义法治国家、法治政府和法治社会，推动社会和谐发展，是值得行政执法者深思的问题。

(五) 关于行政强制执行决定的作出

案例5：张某诉陕西高某县政府行政强制执行违法上诉案

【基本案情】

2010年11月23日，被告按照上级通知要求，成立高某县集中整治违法用地专项行动领导小组（以下简称领导小组），准备拆除上级指出的本县范围内的违法用地。2012年12月18日，原告张某取得农用地承包经营权证，承包期限为17年。2013年8月5日，原告取得个体工商户营业执照，从事生猪养殖。同年9月，原告在承包地上开始修建养猪场。同年12月13日，高某县领导小组办公室向原告送达责令限期拆除整改通知书，限原告3天内拆除非法占用耕地上的建筑。12月17日，该领导小组办公室组织带领30余人用装载机对原告承包地上的建筑物实施了拆除。原告遂提起行政诉讼，要求确认被告强制拆除行为违法。一审法院经审理确认被告拆除行为违法，后被告上诉，被二审法院驳回。

【焦点问题评析】

本案的焦点问题是行政机关以整治违法用地为由向当事人下发了责令限期拆除整改通知，未予公告；当事人未按期将建筑拆除，行政机关直接实施强制拆除是否合法，即被诉行政行为是否合法。具体分析如下。

(1) 行政强制拆除行为要严格依法定程序进行

依据《土地管理法》第83条及《行政强制法》第34条、第35条、第44条的规定，对违法建筑的强制拆除应遵循以下程序：有权机关作出限期拆除违法建筑决定书；当事人不按期自行拆除的，行政机关向当事人送达催告书，再次督促其在一定期限内主动履行；当事人在催告期限内还未自行拆除违法建筑的，由县级以上人民政府责成有关部门强制拆除，执行部门作出行政强制执行决定书送达当事人，并发出拆迁公告；组织实施强制拆除。

(2) 被告未作出限期拆除违法建筑决定书

本案中，作为被告的县政府未作出明确的限期拆除违法建筑决定书，仅仅下发责令限期拆除整改通知书，使得要求当事人限期拆除违法建筑的行为缺乏明确合法的依据，违反了法定程序。

(3) 被告未履行催告程序，也未下发行政强制拆除决定书予以公告，违反法定程序

当事人经催告仍不履行义务的，行政机关应作出行政强制拆除决定书送达当事人，同时发出公告，再实施强制拆除，被告未履行以上程序，强拆行为违法。

【案件启示】

本案是地方政府集中整治违法用地专项行动，通常具有时间紧、任务重、影响大等特点。各级政府和行政机关在落实上级任务时更多地会追求行政工作效率，经常忽视行政执法程序的重要性，容易导致行政行为违法。最终结果通常事与愿违，行政行为违法不仅增加了行政成本，更侵害了相对人的合法权益，影响了政府的公信力。本案中，法院通过司法审查，确认了被告行政程序违法，是司法对行政权力的监督，彰显了司法公正，效果较好。

4. 作出行政强制执行决定应注意的问题

《行政强制法》第37条①规定了行政强制执行决定的条件和要求。对此，

---

① 《行政强制法》第37条规定："经催告，当事人逾期仍不履行行政决定，且无正当理由的，行政机关可以作出强制执行决定。强制执行决定应当以书面形式作出，并载明下列事项：（一）当事人的姓名或者名称、地址；（二）强制执行的理由和依据；（三）强制执行的方式和时间；（四）申请行政复议或者提起行政诉讼的途径和期限；（五）行政机关的名称、印章和日期。在催告期间，对有证据证明有转移或者隐匿财物迹象的，行政机关可以作出立即强制执行决定。"

应注意以下问题。

（1）作出行政强制执行决定的前提条件

①从时间上看，必须是在经过催告之后且逾期拒不履行时——必经程序。②当事人在催告程序中所做的陈述、申辩意见未被行政机关采纳。③当事人逾期不履行且无正当理由，包括：行政基础决定中写明了履行期限，当事人逾期；行政基础决定中未写明履行期限，需行政机关合理判断履行期限，包括履行义务和陈述、申辩的时间；行政复议、行政诉讼期间不停止行政行为的执行。

（2）行政强制执行决定的形式和内容

行政执行决定应当以书面形式作出，并载明《行政强制法》第37条第2款规定的内容。

（3）行政基础决定与行政强制执行决定的衔接问题

实践中，一是只在行政基础决定中表述，不再另行制作行政强制执行决定；二是另行指定执行决定。后者更有必要，执行决定送达后，如当事人已开始履行义务，或行政机关认为强制执行已无必要，就可撤回强制决定，终止强制执行程序。

（4）立即强制实施强制执行决定

《行政强制法》第37条第3款规定："在催告期间，对有证据证明有转移或者隐匿财物迹象的，行政机关可以作出立即强制执行决定。"据此，发出催告书后不必等履行期限届满，即可作出立即执行决定，但需满足三个条件：一是时间条件，催告已送达但尚未作出强制执行决定；二是事实条件，当事人有转移或者隐匿财物迹象，此行为可能导致无法实施行政强制执行；三是证据条件，必须有证据证明其转移或藏匿迹象，非主观认识。

（六）行政强制行为中有关举证责任的认识

案例6：吴某英诉某经济技术开发区管理委员会城建行政强制案

【基本案情】

2012年5月26日，原告吴某英与第三人张某金签订土地租赁协议，至2015年5月12日，双方又就涉案土地的出租事项达成协议。此时，该土地上建筑物已被政府主管部门认定为违法建筑。2015年10月，被告所属城管执法大队与第三人张某金签订协议书，约定了对涉案土地的清场问题：第三人需配合城管执法大队做好相关工作；在第三人完成工作并接受被告验收后，由被告一次性补偿其相关费用 150 万元；清场的范围：涉案土地上所有建筑物、围墙及设施；所有租户的清场由第三人负责完成，城管执法大队只有协助义务但不承担任何经济补偿责任。2016 年 9 月 9 日，原告向被告申请国家赔偿，理由是 2016 年 1 月 22 日被告未提供任何法律文书就组织拆除自己所有的房屋，事后也没有任何经济上的赔偿，故请求判令被告赔偿财产损失 65 万元。但被告和第三人均予以否认。

【焦点问题评析】

本案的焦点问题有三个：一是本案适格被告的确定；二是举证责任的分配；三是赔偿及赔偿数额的确定。以上焦点问题也是违法建筑拆迁工作引发争议而在行政诉讼中常见的三个问题。

（1）开发区管委会应为本案适格被告

本案中虽没有明确说明，但应推定某经济技术开发区管委会（以下简称开发区管委会）是适格被告。可作以下分析：一是，开发区管委会具有拆除涉案违法建筑的法定职权。《城乡规划法》第 65 条[①]规定了乡、镇人民政府有责令停止建设、限期改正和逾期不改正的可以拆除的权力。某开发区属于苏州市辖区，《苏州市城乡规划条例》第 6 条第 3 款规定"镇人民政府依法做好城乡规划管理的相关工作"，而某开发区与同里镇政府在组织架构上属于"区镇合一"。因此，某开发区具有对辖区进行规划管理的行政职权。二是，原告提供的证据也对某开发区管委会的主体资格作了相关证明。如第三人与城管执法大队的协议书、相关证人证言、向公安局的报警记录等。三是，被告是强制拆除行为的受益者。按上述说法，某开发区管委会有规划管理的行政职权，强制拆除违法建筑是其法定职责。涉案违法建筑被拆除是维护公共利益和公共秩序的需要，也与某开发区管委会进行行政管理的工作目标相符合。某开发区管委会是直接受益者，因此可推定其为适格被告。四是，被告答辩称自己并非拆除行为的主体，应由作出该行为的其他主体承担而并非由某开发区承担，但其并未提供相关证据证明自己的观点，应承担举证不能的法律责任，其说法未被法院采纳。

---

① 《城乡规划法》第 65 条规定："在乡、村庄规划区内未依法取得乡村建设规划许可证或者未按照乡村建设规划许可证的规定进行建设的，由乡、镇人民政府责令停止建设、限期改正；逾期不改正的，可以拆除。"

(2) 举证责任的分配应当合理

本案中，举证责任的分配是重点内容。原告申请赔偿并提供了诸多证据，但其被拆的构筑物等为非法建筑。被告虽然拆除的是违法建筑，但其强拆行为违反了法定程序，也没有履行证据保全的义务，使得强拆中造成的损失无法衡量与计算。因为二者都存在过错，所以法院不能绝对地把损失的确定责任归于任何一方，应根据原告举证情形和被告关于证据保全的过错进行合理分配。

(3) 损失赔偿及赔偿数额的确定

正常情况下，违法建筑依法应当予以拆除，而且该建筑因违法而形成违法利益。根据《国家赔偿法》的规定，对违法建筑的损害部分不予赔偿。第一，本案中，被告虽然拆除的是违法建筑，但其强拆程序违法，因此不能将该违法建筑认定为完全的违法利益。被告的强制拆除行为未提前通知原告，客观上剥夺了原告自行拆除、小心保存建筑材料价值的机会。因此，被告应负责赔偿原告小心拆除与被告强制拆除所保留的材料价值的差额。第二，被告组织强拆时，没有依法通知当事人参加，也没有制作室内物品清单，导致被拆建筑物内的物品损失情况无法确定。在此情形下，原告提供了关于损毁物品的相关证据，被告无法提供相反证据的，法院将酌情判断赔偿数额。第三，赔偿数额的判断应有相应依据。因强拆的违法建筑属于原告所有，其拆除后的所有建筑材料应属于原告。鉴于上述分析，被告应赔偿原告相应的差额，但该差额的计算也应该根据相应的物品及其价格的基本市场估算。因此，该项工作需要法院到相关工程造价单位调查。最终，法院根据调查核算价格，通过行使自由裁量权，确定了赔偿的差额为14万元。原被告双方都没有上诉。

【案件启示】

对违法建筑的认定和拆除是有权行政机关的法定职责，也是保护公共利益的需要和维护良好社会秩序的基本要求。即使拆除违法的建筑，行政机关也需要依据法定程序进行，保护相对人合法的权益，这是依法行政的基本体现。强制拆除要按照《行政强制法》规定的强制执行程序，如作出违法建筑的认定书并送达相对人，责令其自行限期拆除；如逾期不拆，则发出强制拆除催告书，听取相对人陈述、申辩；催告后当事人还不履行拆除义务，则行政机关作出强制拆除的决定，实施强拆。强制拆除时应要求相对人参与。以上是行政机关行政强制执行的法定程序，既是为了保障相对人的合法权益，又是为了规范行政行为。本案中，就是因为被告忽视行政强制的基本程序，虽然强拆的目的是实现行政管理的目标，但是形成了程序违法，导致正常的行政行为出现偏差。同时，行政机关拆迁时也没有注意建筑物内物品的登记保存，带来损失，形成行政赔偿。总之，违法行政行为的后果是浪费了行政资源，影响了行政效率。

因强制拆除未保存证据造成行政赔偿的类似案例在实务中较多。如最高人民法院公布的胡某铭诉南宁青某山风景名胜旅游区管理委员会强制拆除及行政赔偿再审案中，一审被告违反法定程序，强制拆除时未依法妥善处置并保全证据，其承担了举证不能的不利后果并负相应的赔偿责任。该案中，原告及其代理人提供了照片、录像、清单以及物品保管等一系列证据，但故意虚构巨额损失，由最高人民法院给予代理人罚款处罚。由此，证据的提供与认证是有法律依据的严肃的法律文书，行政诉讼的参加人均应正确对待，依法行使自己的举证权力。另外，在沙某保等诉马鞍山市花某区人民政府房屋强制拆除行政赔偿案中，也存在类似的因行政机关拆迁时未固定保存证据而产生的行政赔偿。

（七）行政机关强制执行中的执行罚

《行政强制法》第45条、第46条规定了执行罚，第50条至第52条规定了代履行，这两种均为行政机关实施强制执行的程序。行政强制执行分为直接强制执行与间接强制执行。直接强制执行，是指发生法律效力的行政行为的义务人拒不履行其担负的义务，行政强制执行机关通过对其人身或财产直接采取强制手段迫使其履行义务的一种强制措施，如对征收房屋或违法建筑的强制拆除等。其对义务人的权益影响很大，在行政执法实务中要求较为严格，行政机关必须依法行使该强制执行权。间接强制执行，是指行政机关利用间接手段迫使义务人履行法定义务行政执行措施。间接强制一般包括执行罚和代履行两种。执行罚是行政机关对金钱给付义务实施强制执行的一种强制措施。它是指行政相对人不及时履行自己担负的义务且无法由别人代为履行时，行政机关为督促其履行义务而采取的对其科以财产上新的给付义务的强制执行措施。代履行，是行政法律关系的义务人无法或不愿履行自己的义务，由行政机关委托第三方代为履行并由义务人支付报酬的行政执行措施。执行罚和代履行的共同之处在于：义务人不履行其应该履行的义务，行政执法机关强制其履行。二者的区别在于需要履行的义务的特点不同，代履行的义务是可以由他人代替完成；执行罚的义务要求必须相对人自己亲自履行，不可由他人代替，因此其不履行时就要由执法机关通过罚款的方式督促其履行。

但是否所有符合执行罚条件的行政行为都能够采取强制执行措施？

案例7： 三山镇海某村委会诉福某市地方税务局、福某市地方税务局稽查局税务强制执行措施纠纷抗诉案

【基本案情】

1998年10月14日，福某市地方税务局稽查局（以下简称福某稽查局）作出《税务处理决定书》，责令福某市三山镇海某村委会（以下简称海某村委会）于当月30日前补缴税费59664.60元。同日，福某市地方税务局（以下简称福某地税局）作出《税务行政处罚决定书》，对海某村委会处以2000元罚款，责令其于1998年10月30日前缴清税款，但海某村委会未履行。1999年2月4日，福某稽查局作出《催缴税款通知书》，责令海某村委会于1999年2月11日前缴清税费共计59664.60元和滞纳金及罚款2000元，送达后海某村委会仍未履行。2002年10月29日，福某稽查局根据《税收征收管理法》（2001）第40条的规定，作出《扣缴税款通知书》强制执行措施，并于当日通知三山农村信用合作社扣缴了15万元税款（税款59035.80元，滞纳金90964.20元）。事后，海某村委会向福州市地方税务局申请行政复议被维持，随后又提起行政诉讼。

【焦点问题评析】

本案的焦点问题是行政执法机关能否对海某村委会实施扣缴税款的行政强制执行措施。

本案经一审、二审后，经福建省人民检察院抗诉，福建省高级人民法院又指定福州市中级人民法院再审。案情并不复杂，但审理经过的环节较多，具有典型意义。福建省人民检察院抗诉的理由是：《税收征收管理法》（2001）第40条[1]

---

[1] 《税收征收管理法》（2001）第40条规定："从事生产、经营的纳税人、扣缴义务人未按照规定的期限缴纳或者解缴税款，纳税担保人未按规定的期限缴纳所担保的税款，由税务机关责令限期缴纳，逾期仍未缴纳的，经县以上税务局（分局）局长批准，税务机关可以采取下列强制执行措施：（一）书面通知其开户银行或者其他金融机构从其存款中扣缴税款；（二）扣押、查封、依法拍卖或者变卖其价值相当于应纳税款的商品、货物或者其他财产，以拍卖或者变卖所得抵缴税款。税务机关采取强制执行措施时，对前款所列纳税人、扣缴义务人、纳税担保人未缴纳的滞纳金同时强制执行。个人及其所扶养家属维持生活必需的住房和服务器，不在强制执行措施的范围之内。"

现相关规定见2015年修正的《税收征收管理法》第40条。

规定了税务机关采取行政强制执行措施的对象是"从事生产、经营的纳税人、扣缴义务人",而不包括其他类型的纳税人、扣缴义务人。该条规定意味着税务机关无权对"非从事生产、经营"的纳税人、扣缴义务人采取强制执行措施。根据《村民委员会组织法》第2条①的规定,村委会属于基层群众自治性组织。因而,税务局无权对海某村委会采取扣缴税款及滞纳金行政强制执行措施。再审法院采纳了该抗诉意见,判决撤销福某地税局、福某稽查局对海某村委会作出的税务强制执行措施,退还海某村委会被扣划的15万元存款。

【案件启示】

本案行政行为及法院的审理及判决发生在2006年之前,而《行政强制法》于2012年1月1日开始实施,该案件的审理并未适用《行政强制法》。法院审理主要是依据当时的《税收征收管理法》第40条的规定,虽然并非直接适用现行《行政强制法》的具体法律规范,但该案对于行政强制执行措施的适用提供了积极的借鉴意义。行政机关的行政强制执行措施必须严格按照法定程序执行,同时也要注意准确适用单行法的实体要求,两者缺一不可。如本案中《税收征收管理法》第40条关于税收征收行政强制措施对象的认知,作为税务行政机关理应对自身常用的执法依据的理解与适用较为熟悉,但其恰恰忽略了这一主要问题。行政机关执法时不能仅仅关注如何处罚、处罚多少,以及如何执行处罚等实体问题,也要综合考虑执法主体、职权、程序等整个执法环节与流程问题,做到谨慎执法、严格依法行政,推动政府法治建设的不断进步。

三、知识拓展——强拆案件适格被告的认定

21世纪以来,随着我国城市化进程的不断加快,伴随而来的土地征收与房屋拆迁工作一直是地方政府的重要工作内容之一。地方政府征收、拆迁工作因牵扯利益广泛,拆迁方与被拆迁业主之间往往会出现各种矛盾与纠纷,导致拆迁工作进展缓慢,影响政府的规划。这些矛盾和纠纷包括针对补偿安置协议的

---

① 《村民委员会组织法》第2条规定:"村民委员会是村民自我管理、自我教育、自我服务的基层群众性自治组织,实行民主选举、民主决策、民主管理、民主监督。村民委员会办理本村的公共事务和公益事业,调解民间纠纷,协助维护社会治安,向人民政府反映村民的意见、要求和提出建议。村民委员会向村民会议、村民代表会议负责并报告工作。"

拉锯战、拖延腾空应交付拆迁房屋的持久战、地方政府无法定文书或不符合法定强拆条件就进行强拆的突袭战等。这些问题的存在，从政府角度来讲，是为了完成拆迁任务，尽快完成城市规划布局，这些拆迁的疑难问题最终会落实到强制拆除上。当然，行政强制拆除不仅仅是房屋征收拆迁，还包括违法建筑的强制拆除。行政强拆案件涉及诸多利益纠纷，量大面广，容易引发社会矛盾，形成社会热点。同样，强拆案件在行政诉讼中也容易形成群体矛盾和纠纷的焦点，其内容的复杂性也使之成为审理的难点。如何认定适格的被告就是强拆案件中的一个难点问题。如国有土地上房屋的强拆与违法建筑的强拆均属此类问题，其中的强拆主体复杂多样，需要认真鉴别。

从《行政强制法》《国有土地上房屋征收与补偿条例》等法律法规的规范看，强制拆迁案件适格的被告应为作出行政强制行为的行政机关。一般包括：主管房屋征收的地方政府及其具体征收机关、房屋所在辖区的乡镇和街道办，以及认定违法建筑的规划部门，负责拆除违法建筑的城市管理综合执法部门等。上述各级政府或职能部门根据工作分工或法定职责的需要，都有可能成为强拆的主体。但是，具体征收房屋或违法建筑的拆除工作一般由被委托的第三方负责实施，再加上强拆行为往往具有突然性和隐蔽性，被拆迁人有时难以确定强拆的主体，难以取得直接的证据。因此，在行政强制行为诉讼中，利害关系人经常无法完全确定被告。其通常的做法是尽量多列被告，把确定适格被告的困难转移到法院一方。从前述"周某喜诉双某乡人民政府行政强制拆除案""吴某英诉某经济技术开发区管理委员会城建行政强制案"中可以看出，法院对于适格被告的确定也非常谨慎。因为很多时候其并不具备现成的证据和条件去加以判断，只能凭法官对于拆迁法律理论与实务的认识加以推定，具有一定的司法裁量性。对于强拆案件中适格被告的认定一般从以下方面判断。

1. 综合考量，将自认主体作为强拆案件的适格被告

强拆案件发生后行政主体自己承认为拆迁人，或行政诉讼中的当事人自我认可行政强拆行为的，法院可以通过考量其在房屋征收或违建拆除中的职责，以及被拆迁人提供的相关证据等因素确认其为适格被告。行政诉讼过程中非当事人的其他主体自认为强拆主体的，法院可以通过综合考量其工作职责、相关证据予以判定其作为被告是否适格。对于非当事人的其他主体的自认，法院需要更多地综合考量，如其实施强拆行为的可能性、是否为"代人受过"而以形

式主体代替事实上的主体等。司法监督行政的功能在此得以充分体现，对被拆迁人而言，法院通过严格的审查确定明确的被告以保障原告诉权乃至诉讼利益的实现至关重要。

2. 认真对待被拆迁人等通过自己取证选择的行政强拆的被告

因涉及自身利益，被拆迁人等相关利害关系人往往会积极调查取证，收集行政强拆的有关证据。还有的被拆迁人等会通过上访等形式取得行政拆迁的相关信息。在提起行政诉讼时，原告会通过自己收集的证据与相关信息综合判断并选择自己认为合适的被告。从相关行政诉讼案例可见，法院一般会结合了解的事实与证据认定原告提出的被告为适格被告。同时，法院也会及时将明显的不适格被告予以排除。

3. 根据行政强拆职权的划分推定被告

从行政诉讼案例中可以看出，如证据证明力较弱无法直接确定强拆主体，越来越多的法院会通过法定职权的划分来推定适格的被告。如法院会考虑负有房屋征收补偿职责的地方政府或其相关主管部门，负责违法建筑认定、拆除职责的规划、城管或其他综合执法等部门作为行政诉讼的被告。当然，其前提是被推定的被告没有充分的证据证明自己并非强拆主体。

4. 是否作出对被告的推定是法官的自由裁量权

在案件审理中法官通过客观分析作出的主观推定具有积极的意义，阐释了法官独立的审判权。但对于推定的作出，不同的法官有着不同的认识。有的法官会认为这是对现行法的深入理解和运用，是对当事人合法权益的维护，是民主法治与公平公正价值的体现。也有的法官认为，法官的职责就是依法审查行政行为的合法性，违反行政法律规范的就予以纠正，法律没有规定或没有证据证明的，就很难作出认定；搞司法推定就是作出没有法律依据的裁判，不利于维持行政机关与相对人之间利益的平衡，属于"不稳定"的做法。

总之，房屋征收或违法建筑拆除工作中还存在诸如"隐瞒当事人的偷拆、深更半夜的突击拆、第三方上阵的顶包拆以及拆后推诿扯皮的不曾拆"等不和谐现象，引发诸多矛盾和纠纷，不利于当事人权益的保护与社会和谐。有法官曾提到，相对人通过报警、信访、信息公开、申请履责查处等方式要求获得强拆行为主体并不断维权诉讼,不是依法治国背景下应有的常态[①]。法官通过对强拆案件事实与证据的综合分析认定适格的被告,对于监督行政机关依法行政,维护当事人合法权益,体现司法公平公正,推动社会和谐稳定具有积极的意义。

四、相关法律文书

行政机关实施行政强制行为的法律文书较多,体现了较为严格的行政程序。行政强制法律文书大体包括:内部审批程序、行政调查程序、行政决定程序、行政催告程序、行政强制措施实施程序、行政机关强制执行文书、申请法院强制执行文书等。因为法律文书众多,又属格式文本,无法一一列举,在此只做一般纲目性介绍。

(一)内部审批程序文书

包括:立案审批表、行政强制措施审批表、解除行政强制措施审批表等。

(二)案件移送程序文书

主要是指行政机关接手的案件,经审查后,发现其超出了本机关的管辖范围,或者根据上级机关的指示,将案件移送有管辖权或被指定的行政机关处理的行政管理程序。包括:案件移送函(超出管辖范围)、移送案件涉案物品清单、案件移送通知书等。

(三)实施行政强制措施程序文书

包括:行政强制措施审批表(内部程序),解除行政强制措施审批表(内部程序),实施行政强制措施现场笔录、陈述申辩书,查封(扣押)决定书(附涉案物品清单),解除查封(扣押)决定书(附退还被扣押财物凭证),延长行政强制措施期限审批表,延长查封(扣押)期限通知书,检测、检验或技术鉴定期间通知书,冻结存款(汇款)决定书,冻结存款(汇款)通知书,解

---

① 赵文、王伏刚、陈洪玉:《行政强制拆除案件若干问题探讨》,载《人民法院报》2019年10月31日,第6版。

除冻结决定书，解除冻结通知书，延长冻结期限通知书等。

(四) 行政机关强制执行程序文书

①强制执行审批表、行政强制执行催告书、行政强制执行决定书。

②划拨存款（汇款）决定书、划拨存款（汇款）通知书。

③行政强制代履行催告书、行政强制代履行决定书、行政强制代履行完毕确认书、行政强制立即代履行事后通知书。

④行政强制执行公告、行政强制中止执行审批表、行政强制终结执行审批表、中止行政强制执行决定书、恢复行政强制执行通知书、终结行政强制执行决定书、行政强制执行协议书。

⑤申请法院强制执行程序文书，包括：强制执行申请书，以及《行政强制法》第55条规定的需要向法院提交的行政行为决定书、催告书等其他文书及相关材料。

⑥文书送达及结案文书，包括：文书送达回证、行政强制案件结案审批表、行政强制案件结案报告等。

第六章　行政协议实务

《行政诉讼法》第 12 条采用列举法规定了行政诉讼的受案范围，其第 1 款第 11 项规定的是行政协议，即"认为行政机关不依法履行、未按照约定履行或者违法变更、解除政府特许经营协议、土地房屋征收补偿协议等协议的"，人民法院应当受理。这是行政协议作为行政诉讼受案范围的具体法律依据。从具体法律实务看，近几年，行政协议在政府行政管理过程中大量出现，推动了行政管理活动的开展，但也带来了诸多行政协议纠纷，行政协议案件随之成为法院行政诉讼的重要内容之一。为解决实务中出现的具体问题，最高人民法院于 2019 年 11 月 12 日通过、自 2020 年 1 月 1 日起施行的《关于审理行政协议案件若干问题的规定》（法释〔2019〕17 号）（以下简称《行政协议规定》），对行政协议的内涵，行政诉讼中对行政协议的受理、证据、审判规则作了进一步的规定。随着市场发展的多元化和政府行政管理的民主化进程，行政协议逐渐引起更多行政法理论与实务界人士的关注，理论研究尤其是行政法律实务的发展前景可期。

一、法理基础

行政协议作为一种行政管理方式，在具体实务中常常被称作行政合同。追根溯源，行政协议或行政合同是行政法学理论与实务界对于民法学中民事合同的借鉴。其既有民事合同的协商性、相对性、互动性、可选择性等特征，又加入了行政公权力的因素，使得行政协议兼具民事与行政的特性，形成了自己独特的风格。在我国，民法学界与行政法学界对行政合同的讨论尚未形成完全一致的认识，这也使得行政合同一时难以进入合同法的大家庭。但无论是民法学界还是行政法学界，都必须将行政合同作为一个应当予以完善和监督的对象，重点研究行政合同中存在的问题以及如何救济①。理论研究中的争鸣固然必要，但如何通过理论研究解决实际问题才是争论的最终归宿。

(一) 行政协议的概念与特征

行政协议，又称行政合同，是指行政机关为了实现行政管理或者公共服务目标，与公民、法人或者其他组织协商订立的具有行政法上权利义务内容的协议。这是《行政协议规定》第1条规定的行政协议的内涵，是我国现行法第一次明确就行政协议的内涵所作的具体规定。在此之前，我国现行法只是对行政协议有所提及或规定，如《行政诉讼法》（2014）将行政协议列入行政诉讼的受案范围。行政协议其实只是行政法学界借鉴其他国家的理论与实务经验，并结合中国实践经验提出和使用的一个理论范畴②。

行政协议是现代行政法中民主、协商、参与等民主平等精神的体现，是行政管理手段的新变化，是应对政府行政管理职能和管理方式不断丰富和发展的必然要求。行政协议具有以下特征。

1. 行政协议的一方当事人必定是行政机关

行政协议是为实现行政权力目标而产生的，其中一方当事人必然是具有行政管理职权的行政机关或法律法规授权的组织。但是，有行政机关参与的协议不一定是行政协议。行政机关具有两种身份属性，即行政主体和民事主体。行政机关以民事主体的身份参与的合同属于民事合同，而非行政合同。

2. 行政协议的目的是实现公共利益

行政协议本身是为实现行政管理的目标，为执行公务或公共利益而形成的。社会发展的诸多领域需要公共权力予以维护，如环境保护、道路交通秩序、社会治安、修建公共设施、政府招商引资等公共事务方面，行政机关签订行政协议或行政合同的目的是维护公共利益和良好的社会秩序。

3. 行政主体在行政协议中拥有行政优益权

行政优益权体现在行政协议中就是行政主体拥有单方变更和解除合同的权力，依此来保证公共利益的实现。这种优益权的存在也体现出行政协议的"行

---

① 江必新、梁凤云著：《行政诉讼法理论与实务（上下卷）》，法律出版社2016年版，第317页。
② 何海波著：《行政诉讼法》，法律出版社2016年版，第159页。

政性"，反映出行政协议中行政主体与相对方在法律地位上的不平等性。当然，为了维护合同相对方的合法权益，行政主体为了公共利益的需要行使单方变更和解除权给对方当事人合法权益带来损失的，应作出相应的补偿。

4. 协议各方当事人具有合意性

行政协议虽然具有很强的行政性，但其基本前提还是合同的契约自由原理，协商一致的合意性决定了其仍然属于合同的范畴。这种合意性主要体现在两个方面：一方面，相对人对行政协议的订立及其内容有自己的选择权。行政协议的目的是实现公共利益，但并不绝对限制或妨碍相对人寻求自己的个人利益。相对人有订立行政协议的选择权，也有不参与行政协议的自由，这也是行政协议关于合同内涵的基本应用。其中需要注意的是，相对人的选择权只是针对是否订立合同，关于合同另一方的行政机关是已定的、无法选择的，这也是行政性的体现。另一方面，相对人对行政协议的内容可以适当协商。协商一致是合同的基本前提，行政协议的内容也是如此。相对人可以就协议内容提出自己的建议和要求，相对方的行政机关可以在不影响公共利益及其他自然人、法人和其他组织利益的情况下作出适当妥协与让步。相对人的私权利可以与公权力适当博弈，以争取属于自己的更大的利益。这是行政协议内容的可协商合意性。

5. 法定性是行政协议的前提与保障

行政协议的法定性，是指行政协议的订立、履行、变更、解除都要按照法律规范进行，不得违反法律的规定。行政机关是行政协议的主导一方，其应当严格按照法律依据、法定行政职权和法定程序作出相应管理活动，不得超越职权和滥用职权。一是，行政机关要按照法定范围运用行政协议的管理方式。我国目前没有单独的行政协议法，但行政机关运用行政协议方式解决行政管理问题应当有相应的法律依据。如《国有土地上房屋征收与补偿条例》第25条[①]就作了类似规定。二是，行政机关应依法行使行政优益权。行政协议中行政机关的优益权是行政公权力的体现，是一种支配权，涉及公共利益与私人利益的平衡，需依法行使。三是，行政协议即使无明确法律依据，行政机关自由裁量权

[①] 《国有土地上房屋征收与补偿条例》第25条规定："房屋征收部门与被征收人依照本条例的规定，就补偿方式、补偿金额和支付期限、用于产权调换房屋的地点和面积、搬迁费、临时安置费或者周转用房、停产停业损失、搬迁期限、过渡方式和过渡期限等事项，订立补偿协议。补偿协议订立后，一方当事人不履行补偿协议约定的义务的，另一方当事人可以依法提起诉讼。"

的行使也应当符合公共利益的目的。行政机关不能为了本机关的利益或其他非公共目的而违反法律的原则和公共利益而签订行政协议。

(二) 行政协议的原则

行政协议的原则是知道行政协议订立、履行、变更和解除的基本规则和指导精神,是解释行政协议具体条款和解决纠纷的重要参考依据。行政协议与民事协议的原则有共通之处,如平等自愿、诚实信用等。这些基本规则是行政机关和相对人在不平等法律地位基础上达成协议的基础,反映出行政之"协议"的特点。行政契约被称为"一种替代以命令强制为特征的行政高权性行为的更加柔和、富有弹性的行政手段"[①]。作为政府的一种新型治理模式,行政协议的特有原则有以下几点。

1. 公开竞争原则

《湖南行政程序规定》第94条规定,订立行政合同应当遵循竞争原则和公开原则。公开,体现了行政公开性,就是要求行政协议应向社会公众公开,除非其内容涉及国家秘密、商业秘密和个人隐私。公开有利于行政协议的相对人,其可以避免行政主体的信息封锁,充分行使订立协议的选择权;公开有利于社会公众对行政协议的监督,避免暗箱操作、徇私枉法等非法行为的产生。公开是最好的"防腐剂"。具体来讲,行政协议的公开原则要求行政机关事先公开需要行政协议的事项,如国有土地出让合同就要事先将拟出让的国有土地的位置、面积、使用年限、用途等信息向社会公开,而非只针对小部分对象公开;订立的过程、结果等要全过程公开,如招投标的过程公开进行,允许旁听和媒体报道,公开接受社会公众的监督。竞争,是指行政协议订立的参与者之间的公平竞争。其要求作为行政协议主导者的行政主体公平、无差别地对待相对人。凡是不违反法律规定的行政协议的相对方均可参与行政协议订立的竞争。公开竞争原则,是行政机关行使行政管理职权的基本要求,也是维护相对人合法权益的重要前提。具体的竞争要求是,行政机关发布有待进行行政协议的相关事项后,动员社会各方参与竞争,根据公开的条件公开、公平、择优选择行政协

---

① 余凌云:《行政契约论》,载罗豪才主编:《行政法论丛》(第1卷),法律出版社1998年版,第186页。

议的相对人。如此，可以最大限度地满足行政管理目标实现的要求，降低行政成本，提高行政效率，避免"任人唯亲"。

2. 全面履行原则①

行政协议的根本目的是完成行政管理目标，维护公共利益。全面履行原则是有效维护公共利益的基本要求。第一，全面履行原则既是维护公共利益的需要，也是保护相对人合法权益的保障。行政协议的全面履行意味着行政主体不能凭借公权力的优势随意变更协议的内容，不能利用任何非正当借口和理由不履行协议。行政协议只有全面履行才能更好地实现行政管理的目标。第二，客观情势变更可以成为行政协议全面履行原则的阻却事项。全面履行并非绝对，如发生地震、洪水、严重疫情等不可抗力事件，导致行政协议客观履行不能或无必要继续履行，应当调整或终止协议的履行。如地震导致原出让的国有土地无法满足原有协议规定的使用条件，相对人继续全面履行协议会出现重大损失，导致严重的不公平，为了公共利益需要继续履行协议的，则应对相对人的损失给予必要补偿。如其原出让土地已完全无法继续履行，应终止行政协议的履行。我国台湾地区"行政程序法"第147条②也有类似规定，行政协议签订后出现了难以预料的情势变更，如全面履行则显失公平，当事人一方可请求调整合同内容。如因公共利益需要继续履行的，则应补偿相对人的损失。即全面履行与情势变更应为互补、统一的关系。

3. 公共利益优先的原则

公共利益代表了全体社会成员的利益，原则上应优先保护，这也是行政优益权存在的原因所在。公共利益优先原则可体现在以下三个方面：一是，当行政协议的履行将损害公共利益时，行政机关可以行使优益权变更、解除行政协议，同时应向行政相对人说明理由。说明理由制度是行政机关作出相应变更、解除行为的正当程序，也是对行政行为的监督，防止权力的滥用。二是，在行

---

① 姜明安主编：《行政法与行政诉讼法》，北京大学出版社、高等教育出版社2019年版，第313页。

② 我国台湾地区"行政程序法"第147条规定："行政契约缔结后，因有情事重大变更，非当时所得预料，而依原约定显失公平者，当事人之一方得请求他方适当调整契约内容。如不能调整，得终止契约。前项情形，行政契约当事人之一方为人民时，行政机关为维护公益，得于补偿相对人之损失后，命其继续履行原约定之义务。第一项之请求调整或终止与第二项补偿之决定，应以书面叙明理由为之。相对人对第二项补偿金额不同意时，得向行政法院提起给付诉讼。"

政协议的履行过程中,行政机关享有对相对人的监督权,可依法采取必要措施维护行政协议的全面履行。如相对人具有不履行或不全部履行行政协议义务的情形,行政机关可督促其按协议约定履行义务,必要时可行使行政强制权力。三是,行政协议所涉及的公共利益的判断应客观公正,且最终的认定权在于法院的司法裁判。这也为行政协议的全面公正履行及依法公正解决争议提供了良好的规则。

(三) 行政协议的类型

对于行政协议或行政合同的类型,从我国行政法学界研究的广义的范畴来讲,大体可分为三类[1]:一是,地方政府及政府部门之间签订的协议;二是,行政机关与公民、法人和其他组织之间签订的能代替行政机关的行政行为从而影响行政法上权利义务的协议;三是,政府及其有关行政机关作为公共财产的管理者与公民、法人和其他组织就公共财产的使用权等签订的协议。

上述第一类所称"地方政府及政府部门"之间的协议,即所谓政府间协议,是广义上的行政协议,其引发的争议不属于行政诉讼法规定的"官民纠纷",而是政府内部争议,应根据协议规定或内部行政争议的解决途径予以处理。政府间协议在我国有部分立法和实践经验,如国务院《行政区域边界争议处理条例》(1989)规定,对行政区域边界争议应协商解决。《水法》(2016年修订)第56条也规定,不同行政区域间的水事纠纷应协商解决,协商不成的应提请共同的上一级政府裁决。同时,实践中还存在政府间的区际合作协议。如2002年杭州市政府与海宁市政府签订政府合作协议,从海宁市购买3000亩土地的使用权,并对该土地上规划、收益、治安管理等行政管理事项明确了责任和权属。又如东、西部地方政府之间的对口支援协议,相邻地方政府之间就争议土地签订的协议等。这些都是政府内部纠纷,不属于行政诉讼法的受案范围。上述第二、三类行政协议,属于政府或政府部门与公民、法人和其他组织之间签订的官、民之间的行政协议,属于狭义上的行政协议,是我们要研究的对象。

目前,我国没有统一的行政合同法或行政程序法对行政协议作出统一的规

---

[1] 何海波著:《行政诉讼法》,法律出版社2016年版,第159页。

定，只是有的地方性法规对此有所涉及①。根据我国《行政诉讼法》等法律法规和司法实践，行政协议一般可分为以下类型。

1. 国有土地使用权出让合同

国有土地使用权出让合同主要体现在以下法律和行政法规中：《物权法》《城市房地产管理法》《城镇国有土地使用权出让和转让条例》等。但在司法实务中，对于此类合同案件，有的法院作为民事合同审理，有的法院作为行政案件审理，一直存在争议，尚未形成统一意见。最高人民法院江必新、梁凤云认为，国有土地使用权出让合同应当作为行政协议纳入行政诉讼受案范围，并从现行法律对法律术语的表述、合同内容的行政特征、土地出让领域问题的解决思路、行政审判的优势、司法批复答复确立的行政可诉性等方面作了原因分析②。

2. 土地房屋征收征用补偿合同

对于土地房屋征收补偿合同，《行政诉讼法》第 12 条第 11 项作了明确列举，将其作为行政合同纳入行政诉讼的受案范围。对该类合同，我国司法实务界争议不大。现阶段，我国法律法规对土地房屋征收补偿合同的规定主要有：《城市房地产管理法》第 6 条和第 20 条③、《土地管理法》第 2 条第 4 款和第 48 条④、《国有土地上房屋征收与补偿条例》第 25 条⑤等。

---

① 《湖南省行政程序规定》第 93 条第 2 款规定，行政合同主要适用于下列事项：政府特许经营；国有土地使用权出让；国有资产承包经营、出售或者出租；政府采购；政策信贷；行政机关委托的科研、咨询；法律、法规、规章规定可以订立行政合同的其他事项。
《山东省行政程序条例》第 100 条至 105 条集中就行政合同作了规定，就行政合同的定义、适用事项、原则、订立形式、生效、指导与监督以及变更、中止、解除等制定了较为详细的规范。
② 江必新、梁凤云著：《行政诉讼法理论与实务（上下卷）》，法律出版社 2016 年版，第 326 页。
③ 《城市房地产管理法》第 6 条规定："为了公共利益的需要，国家可以征收国有土地上单位和个人的房屋，并依法给予拆迁补偿，维护被征收人的合法权益；征收个人住宅的，还应当保障被征收人的居住条件。具体办法由国务院规定。"第 20 条规定："国家对土地使用者依法取得的土地使用权，在出让合同约定的使用年限届满前不收回；在特殊情况下，根据社会公共利益的需要，可以依照法律程序提前收回，并根据土地使用者使用土地的实际年限和开发土地的实际情况给予相应的补偿。"
④ 《土地管理法》第 2 条第 4 款规定："国家为了公共利益的需要，可以依法对土地实行征收或者征用并给予补偿。"第 48 条第 1 款、第 2 款规定："征收土地应当给予公平、合理的补偿，保障被征地农民原有生活水平不降低、长远生计有保障。征收土地应当依法及时足额支付土地补偿费、安置补助费以及农村村民住宅、其他地上附着物和青苗等的补偿费用，并安排被征地农民的社会保障费用。"
⑤ 《国有土地上房屋征收与补偿条例》第 25 条规定："房屋征收部门与被征收人依照本条例的规定，就补偿方式、补偿金额和支付期限、用于产权调换房屋的地点和面积、搬迁费、临时安置费或者周转用房、停产停业损失、搬迁期限、过渡方式和过渡期限等事项，订立补偿协议。补偿协议订立后，一方当事人不履行补偿协议约定的义务的，另一方当事人可以依法提起诉讼。"

3. 政府特许经营合同

政府特许经营的意义在于对优先资源的分配。我国的"特许"一般应用于国有土地使用权的出让、海域使用权的出让、客运出租车经营领域、排污等领域。政府特许经营合同，就是指行政机关在有限自然资源开发利用、公共资源配置、特定行业的市场准入等领域，授予相对人参与公共工程或基础设施建设的特许权的合同。《行政协议规定》第2条第3项明确了矿业权出让协议等国有自然资源使用权出让协议为行政诉讼的受案范围。这一规定将解决国有自然资源使用权出让中存在的政府不履约、不监管、权力寻租等乱象，维护公共利益和自然资源社会管理秩序。上述解释第2条第5项规定了符合行政协议内涵的政府与社会资本合作协议属于行政协议范围。如广泛应用于路桥、水电生产企业的比较有代表性的 BOT（Build – Operate – Transfer，建设—经营—转让）合同，以及 PPP（Public – Private Partnership，政府和社会资本合作）项目等就是政府与社会资本合作的重要模式。

4. 农村土地承包经营合同

农村土地承包经营合同是农村集体经济组织就其所有的土地与其成员签订的承包合同，是我国保障农民土地使用权的重要制度。《农村土地承包法》第21条至第23条、《土地管理法》第14条规定了农村土地承包合同的签订、成立、生效、权属证书的发放、权利与义务等内容。同时，上述两部法律还规定了针对农村土地承包的保护条款，如禁止随意变更和解除，承包合同的调整需要经过村集体的民主程序而非行政程序等。

对于农村土地承包合同的性质问题，也有人提出异议，既然该合同由农村集体经济组织签订，并没有行政机关参与，应该属于民事合同，而不能算是行政合同。现在的行政司法实务界将其认定为行政合同，并在《行政诉讼法》中作了相应的规定。《行政诉讼法》第12条第1款第7项将"认为行政机关侵犯其经营自主权或者农村土地承包经营权、农村土地经营权的"，列入行政诉讼的受案范围。该规定虽然没有明确将农村土地承包等类型的合同列入第12条第11项规定的行政合同中，但上述第7项已经可以解决该类合同问题。结合行政司法实务界的说法，对农村土地承包合同可以有以下认识：其一，合同发包方是村集体。虽然从形式上看此类合同一般是由集体经济组织、村委会或者村民小组签订，但其事实是代表了村集体。我国目前的土地属于国家所有和集体所有，国家是行政主体，集体也应该认为是行政主体，农村土地承包等此类合同成为行政合同也就没有问题。其二，合同具有较强的行政性。农村土地承包合同的签订是国家保护农村土地承包经营体制的需要，是为了更好地实施对集体土地的行政管理。这种行政管理性使得合同具有了行政合同的属性。其三，合同具有行政管理的目的。从国外的经验看，为了行政管理的目的签订的合同，特殊情况下即使是民事主体之间签订的合同也属于行政合同。如法国规定，私人之间为修建高速公路而签订的合同，因其是为了国家的公共利益，因此属于行政合同。我国的农村土地承包经营合同，是村集体与其村民签订，村集体在很大程度上是在行使行政主体的管理职权，应认定为行政合同。

5. 国有资产承包经营、出售、租赁合同

对于该类合同，《最高人民法院关于国有资产产权管理行政案件管辖问题的解释》《最高人民法院行政审判庭关于地方国有资产监督管理委员会是否可以作为行政诉讼被告问题的答复》已经明确将国有资产确权等行为作为外部性较强的行政行为，纳入到行政诉讼的受案范围。

司法实践中较典型的是公有房屋出售租赁合同。公房出租是政府行使行政管理职权的一种方式，是为保障特定居民的居住权。合同中，房管部门具有行政管理职权，是特定公权力在合同中的体现，其所拥有的管理权力和需要担负的责任与义务是法定的，不受合同约定所剥夺或解除。将此类合同列入行政诉讼受案范围，同时也是为了加强对行政机关行政管理职权行使的审查与监督。《行政协议规定》明确将"政府投资的保障性住房的租赁、买卖等协议"列入行政诉讼的受案范围。其目的也是保障城市低收入群体的"房子是用来住的"合法权益。

尽管如此，该类合同在司法实践中仍存在争议，有的作为民事合同，有的作为行政合同。因其涉及行政机关职权的行使及其行为的合法性判断，笔者认为将其作为行政合同审理更为方便。

6. 教育行政合同

教育行政合同，一般是教育行政主管机关或学校作为一方当事人与学生、教师等签订的合同。教育行政合同的目的是推进国家教育事业的发展，实现对教育事业的行政管理，有着较为明显的行政性质。我国的教育行政合同主要是委托培养合同、毕业分配保证合同等。委托培养合同是我国 20 世纪 80 年代出台的关于学校招生和毕业生分配的教育制度改革。1985年5月27日中共中央印发规范性文件《中共中央关于教育体制改革的决定》，正式确定了用人单位委托招生制度。按照规定，由用人单位（委托方）、培养单位和委托学生之间签订三方合同，约定委托方提供培养经费，委托培养单位为其教育培养人才，待学生毕业后到委托方工作。一般情况下，这里的委托方具有公务法人的性质，合同属于行政合同。还有的行政合同是教育行政机关与委托生之间签订合同，约定委托生毕业后按合同约定就业，由委托行政机关负责安排工作。如在郑某某诉某县教育局不履行教育行政委托培养合同案中，法院认为被告在法定职权范围内，有按国家招生计划与学生签订教育行政委托合同，并按合同约定履行安排委培生工作的义务。本案中，被告违反了国家招生计划，未经上级机关批准，擅自与不属于国家招生计划范围的原告签订事实上的委托培养合同，属于超越职权的行为。

7. 特定范围内的政府采购合同

政府采购合同通常被认为是买卖合同，属于民事合同。《政府采购法》第43条规定，政府采购合同适用合同法。这里应区分不同情况对待，如政府单纯因为日常工作需要对外采购办公用品等，应当属于民事合同。因行政机关是以民事主体身份参与该合同的订立与履行。同时，《政府采购法》中还有大量的合同超越了民事合同的范畴，如第3条规定的公开透明、公平竞争等原则，第10条规定的采购对象限于本国，第13条规定的政府财政部门的采购与监督管理职责等，其关于政府采购的预算、方式、当事人、程序及备案等方面的要求和规定，已经不是民事合同所能涵盖的。政府采购体现了政府行政管理职权的行使，带有强烈的行政性，政府采购合同应为行政合同。

8. 其他行政合同

行政公产特许承包租赁合同、全民所有制工业企业承包合同、全民所有制小型工业企业租赁经营合同、粮食订购合同、计划生育合同、水土流失治理合同、环境保护责任状、治安管理责任状、治安处罚担保协议、行政强制执行和解协议、劳动就业责任状、安全生产责任合同等，都属于较为典型的行政合同。

（四）行政协议的权利与义务

关于行政协议的权利与义务，现行法中并没有统一的规定，散见于不同领域的法律法规中。结合行政法律理论与实务中的经验,对于行政协议的权利与义务可作如下认识。

1. 行政机关的权利与义务

(1) 行政机关的主导性权利[1]

行政协议的行政性特征决定了作为协议一方当事人的行政机关在协议中具有主导性地位。该项主导性权利自协议订立时起就以强制性条款的形式存在,成为协议相对方参与协议必须接受的前提条件,这也是行政协议与民事合同最大的区别所在。行政机关的主导性权利一般包括以下内容:①依法选择缔约方的权利。②对协议履行的指挥与监督权。③单方面变更、解除合同的权利,即协议履行过程中遭遇情势变更,行政机关为了公共利益的需要,可以单方面变更协议标的或内容,也可以解除协议。行政机关的这种变更和解除并不是任意的,需要就相关事实和理由向相对方作出书面说明。④对相对方违约行为的制裁权,包括按协议约定的罚款、没收押金等金钱制裁,直接强制执行权,请第三方代为执行并由违约方承担费用的代执行以及直接解除合同等方式。行政协议中的制裁权体现了其行政性,是公权力在公共利益上的体现,需要谨慎行使。如行政机关的制裁权出现错误,则应赔偿相对方因此遭受的损失。

(2) 行政机关的义务

行政机关在行政协议中有自己应尽的义务,包括:向相对方兑现约定的优惠政策等承诺;给予相应的对价;承担因自身单方行为引起的物质损害赔偿或合理补偿,以实现"经济平衡原则"。

2. 协议相对方的权利与义务

(1) 相对方的权利

主要包括:①获得协议约定的报酬权,行政机关未经协商不得随意单方面变更该报酬;②获得约定的优惠或关照利益的请求权;③获得物质损害补偿或赔偿权;④正当或必要的额外费用偿还请求权;⑤不可预见的意外或困难的补偿请求权等。

(2) 相对方的义务

主要包括:按约定履行协议、接受监督和指挥以及因情势变更等引发的相

---

[1] 余凌云著:《行政契约论》,中国人民大学出版社2000年版,第20—45页。

关配合义务等。

（五）行政协议订立的方式与程序

1. 行政协议的订立方式

（1）招标

招标是主管行政机关提前制定好行政协议的标底，并对外公开发出招标公告，公布相关交易内容和条件，邀请有意向的相对人按规定程序进行竞投，行政机关经过对投标书进行比较后择优选定中标人，作为行政协议最终相对人的一种交易方式。招标分为公开招标和邀请招标两种形式。①公开招标，就是招标人以招标公告的方式邀请不特定的法人或者其他组织投标。行政机关对行政协议的相对人不划定范围，对外发布招标公告，社会上所有具备投标资质的企业都可以参与竞标，通过公开竞标，由行政机关组织择优选定中标法人或其他组织签订行政协议。公开招标对投标人而言选择权较大，其可以根据自己的意愿选择是否投标、制作标书内容以及在招标书约定的截止时间前补充、修改或者撤回已提交的投标文件。②邀请招标，是指招标人以投标邀请书的方式邀请特定的法人或者其他组织投标。行政机关根据项目内容提前选定参与投标的对象，不是通过公开发布公告，而是私下通知被选定的相关法人或其他组织参与竞标，从而择优选定行政协议相对人的招标方式。

我国现行法律法规中对行政协议的招标方式作了诸多具体的规定。如《行政许可法》第53条规定在行政许可事项中，涉及有限自然资源开发利用、公共资源配置以及直接关系公共利益的特定行业的市场准入等，需要赋予特定权利的事项，行政机关应当通过招标、拍卖等公平竞争的方式作出决定。《招标投标法》第3条[1]重点列举了在我国境内必须进行招标的工程建设项目及重要设备、材料等的采购项目，并授权国务院及其工作部门制定上述项目的范围和规模标准。由国家发改委制定，经国务院批准，于2018年6月1日起实施的《必须招

---

[1] 《招标投标法》第3条规定："在中华人民共和国境内进行下列工程建设项目包括项目的勘察、设计、施工、监理以及与工程建设有关的重要设备、材料等的采购，必须进行招标：（一）大型基础设施、公用事业等关系社会公共利益、公众安全的项目；（二）全部或者部分使用国有资金投资或者国家融资的项目；（三）使用国际组织或者外国政府贷款、援助资金的项目。前款所列项目的具体范围和规模标准，由国务院发展计划部门会同国务院有关部门制订，报国务院批准。法律或者国务院对必须进行招标的其他项目的范围有规定的，依照其规定。"

标的工程项目规定》就必须招标的工程项目等作了详细规定。《招标投标法实施条例》第57条规定，招标人和中标人应依法签订书面合同，合同的实质性内容应与招投标文件、中标的投标文件内容相一致。

(2) 拍卖

按照《行政许可法》第53条的规定，拍卖是行政机关作出行政许可的一种公平竞争方式。拍卖，是指由专门从事拍卖业务的第三方机构拍卖行接受卖方委托，按照拍卖程序通过公开竞价的方式把物品或者财产权利卖给出价最高的买主的一种交易方式。《拍卖法》第3条也对拍卖的定义作了类似的规定。按照《行政许可法》第53条的规定精神，行政机关对于需要通过行政许可赋予特定权利的事项，应通过招标、拍卖的方式进行，以保证其公平性。如同招标一样，行政机关通过拍卖程序赋予权利，最终与买受人签订的协议为行政协议。根据现行立法及法律实务看，拍卖与招标一样单独成为一种订立行政协议的公开方式。

(3) 协议

协议，是行政机关与自己选择的相对人协商一致而订立行政协议的一种方式。协议一般适用于专业性较强的行政合同，其相对于招标、拍卖而言公开性较低，操作更自由。但鉴于行政协议涉及公共利益，行政机关在订立实施时应严格按照行政行为程序进行。不涉及国家秘密、商业秘密或个人隐私的，应当做到信息公开，并接受社会公众的监督。同时，行政机关要按照正常行政协议的要求和程序保障相对人的合法权益，如说明理由、行政救济权利等。

2. 行政协议的订立程序

(1) 告知

告知程序，是行政公开原则的根本要求，包括行政协议事项向社会公开以保障公众的知情权，向符合条件的参与协议竞争的相关公民、法人和其他组织公开以保障他们的参与权。行政协议订立的告知是市场经济条件下公平竞争原则的体现。具体来讲，应注意两个方面：①告知的对象是特定相对人的，行政机关应以书面形式送达；如果是不特定的相对人，行政机关应在当地影响力较大的媒体上公开发布，以利于社会公众获取相关信息。②行政机关对外告知时应注意给社会公众或特定相对人留下"合理的准备时间"，避免"突然袭击"。

(2) 协商

协商程序在行政协议中体现的是协议各方的合意性，体现协议契约性的本质。通过共同协商，行政机关以相对柔性的手段达到行政管理的目的，实现公共利益与私人利益的平衡。

(3) 听证

听证并非行政协议的必经程序。鉴于行政管理效率的考量，只有当协议内容涉及相对方的重大利益时，行政机关才会组织听证会，其他情况下行政机关拥有相应的自由裁量权，可结合具体情况采取听证会或说明理由等方式。

(4) 书面形式

这是行政协议的一般要求，是保留协议证据的基本方式。有观点认为，"不分情形一概排斥电传或口头等其他形式也不符合实际需要和效益原则"。[1] 笔者认为，行政协议的外在表现形式是当事人协议的体现，为更好留存证据，以书面形式为主，以其他形式为辅是合适的，符合时代的发展精神。当然，作为承担行政管理职责的行政机关因为案卷制度的要求等原因，是很少使用非书面形式的，除非一些即时履行的协议等。

(5) 说明理由

说明理由是行政协议中行政机关承担的义务，主要是指行政机关对最终协议签订的针对第三方的解释说明，对协议相对方行使主导性权利时的书面理由等，其也是行政行为基本程序要求的体现。

(6) 参与保留

该程序是指行政机关在签订行政协议时，应征得上级机关的批准或合作机关会同办理的程序，主要目的在于推进行政机关理性行政，避免行政恣意。

(六) 行政协议的权利救济

行政协议的权利救济就是指对签订行政协议的各方当事人的权利保护。由于行政协议的行政性特征，作为一方当事人的行政机关的法律地位要远远高于对方当事人，且行政机关掌握着对行政协议的监督指导权、相对方不依法履行

---

[1] 《行政法与行政诉讼法学》编写组：《行政法与行政诉讼法学（第二版）》，高等教育出版社2018年版，第192页。

义务的制裁权等公权力，因此我们所讲的行政协议的权利救济在我国行政法语境下是指与行政机关签订行政协议的另一方当事人的权利救济。过去很长一段时间，我国不承认行政协议的存在，与之相应的是类似行政协议中的行政救济主要适用民事诉讼程序。

目前，我国的行政协议救济程序的途径主要有以下两种。

(1) 行政复议救济

根据《行政复议法》第6条第6项规定，公民、法人和其他组织"认为行政机关变更或者废止农业承包合同，侵犯其合法权益的"，可以申请行政复议。从该项规定来看，其不属于直接的行政纠纷解决机制，不是对行政协议的直接救济渠道，而是因行政机关对行政协议进行管理过程中作出的影响当事人权益的行政行为提起的行政救济。此处的行政机关不是行政合同的当事人，而是以出面解决行政合同争议的第三方身份出现。行政机关解决行政合同纠纷的行为是具体行政行为，可以对其申请行政复议。鉴于以上情形，《行政复议法》再次修改时应将行政协议列入行政复议的受案范围，以与新修订的《行政诉讼法》相协调。

(2) 行政诉讼救济

2014年修改《行政诉讼法》时，在第12条第1款第11项中，将"行政协议"列入行政诉讼的受案范围；增加了第78条[1]，规定了行政协议纠纷诉讼案件中被告违法应承担的法律责任或补偿责任。《最高人民法院关于适用〈行政诉讼法〉的解释》第68条第1款第6项规定了"请求解决行政争议"符合行政诉讼法规定的提起诉讼的具体要求。

关于行政协议还应注意两方面问题：一方面，行政协议适用调解。因为行政协议的订立实施是基于双方当事人协商一致的合意，并非行政机关单方行使管理职权的行政行为，这是其可以进行调解的法律基础。《行政诉讼法》第60条[2]也体现了这一精神。当然，调解要基于双方的自由意志，行政机关不得强

---

[1] 《行政诉讼法》第78条规定："被告不依法履行、未按照约定履行或者违法变更、解除本法第十二条第一款第十一项规定的协议的，人民法院判决被告承担继续履行、采取补救措施或者赔偿损失等责任。被告变更、解除本法第十二条第一款第十一项规定的协议合法，但未依法给予补偿的，人民法院判决给予补偿。"

[2] 《行政诉讼法》第60条规定："人民法院审理行政案件，不适用调解。但是，行政赔偿、补偿以及行政机关行使法律、法规规定的自由裁量权的案件可以调解。调解应当遵循自愿、合法原则，不得损害国家利益、社会公共利益和他人合法权益。"

迫对方接受不利于自己的条件；调解也不得损害国家的、集体的和他人的合法权益；调解是为了更好地解决纠纷，如调解不成，主持调解的机关应尽快就行政协议纠纷作出裁决。另一方面，行政纠纷的责任承担主要是以赔偿的形式出现。关于赔偿责任问题，可以适用民事法律规定；关于行政机关强制当事人履行合同等事关行政管理职权行使的问题，应当适用行政法律规定。从目前情况看，我国行政协议纠纷解决机制并不完善，一般是规定在具体法律法规中。如根据《政府采购法》第79条的规定，政府采购当事人违法侵犯他人合法权益的，依据民事法律程序承担民事责任。

二、实务案例

行政协议案件在司法实务中已被列入行政诉讼的受案范围，对此无争议。但在行政司法实务中对于行政协议的立案、审理、判决规则等还存在一些较为模糊的地带，最高人民法院于2019年11月12日专门通过了《行政协议规定》的司法解释，并于2020年1月1日开始实施，对上述问题等作了较为明确的规范，为行政协议案件的司法解决提供了积极的法律依据。《行政协议规定》第28条规定了行政协议纠纷法律适用的时间界限，即2015年5月1日前订立的行政协议适用当时的法律、行政法规及司法解释；2015年5月1日后订立的行政协议适用《行政诉讼法》及《行政协议规定》。这为行政协议案件的解决提供了明确的法律适用规范，解决了过去行政与民事难以区分的窘境。随着社会的发展和政府治理模式的不断创新，行政协议纠纷及司法审查将成为行政诉讼审理实务的又一重点内容。

（一）行政协议性质的认定及其当事人的救济途径

案例1：大某县永某纸业有限公司诉四川省大某县人民政府不履行行政协议案

【基本案情】

2013年7月，大某县县委为落实上级要求，实现节能减排目标，出台《关于研究永某纸业处置方案会议纪要》（以下简称《会议纪要》），决定对大某县永某纸业有限公司（以下简称永某公司）进行关停征收。根据《会议纪要》，大某县政府安排回某镇政府于 2013 年 9 月 6 日与永某公司签订了《大某县永某纸业有限公司资产转让协议书》（以下简称《资产转让协议书》），永某公司关停退出造纸行业，回某镇政府受让永某公司资产并支付对价。之后，永某公司依约定履行了大部分义务，回某镇政府接收了其房产等资产。大某县政府于 2014 年 4 月 4 日前支付永某公司补偿金 322.4 万元后一直未支付剩余款项。永某公司提起诉讼，要求县、镇两级政府支付剩余转让费 894.6 万元及利息。本案一审、二审均判决认定《资产转让协议书》合法有效，被告应偿付原告征收补偿款 794.6 万元及利息。被告县、镇两级政府不服，向最高人民法院申请再审，认为《资产转让协议书》系民事合同，如认定为行政协议，若对方不履行剩余义务时自己难以寻求救济，因此本案不属于行政诉讼。

【焦点问题评析】

本案的焦点问题是行政协议的认定及其当事人的救济。

（1）对行政协议内涵的理解是区分其与民事合同的重要前提

本案中，被告县、镇两级政府认为其与原告永某公司签订的《资产转让协议书》属于民事合同，应按照民事诉讼程序予以审理，不应属于行政诉讼。民事合同是作为平等主体的公民、法人和其他组织之间协商一致而签订的涉及权利义务关系的协议。而行政协议，顾名思义是具有明显行政性的协议，是行政机关和相对人签订的有关双方权利义务关系的协议。行政协议的签订是行政机关为实现行政管理目标而采取的相对柔和的行政管理手段，是一种新型的政府治理模式。结合最高人民法院对本案的再审裁定，行政协议与民事合同的区别可以有以下三个方面：一是主体不同。行政协议一方当事人为行政机关，另一方为行政相对人，二者法律地位有明显差别，拥有公权力的行政机关具有更加强势的地位；民事合同双方当事人均为平等主体的公民、法人和其他组织，二者法律地位是完全平等的，不存在强弱之分。二是目的不同。行政协议签订的基本前提是为了实现行政管理或者公共服务的目标，是行政机关行使行政管理职权或履行管理职责的手段；民事合同是平等的民事主体之间为了满足各自物质和文化生活的需要而签订的，是当事人之间私权利的体现。三是内容不同。鉴于目的不同，行政协议的内容当然是行政法上的权利义务，是为了公共利益的需要；民事合同的内容是民法上的权利义务，是当事人为满足各自需要而协商确定的。当然，行政协议和民事合同有着一个明显的相同之处，那就是二者都必须具备作为协议的共同特性：当事人必须协商一致。

由此，判断行政协议的标准有两个方面：一方面是形式标准，即合意双方是否行使管理职权的行政机关和行政相对人。另一方面是实质标准，即协议是围绕行政法上的权利义务展开。所谓行政法上的权利义务，即意味着行政机关为实现行政管理目标而行使行政管理职权，行政机关在协议中拥有行政优益权。

（2）实务中应结合行政协议的内涵与认定标准确定协议属性

行政协议的认定应结合上述行政协议的内涵与认定标准。本案中，回某镇政府代表县政府与永某公司签订《资产转让协议书》的目的是完成上级规定的节能减排的行政管理任务，是县政府为履行环保职责、治理县域环境而作出的行政行为。永某公司作为造纸企业对当地环境污染较大，县政府提供资金通过协议转让企业资产，既能维护永某公司的合法权益，又能关停造纸企业，实现节能减排的环保行政管理目标，维护本县民众的公共利益，符合上述行政协议的内涵与标准。因此，涉案《资产转让协议书》为行政协议，并非民事合同，法院判决县政府承担支付剩余款项及利息的违约责任是合适的。

（3）行政协议当事人应按行政救济渠道寻求救济

行政协议既然被列入行政诉讼受案范围，其当事人的权利救济就应按行政救济途径进行。对行政协议中的相对人而言，其认为自己的合法权益受到行政机关损害的，可提起行政诉讼。《行政复议法》尚未将行政协议列为行政复议的受理范围，因此有待《行政复议法》修订后再通过申请行政复议的途径寻求救济。行政协议中代表国家行使公权力的行政机关具有天然的法律强势地位，其虽然不能通过行政诉讼手段寻求救济，但可以具有自身特有的权利救济方式。行政协议中，当相对人不依约履行协议规定的义务时，虽然行政机关不能起诉相对人，但其可以依强制执行法的程序直接行使强制执行权或申请法院强制执行，以实现自己在协议中的权利。因此，本案中大某县政府担心在行政协议中相对人不履行义务将导致自己无法寻求救济的问题是不存在的。

【案件启示】

本案中，作为协议一方当事人的大某县政府申请再审的理由是担心在行政协议中无法保障行政机关的救济权利。对此，笔者有以下四点认识。

一是，大某县政府将自己与企业签订的协议当作民事合同是一种正常现象。从案件中可以看出，大某县政府的确把自己摆在了民事主体的位置，将涉案的

《资产转让协议书》完全看作民事合同，并按民事合同执行协议。行政机关把自己摆在和企业平等的位置上处理行政管理事务，而没有运用公权力的便利采取强制措施，这是政府柔性执法的积极变化。对于案件中县政府的解决工作问题的态度是值得肯定的。我国长期以来并不认可行政协议的行政性，而是将其作为民事合同对待，通过民事诉讼的方式解决其中的行政协议纠纷。本案中的大某县政府将涉案资产转让协议当作民事合同看待是一种正常现象，无可厚非。

二是，社会各界包括行政机关对行政协议的认识不够。行政协议作为一种新型的政府治理模式，应该算作新生事物，社会对其认知并不深入。行政协议是我国行政法理论与实践发展的产物，是新时代政府行政管理的新模式。也正是这些实践发展才催生了《行政诉讼法》的修改，将其列入行政诉讼法的范畴。实践证明，抛弃民事、行政之争，从解决协议纠纷的根本目的出发，将行政协议列入行政诉讼的受案范围，并由最高人民法院作出专门的司法解释是符合行政管理要求和发展趋势的。

三是，行政机关在履行行政管理职责时应多措并举，灵活运用执法手段。行政职权法定，行政机关对于行政执法的内容无法改变，但可以灵活采用不同的执法方式。行政机关无论运用公权力的强制手段还是采用类似行政协议这样的柔和执法方式，均是为了实现行政管理的目的，为了维护公共利益的需要。行政机关理应加强对行政协议的认识和运用，利用行政协议的基础理论和立法规范，提高行政管理的效率，降低行政成本，更好地完成行政管理目标。

四是，司法机关对行政行为的监督与引导是行政协议不断发展的重要保障。行政协议的发展来源于行政法理论与实务经验的总结。时代的发展和社会新生事物的不断涌现，政府也不断随之转变职能，行政协议的日渐增多就是政府治理模式转变的体现。新的执法方式的出现也带来了新的行政争议和纠纷，司法机关对行政行为的监督作用凸显。针对行政协议，我国2014年修订的《行政诉讼法》将其列入受案范围，尤其是2019年11月最高人民法院专门出台了《行政协议规定》，总结了近几年行政协议发展的经验，专门针对过去出现的司法实务问题作了梳理和规范，意义重大。行政协议必将成为新时期行政诉讼的重要内容。

（二）行政诉讼实务中的受案范围关于行政协议的规定

案例2：蒋某某诉重庆某区管理委员会、重庆某技术产业开发区征地服务中心行政协议纠纷案

【基本案情】

2016年7月21日，蒋某某以重庆某区管理委员会（以下简称某区管委会）为被告，以某技术产业开发区征地服务中心（以下简称征地服务中心）为第三人，向重庆市第五中级人民法院提起行政诉讼。原告称，征地服务中心于2015年12月25日与其签订的《征地拆迁补偿安置协议》（以下简称《征补协议》）主体不适格，实体内容及程序均属违法。故请求撤销该《征补协议》，并对协议依据的渝府发〔2008〕45号文件进行合法性审查。法院一审作出（2016）渝05行初277号行政裁定认为，蒋某某以某区管委会为被告属于错列被告，经法院释明拒绝变更，依法应予驳回起诉。法院认为，《行政诉讼法》第12条第1款第11项①规定了作为行政诉讼受案范围的行政协议的四种情形：不依法履行、未按照约定履行、违法变更、违法解除。原告请求撤销《征补协议》的异议理由却是协议的主体、程序、约定和法律适用，不属于《行政诉讼法》规定的四种情形。因此，起诉不属于行政诉讼受案范围，裁定驳回起诉。原告上诉，二审法院维持一审裁定。蒋某某申请再审，主要理由为：一方面，本案属于行政诉讼的受案范围。依据《行政诉讼法》第75条②以及《最高人民法院关于适用〈中华人民共和国行政诉讼法〉若干问题的解释》第11条第2款③、第15条第

---

① 《行政诉讼法》第12条第1款第11项规定："人民法院受理公民、法人或者其他组织提起的下列诉讼：……（十一）认为行政机关不依法履行、未按照约定履行或者违法变更、解除政府特许经营协议、土地房屋征收补偿协议等协议的。"

② 《行政诉讼法》第75条规定："行政行为有实施主体不具有行政主体资格或者没有依据等重大且明显违法情形，原告申请确认行政行为无效的，人民法院判决确认无效。"

③ 《最高人民法院关于适用〈中华人民共和国行政诉讼法〉若干问题的解释》第11条第2款规定："公民、法人或者其他组织就下列行政协议提起行政诉讼的，人民法院应当依法受理：（一）政府特许经营协议；（二）土地、房屋等征收征用补偿协议；（三）其他行政协议。"

该司法解释已失效。上述规定已被《行政诉讼法》（2017）第12条第1款第11项所吸收："（十一）认为行政机关不依法履行、未按照约定履行或者违法变更、解除政府特许经营协议、土地房屋征收补偿协议等协议的。"

2 款①规定,案涉《征补协议》具有可诉性。另一方面,没有错列被告。根据《最高人民法院关于执行〈行政诉讼法〉若干问题的解释》第 20 条②规定,征地服务中心是某区管委会组建的事业单位,不具有独立承担法律责任的能力。其以自己名义签订《征补协议》,应以某区管委会为被告。某区管委会辩称:第一,自 2013 年 12 月 10 日起,某区管委会已按相关文件规定,将组织实施本辖区集体土地征收职能移交九某坡区政府,土地征收补偿安置的行政管理职能具体由该区国土资源管理分局实施。第二,征地服务中心是九某坡区政府依法成立的事业单位法人,受区国土分局委托签订《征补协议》,法律后果应由区国土分局承担。第三,蒋某某此前曾就征收补偿安置标准问题向九某坡区政府申请行政协调,并向重庆市政府申请行政裁决,对上述第一项集体土地征收职能转移事宜理应知晓。故蒋某某再审请求不能成立。

【焦点问题评析】

综合本案案情,其争议焦点问题有两个:第一,原告申请撤销《征补协议》的诉讼请求是否属于行政诉讼的受案范围;第二,原告是否错列了被告。

---

① 《最高人民法院关于适用〈中华人民共和国行政诉讼法〉若干问题的解释》第 15 条第 2 款规定:"原告请求解除协议或者确认协议无效,理由成立的,判决解除协议或者确认协议无效,并根据合同法等相关法律规定作出处理。"

该司法解释已失效。上述规定已被《中华人民共和国行政诉讼法》(2017)第 76 条、第 78 条所吸收。第 76 条规定:"人民法院判决确认违法或者无效的,可以同时判决责令被告采取补救措施;给原告造成损失的,依法判决被告承担赔偿责任。"第 78 条规定:"被告不依法履行、未按照约定履行或者违法变更、解除本法第十二条第一款第十一项规定的协议的,人民法院判决被告承担继续履行、采取补救措施或者赔偿损失等责任。被告变更、解除本法第十二条第一款第十一项规定的协议合法,但未依法给予补偿的,人民法院判决给予补偿。"

② 《最高人民法院关于执行〈中华人民共和国行政诉讼法〉若干问题的解释》第 20 条第 1 款、第 2 款规定:"行政机关组建并赋予行政管理职能但不具有独立承担法律责任能力的机构,以自己的名义作出具体行政行为,当事人不服提起诉讼的,应当以组建该机构的行政机关为被告。行政机关的内设机构或者派出机构在没有法律、法规或者规章授权的情况下,以自己的名义作出具体行政行为,当事人不服提起诉讼的,应当以该行政机关为被告。"

该司法解释已失效。上述规定已被《最高人民法院关于适用〈中华人民共和国行政诉讼法〉的解释》第 20 条所吸收。第 20 条规定:"行政机关组建并赋予行政管理职能但不具有独立承担法律责任能力的机构,以自己的名义作出行政行为,当事人不服提起诉讼的,应当以组建该机构的行政机关为被告。法律、法规或者规章授权行使行政职权的行政机关内设机构、派出机构或者其他组织,超出法定授权范围实施行政行为,当事人不服提起诉讼的,应当以实施该行为的机构或者组织为被告。没有法律、法规或者规章规定,行政机关授权其内设机构、派出机构或者其他组织行使行政职权的,属于行政诉讼法第二十六条规定的委托。当事人不服提起诉讼的,应当以该行政机关为被告。"

（1）关于原告的诉讼请求是否属于行政诉讼的受案范围问题

对于原告的诉讼请求，一审、二审法院均认为其不属于行政诉讼的受案范围，依据是《行政诉讼法》第12条第1款第11项。法院认为，只有上述法条规定的不依法履行、未按照约定履行、违法变更、解除行政协议的四种法定情形才属于行政诉讼受案范围，而蒋某某的诉讼请求不包括在该四种情形之内，因此裁定不予受理。结合最高人民法院的再审裁定，笔者认为，行政协议的内涵是指行政机关为实现行政管理目标、维护公共利益而与公民、法人或者其他组织在合意的基础上签订的具有行政法律特点的协议，也被称作行政合同。行政协议是民事合同在行政法领域的体现和延伸，是行政机关行使行政管理职权的体现，是现代政府治理的新模式。结合《行政诉讼法》的立法精神和民事合同的规定，行政协议的类型具有多样化和系统性的特征，其并不局限于《行政诉讼法》第12条第1款第11项列举的四种争议，还应包括缔约过失、成立、效力、撤销、终止、请求继续履行、采取补救措施、承担赔偿和补偿责任，以及行政机关监督、指挥、解释等行为产生的行政争议。行政协议的类型是一个完整的系列过程，故应对《行政诉讼法》第12条第1款第11项做扩张性解释。

对此，可从现行法的规定和理论与实务方面予以认识。一方面，从现行行政诉讼法、民法典中合同编的相关规定看，行政诉讼应受理所有的行政协议争议。①《行政诉讼法》第75条列举了关于法院确认行政行为无效的规定：不具有行政主体资格或者没有依据等重大且明显违法情形。行政协议是行政机关履行行政管理职责的新方式，是行政行为的重要内容，故适用于上述规定。即公民、法人或者其他组织认为行政机关不具有行政主体资格、缺少依据等违法情形而请求确认行政协议无效的，法院应予受理并作出相应裁判。②《最高人民法院关于适用〈中华人民共和国行政诉讼法〉若干问题的解释》第15条第2款规定了原告"请求解除协议或者确认协议无效"的情形，法院也应依法审理并作出是否解除或确认无效的裁判。以此可见，公民、法人和其他组织可以依法诉请解除行政协议或确认其无效。③依据《最高人民法院关于适用〈中华人民共和国行政诉讼法〉若干问题的解释》第 14 条①的规定，人民法院可以适用不违反行政法和行政诉讼法强制性规定的民事法律规范审查《行政诉讼法》第 12 条第 1 款第 11 项规定的四种情形。《合同法》（已失效）第 54 条②也规定了当事人一方可以请求法院或仲裁机构变更或撤销合同的类型。行政协议源于民事合同，因此可以参照《合同法》（已失效）规定的精神将对其的请求"变更或者撤销"列入行政诉讼的受案范围。综合来看，行政协议的相对人，即公民、法人或者其他组织请求变更、撤销及解除行政协议或者确认行政协议无效等，均可列入行政诉讼的受案范围，而非受限于《行政诉讼法》第 12 条第 1 款第 11 项列举的四种争议。

另一方面，从法学理论和司法实践上看，仅将《行政诉讼法》第 12 条第 1 款第 11 项列举的四类行政协议争议纳入受案范围，而排除其他类型争议，将导致一系列矛盾。①如行政诉讼仅承认上述四类争议类型，则为了完善权利救济，其他未列举的行政协议类型势必要纳入民事诉讼范围。如此将会造成同一性质的行政协议既由行政诉讼受理又由民事诉讼受理的混乱情形，从而难以避免出现行政、民事裁判不一致的尴尬局面，对行政纠纷的彻底解决非常不利，可能带来更多更加复杂的争议。②同样，如行政诉讼不予受理法定四类争议以外的

---

① 《最高人民法院关于适用〈中华人民共和国行政诉讼法〉若干问题的解释》第 14 条规定："人民法院审查行政机关是否依法履行、按照约定履行协议或者单方变更、解除协议是否合法，在适用行政法律规范的同时，可以适用不违反行政法和行政诉讼法强制性规定的民事法律规范。"

该司法解释已失效。该条规定已被《行政诉讼法》（2017）第 61 条第 1 款所吸收。第 61 条第 1 款规定："在涉及行政许可、登记、征收、征用和行政机关对民事争议所作的裁决的行政诉讼中，当事人申请一并解决相关民事争议的，人民法院可以一并审理。"

② 《合同法》第 54 条规定："下列合同，当事人一方有权请求人民法院或者仲裁机构变更或者撤销：（一）因重大误解订立的；（二）在订立合同时显失公平的。一方以欺诈、胁迫的手段或者乘人之危，使对方在违背真实意思的情况下订立的合同，受损害方有权请求人民法院或者仲裁机构变更或者撤销。当事人请求变更的，人民法院或者仲裁机构不得撤销。"

该条规定已被《民法典》第 146 条至第 151 条所吸收。第 146 条规定："行为人与相对人以虚假的意思表示实施的民事法律行为无效。以虚假的意思表示隐藏的民事法律行为的效力，依照有关法律规定处理。"第 147 条规定："基于重大误解实施的民事法律行为，行为人有权请求人民法院或者仲裁机构予以撤销。"第 148 条规定："一方以欺诈手段，使对方在违背真实意思的情况下实施的民事法律行为，受欺诈方有权请求人民法院或者仲裁机构予以撤销。"第 149 条规定："第三人实施欺诈行为，使一方在违背真实意思的情况下实施的民事法律行为，对方知道或者应当知道该欺诈行为的，受欺诈方有权请求人民法院或者仲裁机构予以撤销。"第 150 条规定："一方或者第三人以胁迫手段，使对方在违背真实意思的情况下实施的民事法律行为，受胁迫方有权请求人民法院或者仲裁机构予以撤销。"第 151 条规定："一方利用对方处于危困状态、缺乏判断能力等情形，致使民事法律行为成立时显失公平的，受损害方有权请求人民法院或者仲裁机构予以撤销。"

其他行政协议争议，而民事诉讼因行政协议的行政性也不予受理，则有违"有权利必有救济"的无漏洞权利保护原则。③仅保留行政协议争议四种类型，则难以将行政机关关于行政协议的其他行政行为包含在司法审查的范围之内。该被排除的行政协议行为将脱离行政法治建设的范畴，脱离法律对行政权力行使的监督，难以有效解决行政协议争议。鉴于上述理由，行政诉讼中将行政协议的受理条件局限于前述四种类型的争议，是对《行政诉讼法》第12条第1款第11项的一种狭义文义解释，属适用法律错误。

（2）关于原告是否错列被告问题

本案中原告以某区管委会为被告，以征地服务中心为第三人提起行政诉讼，被一、二审法院认定为错列被告。最高人民法院再审认为，行政诉讼被告的确定，应符合四个方面要素：①程序要素：原告是公民、法人或其他组织起诉，法院受理并通知应诉的行政机关或相关组织。②实体要素：被告应为因履行行政管理职责行使行政职权而作为或不作为，作为行政相对人的公民、法人或其他组织认为该行政行为侵犯自己合法权益的行政机关或相关组织。③组织因素：该机关或相关组织能够以自己的名义独立行使行政职权，并能独立承担相应法律责任，即能够成为行政主体。④便利因素：为便利当事人诉权的行使，法律、法规或者规章授权的组织亦可作为行政主体成为行政诉讼的被告。本案征地程序为市政府批准，某区管委会主管，征地服务中心具体负责签订《征补协议》。征地服务中心是某区管委会下属事业单位，在本案中的职责是在区国土分局指导下，代表某区管委会执行征地任务。征地服务中心不是行政机关也不是法律、法规或者规章授权从事征地补偿的组织，并非行政主体，也不具备从事该征地补偿工作的行政管理职权。依据《最高人民法院关于执行〈行政诉讼法〉若干问题的解释》第21条①的规定，结合本案事实，征地服务中心应被视为受某区管委会委托签订《征补协议》。作为委托机关的某区管委会应为行政主体，成

---

① 《最高人民法院关于执行〈行政诉讼法〉若干问题的解释》第21条规定："行政机关在没有法律、法规或者规章规定的情况下，授权其内设机构、派出机构或者其他组织行使行政职权的，应当视为委托。当事人不服提起诉讼的，应当以该行政机关为被告。"

该司法解释已失效。该条规定已被《最高人民法院关于适用〈中华人民共和国行政诉讼法〉的解释》第20条第3款所吸收。第20条第3款规定："没有法律、法规或者规章规定，行政机关授权其内设机构、派出机构或者其他组织行使行政职权的，属于行政诉讼法第二十六条规定的委托。当事人不服提起诉讼的，应当以该行政机关为被告。"

为本案的被告。因此，原告将某区管委会列为本案被告，以参与具体工作的征地服务中心为第三人是合适的。

某区管委会辩称，某区集体土地征收职能已按照行政职能调整的要求移交至九某坡区政府，征地服务中心是受九某坡区国土分局委托实施的签约行为，因此应以九某坡区国土分局为被告。但案件中并无合法有效的证据证明该国土分局曾作出该项委托，某区管委会的上述说法未得到最高法院的支持。最终，最高人民法院撤销了一、二审法院的行政裁定，指令原一审法院继续审理本案。

【案件启示】

根据《行政诉讼法》第12条第1款第11项的规定，认为行政机关不依法履行、未按照约定履行或者违法变更、解除政府特许经营协议、土地房屋征收补偿协议等协议的，可以提起行政诉讼。第75条、第78条分别对行政协议无效的确认及不依法履行协议的法律责任作了相应规定。结合立法精神，可认为凡是行政机关为了履行行政管理职责和维护公共利益的目的与相对人合意签订的协议都属于行政诉讼的范围。从行政协议本身来讲，因为订立、履行、变更、终止、赔偿与补偿等的各类行政协议纠纷均属于行政诉讼的受案范围，而并非仅限于《行政诉讼法》第12条第1款第11项规定的四种类型。

同理，仅将行政协议的受理局限于《行政诉讼法》规定的四种类型争议，则其余争议类型要么由民事诉讼受理，要么游离于法治监督之外，失去对行政协议中行政权力的控制与监督。其结局必然造成行政法治建设的混乱，难以有效保护公民、法人和其他组织的合法权益。在现行立法与法学理论研究中，行政协议之民事、行政归属问题尚存较多争议。民法学界一直认为行政协议并非正规的合同，不符合民事合同的构成要素，行政性与契约性的并存是正常合同的非正常产物。鉴于此，行政协议更需要其生存和发展的良好行政法治土壤和氛围，需要构建完整统一的行政法治上的行政协议规则，以更好地促进政府治理模式的发展和完善，更有利于公民、法人和其他组织权益的保护，实现行政公权力与相对人私权利的和谐统一。在行政诉讼中统一行政协议的受理条件，对《行政诉讼法》第12条第1款第11项做扩张性的文理解释，有助于将行政协议纳入统一的行政法制轨道，形成完整的行政协议争议解决体系。最高法院对本案的再审裁定对推动行政协议争议的解决有着积极的意义。

(三) 行政、司法机关对行政协议争议在行政复议受案范围认定上的变化

《行政复议法》和《行政复议法实施条例》对行政协议争议是否属于行政复议的受案范围都没有明确规定。在具体法律实务中,原国务院法制办复函及最高人民法院的再审案例都曾涉及行政协议争议能否列入行政复议受案范围的问题。上述实务问题的结论也从行政协议争议不属于行政复议受案范围逐渐发展到属于其受案范围,反映了行政协议在行政法律实务中的发展变化,体现了政府法治模式的不断创新和司法行政领域审查范围的扩大。这种变迁是社会发展在行政执法和司法实务中的映射,也是行政法学理论与实务认知的不断创新和发展。以下是行政协议争议在行政复议范围认定中发展变化的实例。

(1) 原国务院法制办的认定

2017年9月13日,《国务院法制办公室对〈交通运输部关于政府特许经营协议等引起的行政协议争议是否属于行政复议受理范围的函〉的复函》(国法秘复函〔2017〕866号)指出,政府特许经营协议等协议争议不属于《中华人民共和国行政复议法》第6条规定的行政复议受案范围。这是原国务院法制办首次对行政协议争议在行政复议范围中的认定所作的书面确认,明确了行政协议争议不能通过行政复议途径解决的问题,为行政复议及法院行政审判实务提供了依据。

(2) 最高人民法院最初判例不予认定

案例3:屠某林诉杭州市余某区人民政府行政复议案

【基本案情】

2015年初,屠某林家庭户与仓某街道办事处、杭州余杭仓某建设开发有限公司签订房屋拆迁补偿安置协议。后双方因协议履行产生纠纷。2015年4月29日,屠某林家庭户以上述街道办、开发公司为被告提起民事诉讼,要求被告继续履行案涉补偿协议并补足80平方米安置面积。法院生效民事判决认为,拆迁补偿协议已按政策规定和双方约定履行完毕,原告诉求补足80平方米安置面积无法律依据。原因在于原告诉求的家庭成员不具备补偿条件,无法予以补偿。法院判决驳回其诉讼请求。屠某林等又于2017年8月29日就该上述事项向余某区政府申请行政复议,复议机关裁定不予受理。屠某林等遂以余某区政府为被告提起行政诉讼,经过一审、二审,最终向最高人民法院申请再审。

【裁判结果】

2018年11月1日，最高人民法院作出行政诉讼再审裁定认为：一方面，行政协议争议不属于行政复议的受案范围。《行政复议法》规定的受案范围并未对行政协议争议问题作出明确规定，应参考其他依据。根据原国务院法制办于2017年9月13日作出的《国务院法制办公室对〈交通运输部关于政府特许经营协议等引起的行政协议争议是否属于行政复议受理范围的函〉的复函》规定精神，政府特许经营协议等协议争议不属于《行政复议法》第6条规定的行政复议受理范围。最高人民法院对此予以确认。另一方面，屠某林等在相同事项已有生效民事法律判决的情况下，又提起行政复议申请，违反了一事不再理原则。最终裁定驳回屠某林的再审申请。

(3) 最高人民法院新判例予以认定

案例4：谢某田等人诉相某区政府行政复议案

【基本案情】

谢某田等人与相某街道办签订征收补偿协议后，双方产生争议。谢某田等人认为原协议合法有效。第三人谢某侠认为自己合法权益受到侵害，因而向相某区政府申请行政复议，相某区政府受理该申请，并于2017年作出行政复议决定撤销上述征收补偿协议。谢某田等人认为行政协议依法不属于行政复议受理范围，遂以复议机关相某区政府为被告提起行政诉讼。一审法院支持了原告的诉讼请求，但二审法院认为征收补偿协议属于行政复议受理范围，并进行了审理。谢某田等人不服二审判决，向最高人民法院提起再审，被最高人民法院裁定驳回。

【焦点问题评析】

本案焦点问题是拆迁补偿协议是否属于行政复议的受案范围。本案涉及的其他问题在此不做分析。

第一，第三人有权就行政协议提出行政复议申请。依据《行政复议法》第2条①的规定，本案中，第三人谢某侠认为自己的合法权益受到该行政协议的影响，有权提出行政复议申请。

第二，行政协议争议属于行政复议的受案范围有法律依据。《行政复议法》

---

① 《行政复议法》第2条规定："公民、法人或者其他组织认为具体行政行为侵犯其合法权益，向行政机关提出行政复议申请，行政机关受理行政复议申请、作出行政复议决定，适用本法。"

和《行政复议法实施条例》均未对行政协议争议是否属于行政复议受理范围作出明确规定。从行政法学理论与实务看，基本上行政诉讼的受案范围均属于行政复议的受案范围，后者甚至要比前者更宽泛，体现了二者的紧密衔接关系。《行政复议法》第6条第11项规定了行政复议受案范围的兜底条款，即认为行政机关的其他具体行政行为侵犯其合法权益的，可依法提起行政复议申请。法律法规中虽然没有明确行政协议争议系行政复议的受案范围，但上述兜底条款却为行政复议受理范围的延伸提供了法律依据。公民、法人和其他组织只要认为行政行为侵犯自身合法权益的，就有权提起行政复议。而行政协议是行政机关为实现行政管理目标和公共利益的目的而行使管理职权、履行职责的行政行为。本案中的行政补偿协议属于征收补偿的方式之一，有着与征收补偿同样的行政行为性质。因此，当事人可就此提出行政复议申请。

第三，司法实务中应注意灵活适应法律法规的变化。最高人民法院的裁定认为行政协议争议符合《行政复议法》第6条第11项规定的兜底条款，故而作出其属于行政复议受理范围的认定。如果从上述兜底条款具体规定看，其提到的是当事人认为"具体行政行为"侵犯自身合法权益，与行政诉讼法规定的"行政行为"还存在一定区别。具体行政行为，是行政机关行使行政管理职权就特定的人或事作出的影响相对人权利义务关系的单方行政行为。行政协议是双方当事人协商一致的结果，是行政机关为实现行政目的而行使管理职权的双方行政行为，属于行政诉讼法的"行政行为"。最高人民法院依据《行政复议法》第6条第11项的兜底条款认定行政协议属于行政复议的受理范围，并没有过度解读具体行政行为与行政行为的区别。笔者认为，行政协议争议属于行政诉讼的受案范围已经被《行政诉讼法》予以确认，从行政复议与行政诉讼的衔接关系看，行政协议争议列入行政复议的受理范围是顺理成章的。鉴于《行政复议法》（1999）的实施已经超过20年，虽然经过了2009年和2017年的两次修改，目前还是有很多规定已不符合现代社会行政法治发展的需要，尤其是2017年《行政诉讼法》修改以后，对其进行必要的修改已成为学界共识。《行政诉讼法》将过去"具体行政行为"的提法改为了"行政行为"，大大拓展了行政行为的内涵，顺应了社会发展对行政法治的需要。对行政复议受理范围作出与《行政诉讼法》同步的扩大解释，是对法律的灵活运用，符合立法的原则和精神。因此，最高法院在本案中的裁定是适当的。

【案件启示】

本案反映了最高人民法院对行政协议问题新的认识和认定。从上述原国务院法制办的复函到最高人民法院最初的再审案件的裁定，到最高人民法院在本案中的再审裁定，是一个对行政协议认识逐渐发展变化的过程。从过去的明确否定到现在的裁判接受，最高人民法院对《行政复议法》受理范围作出的扩大性解释符合行政法律实务中行政争议解决的发展需要，有着积极的现实意义。2018年2月8日起实施的《最高人民法院关于适用〈中华人民共和国行政诉讼法〉的解释》（已失效），以及2020年1月1日起实施的《最高人民法院关于审理行政协议案件若干问题的规定》都反映了这种发展趋势。

（四）违背相对方真实意愿签订的行政协议可依法判决撤销

案例5：王某某诉江苏省仪征枣某湾旅游度假区管理办公室房屋搬迁协议案

【基本案情】

2017年，原仪征市铜山办事处（现隶属于省政府批准成立的江苏省仪征枣某湾旅游度假区管理办公室）决定对部分民居实施协议搬迁。王某某所有房屋属于本次搬迁范围内。2017年8月4日早晨，仪征市真某拆迁公司人员到王某某家中商谈搬迁补偿事宜。2017年8月5日凌晨1:30左右，王某某在《房屋搬迁协议》和《房屋拆除通知单》上签字。2017年8月5日凌晨5:20，王某某被送至仪征医院治疗，医院诊断为："1.多处软组织挫伤；……"8月21日，王某某出院。王某某以被胁迫签订协议为由，于2017年9月19日向法院提起行政诉讼，请求撤销《房屋搬迁协议》。

【焦点问题评析】

本案的焦点问题是被胁迫签订的行政协议能否撤销。

（1）行政协议应依法协商签订

行政协议是行政机关为实现行政管理目的和公共利益，依法行使行政管理职权过程中与公民、法人和其他组织协商一致签订的协议。行政协议是行政机关行使行政管理职权的一种新方式，是柔性行政执法的体现。行政协议既具有公权力行使的单方性、行政性，又具有双方平等合意的契约性。其既体现为行政机关的主导性、职权性、强制性，又必须具有双方平等协商一致基础上的合意性。

（2）对行政协议的司法审查应包括合法与合约两方面

依据《合同法》第54条第2款①的规定，合同一方当事人以欺诈、胁迫手段违背对方真实意愿签订的合同，受害方可申请撤销。行政协议具有合同的基本特性，亦应遵循《合同法》的相关规定。本案中，原告王某某与代表被告的拆迁公司签订的《房屋搬迁协议》应满足合法、合意的行政协议基本要求。原告主张自己被胁迫签订涉案协议，但并无相应证据证明。按照行政诉讼中举证责任倒置的原则，作出行政行为的行政机关应提供证据证明自己行政行为的合法性。本案中，作为拆迁主体的被告应证明签订《房屋搬迁协议》行为的合法与合意性。法院认为，虽然原告在《房屋搬迁协议》上签字，但综合案件事实因素难以确定原告签订涉案协议为其真实意思表示。因双方协商签订涉案协议的8月4日至5日为盛夏时间，且协商时间持续长，从4日早晨一直持续到5日凌晨1：30左右。而原告王某某为将近70岁的老年人，在当时的时间、天气等因素情形下，尽管无直接证据证明拆迁人员对原告采取了暴力、胁迫手段，但很难肯定其签订协议为真实意思表示。同时，法院认为该涉案协议的签订还有违行政程序正当性原则，最终判决撤销《房屋搬迁协议》。

【案件启示】

行政协议是新时代政府法治建设的新模式，是行政机关行使行政管理职权的一种新的、柔性的执法手段。行政协议作为一种行政行为，应符合行政合法、合理、程序正当等原则要求。本案中，法院对《房屋搬迁协议》的签订作了合法性与合约性的审查，通过事实证据综合考量各种因素，得出难以肯定原告方签订协议为真实意思表示的结论，并认定签约行为违反程序正当原则，从而判决撤销了涉案协议。对于本案的审理，法院没有拘泥于双方的证据，而是从行政协议当事人的年龄、签订协议的持续时间与天气对当事人的影响等因素，综合判断行政行为的合法性与合约性，最终得出了令双方都信服的结论，维护了行政相对人的合法权益，发挥了司法监督行政的积极作用。

---

① 《合同法》第54条第2款规定："一方以欺诈、胁迫的手段或者乘人之危，使对方在违背真实意思的情况下订立的合同，受损害方有权请求人民法院或者仲裁机构变更或者撤销。"

《合同法》已失效，现相关规定见《民法典》第148条。

（五）行政协议中行政机关的优益权不得滥用

案例6：崔某书诉徐州市某县人民政府招商引资案

【基本案情】

2001年6月28日，中共某县县委和某县人民政府（以下简称某县政府）印发某委发〔2001〕23号《关于印发某县招商引资优惠政策的通知》（以下简称《23号通知》），就某县当地的招商引资奖励政策和具体实施作出相应规定。2003年，崔某书及其妻子李某侠认为在其夫妻二人的推介运作下，徐州康某环保水务有限公司（即某县污水处理厂，以下简称徐州康某公司）建成投产。后崔某书一直向某县政府主张支付招商引资奖励140万元未果，提起行政诉讼。

被告辩称：第一，本案不属于行政诉讼受案范围。《23号通知》不是县政府履行行政管理职责的行为，而是以发展经济为目的悬赏，是民事要约或要约邀请，属于民事行为而非行政行为。第二，原告的诉求没有事实和法律根据。①徐州康某公司的投资非招商引资项目，而是重庆康某公司有偿委托案外人李某恩通过发现市场投资机遇协调而成，根本无需借助外力。②案涉项目相关签约经费均由县财政提供，原告无付出，也未作出其他任何工作，无权要求奖励。③《23号通知》规定的奖励措施是针对外资而非国内投资。④涉案项目并未依据《某县招商引资优惠政策》要求进行备案，且自2003年项目开始至2015年已超过诉讼时效。

一审法院查明：2001年9月24日，重庆康某公司向李某恩出具《关于城市污水处理厂项目运作的合作承诺》，承诺由李某恩负责市场推介运作城市污水处理项目，该公司负责向其支付项目成功后的经营费。后经上级批准，2003年1月至3月期间，李某恩代表重庆康某公司与某县建设局签订建设污水处理厂的框架协议书后，重庆康某公司与某县政府就污水处理特许经营及其厂区建设工程达成一致并签订了相关协议。2013年5月17日，某县人民法院立案受理了李某恩诉重庆康某公司居间合同纠纷一案。审理过程中，李某恩在提交的材料中提到了自己在2000年得知某县污水项目已立项的信息后，通过熟人找到某县建设局局长推介重庆康某公司，直至最后某县政府同意重庆康某公司投资建厂的相关经历。2013年6月3日该案以被告支付原告赔偿款30万元而调解结案。

2014年4月，徐州康某公司先后两次出具证明，称某县污水处理厂的投资建设是由李某恩推介建成。2001年6月28日,某县印发的《23号通知》中的优惠政策第25条规定了对引进外资项目实行分类奖励的具体措施。第30条规定了申请奖励的引荐人须履行申请程序。附则规定,新增固定资产投入300万元人民币以上者,可参照此政策执行。

一审审理期间,被告某县政府提供了2015年6月19日某县发改委(原体改委)出具的《招商引资条款解释》,对《23号通知》中的部分内容作了说明:外资,是指其他国家、地区(包括港澳台地区)流入的资金。"本县新增固定资产投入300万元人民币以上者,可参照此政策执行"的条款,是为了鼓励本县原有企业增加投入。

一审法院判决驳回了崔某书的诉讼请求。崔某书不服,提起上诉。二审确认了一审的事实,另查明:上诉人崔某书与李某侠系夫妻关系,案外人李某恩系李某侠哥哥。一审中上诉人崔某书提供了三份证明材料:①2003年10月13日某县人大常委会出具的《证明》:某县污水处理厂建设项目由崔某书同志引进;②2003年10月13日某县人大常委会致李某恩的函:今派崔某书同志前去接洽,请您代表康某环保速来我县洽谈投资地面水厂建设事宜;③2005年6月18日某县建设局出具《证明》:某县污水处理厂建设项目由崔某书、李某侠夫妻二人引进。上述三份材料均为复印件。二审期间,上诉人崔某书提供新找到的徐州市妇联2004年3月颁发给"李某某"(系李某侠的曾用名)市妇联系统"十佳招商引资先进个人"《荣誉证书》原件。

经上诉人申请,二审法院依职权调取了徐州市妇联组织的两次会议上的发言材料及其组织的巡回报告中相关的主持词。上述三份文稿中均提到李某侠引进了某县污水厂项目受到表彰的事实。崔某书及其代理人李某侠均称,夫妻二人在涉案招商引资项目中共同出力,由崔某书作为原告起诉是二人的共同意思表示。同时,双方当事人皆认可某县污水处理项目即案涉企业。法院认为,崔某书提供的由某县人大常委会和建设局出具的《证明》、函件,虽均为复印件,但其内容能够相互印证。同时,结合二审期间崔某书提供的《荣誉证书》、二审法院调取的徐州市妇联相关证据材料,可以认定,徐州康某公司系上诉人崔某书及其妻子李某侠介绍引进,且该招商引资项目已经取得实际效果。法院最终撤销一审判决,责令某县政府依法履行对崔某书的奖励义务。

【焦点问题评析】

结合一审、二审查明的事实和裁判，本案的焦点问题有两个：一是如何准确理解《23号通知》中的有关规定；二是某县政府是否应当履行相应义务。

（1）关于如何依法认识《23号通知》中的相关规定

①关于《23号通知》性质的认定。《23号通知》是某县政府为实现全县经济发展这一公共利益的需要，达到全民招商的目的，主动行使政府行政管理职权，向本县辖区内的不特定相对人发出的招商奖励承诺，是特定当事人完成特定招商引资工作后，由县政府或其所属职能部门提供相应奖励的意思表示。该通知应为行政允诺，一旦相对人实施了符合允诺条件的相应行为，该允诺即对双方产生法定约束力。本案中，如果认定徐州康某公司为上诉人夫妻二人所引进，则县政府应受行政允诺所约束。

②对《23号通知》的审查。《23号通知》文件是审查某县政府是否履行承诺的依据。根据《最高人民法院关于适用〈中华人民共和国行政诉讼法〉若干问题的解释》第14条①的规定，本案可以在不违反行政法和行政诉讼法强制性规定的情形下适用民事法律规范。行政允诺作为行政行为的一种，法院应审查其合法性；但作为一种行政约定，法院亦应审查其合约性。对行政行为的审查，既要审查合法性，也要审查合约性。即法院在审理中要审查《23号通知》所规定的内容是否违反行政法律的规范，同时要审查其行为是否违反相关民事法律规范的基本原则。

③行政允诺要坚持诚实信用原则，不得滥用行政优益权。行政允诺是行政行为，也具有民事合约的基本内涵，理应遵守诚实信用的法律原则。行政允诺尽管具有合约的性质，但其具有明显的行政性，赋予行政机关一方为了公共利益而单方解除、变更合约的行政优益权。但行政优益权的使用必须依法、依约，不得滥用，其不得违反法律规定，也不得违反诚实信用原则。对行政允诺核心内容的解释亦不得任意，否则将破坏行政允诺的基础，影响其依法、依约地

---

① 《最高人民法院关于适用〈中华人民共和国行政诉讼法〉若干问题的解释》第14条规定："人民法院审查行政机关是否依法履行、按照约定履行协议或者单方变更、解除协议是否合法，在适用行政法律规范的同时，可以适用不违反行政法和行政诉讼法强制性规定的民事法律规范。"

该司法解释已失效。该条规定已被《行政诉讼法》（2017）第61条第1款所吸收。第61条第1款规定："在涉及行政许可、登记、征收、征用和行政机关对民事争议所作的裁决的行政诉讼中，当事人申请一并解决相关民事争议的，人民法院可以一并审理。"

履行。

④《招商引资条款解释》的认定。本案中，某县政府在一审期间专门作出《招商引资条款解释》，将"本县新增固定资产投入"解释为本县原有企业追加投资，而不包括新建企业的投资，明显不合法。法院认为该解释为本案的证据，应符合证据的真实性、合法性和客观性标准。《最高人民法院关于行政诉讼证据若干问题的规定》第 60 条第 1 项明确规定，被告及其诉讼代理人在具体行政行为作出后或者在诉讼程序中自行收集的证据，不能作为认定被诉具体行政行为合法的依据。《招商引资条款解释》是某县政府在一审案件受理期间自行收集的证据，违反最高人民法院上述司法解释，不能作为认定其行政行为合法的依据。只有县政府在发布《23 号通知》之初公开作出上述解释并公示，方能取得其合法性。由某县政府所属发改委作出上述限缩性解释，存在较为明显的推卸县政府行政允诺义务之嫌。某县政府以此拒绝履行相应义务，有违诚实信用原则，亦构成了对行政优益权的滥用。故法院并未采信该解释。

（2）关于被上诉人某县政府是否应当依法、依约履行允诺义务

本案中，崔某书提交的县人大常委会和县建委出具的三份证明材料虽均为复印件，但其内容可以相互印证。同时，综合本案查明的事实，足以认定上诉人夫妻二人协调引进了徐州康某公司且建成后运行良好。对此，法院认定崔某书已履行了《23 号通知》规定的行政允诺相关义务，县政府应依约兑现其奖励承诺。依照《行政诉讼法》第 34 条的规定，作为被告的某县政府应承担行政行为的举证责任。但某县政府未能提供足够的证据证明崔某书不符合获得招商引资奖励的条件。某县政府主张的案外人李某恩为案涉项目的介绍人且已经从重庆康某公司领取报酬，招商引资与崔某书没有关系的说法没有法律依据。因李某恩与本案并非同一法律关系，不影响本案对崔某书是案涉项目招商引资人的认定。根据《23 号通知》的规定，崔某书引进的并非外资，因此对其奖励只能按照该通知附则规定的"本县新增固定资产投入超过 300 万元人民币以上"的情形予以奖励。

【案件启示】

行政允诺作为一种行政行为，在订立与履行的过程中应依法、依约进行。从目前法律规定及司法实务看，行政允诺的条件实现后会产生法律上的约束力，应该是行政协议的一种形式。其应该按照行政协议的行政性及合约性的内涵予

以理解和执行。作为一种行政行为，行政机关应依法履行自己的义务，谨慎行使自己的行政优益权。行政机关不依法、依约履行自己的义务，从形式上看是为公共财政节省了资金，但实质上损害了政府的公信力，不仅没有起到维护公共利益的目的，反而侵害了相对人的合法权益，进而减损了社会公众对政府的信任，与法治政府建设的初衷和原则背道而驰，得不偿失。

同时，行政机关在行政契约中的优益权要依法行使，否则很容易侵害公民、法人和其他组织的合法权益。行政契约中行政机关的优益权，包括引导、监督权、采取强制权等均为行政公权力的体现，其相对一般当事人而言处于绝对强势的地位，如不加以严格限制和监督，将对相对人的权益造成极大伤害。因此，行政契约中的行政权需严格依法行使，不得滥用。

（六）行政机关为公共利益需要行使单方解除权的，应依法定程序并依法补偿相对方损失

案例7：某光中石油昆某燃气有限公司诉某光市人民政府解除特许经营协议案

【基本案情】

2011年7月15日，山东省某光市政府授权某光市住房和城乡建设局与某光中石油昆某燃气有限公司（以下简称昆某燃气公司）签订《天然气综合利用项目合作协议》，约定由昆某燃气公司在某光市从事城市天然气特许经营，特许经营范围包括渤海化工园区（羊口镇）、侯镇化工园区、东城工业园区，特许经营期限为30年。协议签订后，昆某燃气公司办理了一部分开工手续，并对项目进行了开工建设，但一直未能完工。2014年7月10日，某光市住房和城乡建设局发出催告通知，告知昆某燃气公司在收到通知后两个月内抓紧办理天然气经营许可手续，否则将收回燃气授权经营区域。2015年6月29日，昆某燃气公司向某光市人民政府出具项目建设保证书，承诺在办理完相关手续后3个月内完成项目建设，否则自动退出授权经营区域。2016年4月6日，某光市人民政府决定按违约责任解除特许经营协议并收回昆某燃气公司在羊口镇、侯镇的燃气经营区域的特许经营权。昆某燃气公司不服，经复议未果，遂起诉请求确认某光市人民政府收回其天然气特许经营权的行为违法并撤销该行政行为。一审被驳回后，该公司又上诉。最终，二审法院判决撤销一审判决和行政复议决定，

确认某光市政府收回特许经营权的行为违法但不撤销该行政行为。

【焦点问题评析】

本案的焦点问题是行政协议中行政机关能否行使解除权,以及解除权行使后如何对行政协议相对人实施救济。

(1) 行政协议的解除权应依法行使

①行政机关有权因维护公共利益的需要解除行政协议。行政协议是指行政机关为执行公共事务,实现公共目的,而行使行政管理职权,与相对人协商一致订立的有关行政权利义务关系的协议。行政协议既有行政性,又有合约性。合约性是指行政协议所具有的合同的本质和内涵以及合意、协商等;行政性是指作为行政协议一方的行政机关的主导性权利,对行政协议的主导权、监督权、直接强制执行权、直接变更和解除权等。行政协议中行政机关的主导性权利必须依法行使。《最高人民法院关于适用〈中华人民共和国行政诉讼法〉若干问题的解释》第14条规定:"人民法院审查行政机关是否依法履行、按照约定履行协议或者单方变更、解除协议是否合法,在适用行政法律规范的同时,可以适用不违反行政法和行政诉讼法强制性规定的民事法律规范。"根据《合同法》第60条第1款、第62条第4项、第94条第4项的规定,①当事人应当按照约定全面履行自己的义务;履行期限不明确的,债权人可以随时要求履行,但应当给对方必要的准备时间;当事人一方迟延履行债务致使合同目的不能实现的,另一方可以解除合同。

本案中,某光市政府为公共利益的需要,积极发展社会公共事业,就城市居民天然气综合供应项目与昆某燃气公司签订了天然气特许经营协议。该协议是政府为公共利益的需要行使行政管理职权,而与企业协商一致签订的合同,属于行政协议。按上文所述,行政协议在适用行政法律规范的同时,在不违反行政法律中强制性规范的情形下,可以适用民事法律规范。作为行政协议的双方应严格履行协议约定的义务。案涉协议中,双方对燃气经营项目建设没有约定固定完工期限,按照《合同法》的规定,某光市政府可以随时在合理期间内要求对方履行合同。通过法院查明的事实可见,某光市政府在长达5年的时间里多次催促昆某燃气公司依法履行合同,尽快完成项目建设。市政府还给出了

---

① 《合同法》已失效。现相关规定见《民法典》第509条第1款、第511条第4项、第563条第4项。

项目完工的最后期限，强调如不能如期完工将收回天然气的特许经营权。昆某燃气公司表示会如期完工并作出了承诺，但其始终无法解决项目建设中的困难和障碍，导致其无法如期完成项目建设。事实表明，昆某燃气公司无法按约定履行行政协议的义务，导致燃气供应建设项目无法完成，行政协议原定市区内相关区域供气的目的无法实现。按照《合同法》的规定，协议解除的法定条件已经具备，某光市政府有权解除昆某燃气公司在特定区域的燃气供应的特许经营权。本案中，某光市政府为保障公共利益的实现，最终收回了昆某燃气公司在羊口镇、侯镇的燃气特许经营权，这意味着市政府行使了行政协议的解除权，解除了与昆某燃气公司在上述两区域的燃气特许经营协议。

从本案行政协议的内容看，某光市政府对昆某燃气公司燃气特许经营授权包括三个区域，即羊口镇、侯镇化工园区、东城工业园区。因行政协议不能如约履行，某光市政府收回了前两个授权区域，而没有收回后一个，这就意味着昆某燃气公司与某光市政府关于东城工业园区的燃气特许经营权协议并未解除，依然有效。

②行政协议解除权的行使应依据法定程序进行。依据《市政公用事业特许经营管理办法》第25条①的规定，"取消特许经营权"的，应依法进行并"召开听证会"。本案中，某光市政府解除相对人昆某燃气公司的燃气特许经营权需按照上述规定实施听证程序。其应先行告知相对人有申请听证的权利，听取相对人的陈述、申辩。如果昆某燃气公司申请听证的，某光市政府应该组织听证，最后根据听证笔录作出是否解除行政协议的决定。在法院查明的事实中，某光市政府没有证据证明其实施了听证程序，因此被认定为程序违法。

因此，本案中某光市政府为了公共利益的需要，依法行使行政协议的解除权是合法适当的。但其对行政协议解除权的行使程序违法，没有组织听证，违反了《市政公用事业特许经营管理办法》关于行使解除权应组织听证的规定，属于程序违法。从整个案情看，某光市政府作出解除行政协议的行政行为内容上合法，但程序违法，依法应予撤销。但某光市政府收回燃气特许经营权的行为是为了公共利益的需要，如若撤销则势必影响相关区域居民燃气供应及城市

---

① 《市政公用事业特许经营管理办法》第25条规定："主管部门应当建立特许经营项目的临时接管应急预案。对获得特许经营权的企业取消特许经营权并实施临时接管的，必须按照有关法律、法规的规定进行，并召开听证会。"

发展规划，因此二审法院作出了确认解除行为违法，但不予撤销的裁判。

（2）行政协议解除后的补救措施

行政机关解除行政协议是因为该协议的履行已经无法实现社会公共利益的目的，同时需要依法进行。对于行政协议的解除应重点关注其合法性与效力性。本案中，某光市政府作出了收回燃气特许经营权的行政决定，因其为了社会公共利益的需要，所以该解除权的行使是有效的。但解除特许经营权协议没有依法履行听证程序，又属于程序违法，具有违法性。鉴于维护公共利益的目的，法院确认其违法但未撤销其行政决定。对于该行政协议的履行，尽管昆某燃气公司无法履行承诺被解除了特许经营权，但毕竟该公司为此天然气项目的实施付出了一定人力、物力和财力。政府应尽可能地采取措施对相对人的损失给予一定程度的补偿，依法保护相对人的合法权益。对此补救措施，市政府具有很大的自由裁量权，应根据相对人建设投入的时间、精力、财物等因素综合判断，以维护各方利益的平衡。

【案件启示】

行政协议是行政机关行使行政管理职权，履行管理职责，实现行政管理目标的一项新举措。其既有行政行为的行政性，又有民事合同的基本规范性。因此，行政协议争议既要适用行政法规范的要求，又要适应民事法律规范的要求。在对行政协议解除行为合法性与效力性予以判断的同时，充分衡量公共利益和相对人利益的关系，依法作出保护最优利益的决定。行政协议的撤销是行政机关的主导性权利，但必须依法实施。行政协议本身是双方充分协商的结果，司法机关通过合法性审查作出的裁判，既要保障公共利益的优先性，又要积极维护公民、法人和其他组织的合法权益。本案中，法院既明确了行政协议撤销的效力，又作出了其程序违法的认定；既对撤销的内容作了区分，保留了相对人的部分利益，又对行政机关提出了做好补救措施的裁决，较好地平衡了公私利益，具有积极的借鉴意义。

（七）行政协议的签订具有重大、明显违法情形的，应确认无效

案例8：徐某某诉安某市人民政府房屋补偿安置协议案

【基本案情】

1993年12月，徐某某以非本村集体经济组织成员身份在城郊一村庄买下

一处宅基地，在其上建成两层楼房（占两间房屋的宅基地）。2013 年，安某市政府设立旧村改造指挥部，负责对包括徐某某房屋所在村庄的旧村改造工作。指挥部公布了拆迁补偿政策规定：房屋产权调换的，每处 3 间以上的合法宅基地房屋在指定居住区置换 200 平方米的 12 层以下楼房（分为 80 平方米和 120 平方米楼房各一套）。2 间以下合法宅基地房屋置换一套 100 平方米的 12 层以下楼房。宅基地超出或不足以上面积的，以安置补偿价格找补差价。2013 年 8 月 5 日，旧村改造指挥部与徐某某签订《产权调换补偿协议书》，其中约定：徐某某选择两套均为 12 层以下住宅楼回迁，户型分别为 120 平方米和 80 平方米。其后，徐某某按照拆迁政策规定领取了各种安置补偿费用共计 152984 元。2017 年 7 月，徐某某分得 100 平方米住宅楼一套，并获知：拆迁安置应按照签订协议时的政策执行，安某市政府 2013 年 8 月规定的拆迁安置补偿政策为两间宅基地的房屋只能置换 100 平方米住宅楼。徐某某原有两间房屋的宅基地，所以只能享受该一套住房。徐某某不服，以安某市人民政府为被告提起行政诉讼，请求继续履行双方签订的《产权调换补偿协议书》，交付剩余的 100 平方米住宅楼。

【焦点问题评析】

本案的焦点问题是案涉《产权调换补偿协议书》是否有效。

根据案情，涉案《产权调换补偿协议书》（以下简称补偿协议）为行政诉讼法规定的行政协议，是行政机关为实现行政管理目的而与公民、法人和其他组织协商一致签订的协议，是行政机关行使其管理职权的新方式。行政协议既有体现行政公权力的行政性，又有源于民事合同或协议的民事性。《最高人民法院关于适用〈中华人民共和国行政诉讼法〉若干问题的解释》第 14 条①规定，法院审查行政机关针对行政协议的履行、变更等行为的合法性，在适用行政法律规范的同时，可以适用民事法律规范。本案的焦点是确定案涉行政协议的效力问题。一方面，《行政诉讼法》第 75 条②规定，行政行为没有依据等重大且

---

① 该司法解释已失效。该条规定已被《行政诉讼法》（2017）第 61 条第 1 款所吸收。第 61 条第 1 款规定："在涉及行政许可、登记、征收、征用和行政机关对民事争议所作的裁决的行政诉讼中，当事人申请一并解决相关民事争议的，人民法院可以一并审理。"

② 《行政诉讼法》第 75 条规定："行政行为有实施主体不具有行政主体资格或者没有依据等重大且明显违法情形，原告申请确认行政行为无效的，人民法院判决确认无效。"

明显违法情形的应确认无效。本案中，安某市政府为城市建设需要实施旧村改造，是行使行政管理职权的行政行为，其应该是旧村改造项目的行政主体。安某市政府在实施该项目时公布的拆迁安置补偿标准是案涉补偿协议的依据。案涉《产权调换补偿协议书》属于安某市政府与徐某某签订的行政协议，应符合法定性与合约性的要求。上述协议书中约定的给予徐某某两套共200平方米安置房屋的约定条款与市政府公布的安置标准差距很大，严重违反了安置补偿政策。根据《行政诉讼法》第75条的规定，案涉补偿协议的约定条款明显违法应视为该约定没有依据，属于无效情形。另一方面，拆迁安置工作涉及面广，其拆迁政策的制定和实施影响到众多被拆迁户的权利和义务，也有关社会公共利益的实现。在实务中，如支持徐某某诉讼请求补足其200平方米的安置面积，将有违城市旧村改造的初衷。市政府组织城市旧村改造项目并与被拆迁户签订房屋安置补偿协议，其根本目的在于改善居民生活条件、完善城市发展和规划，以实现改善民生的社会公共利益。如市政府明知拆迁协议出现错误、徐某某违反拆迁政策而允许其额外获得100平方米的安置面积，势必影响到市政府拆迁安置行为的公平公正性，违反诚实信用原则。同时会人为增加政府该拆迁项目的成本和公共开支，损害社会公共利益。尤其是可能扰乱项目改造区域拆迁安置秩序，引发更多社会矛盾，影响社会秩序。

因此，根据《合同法》第52条①规定，涉案补偿争议约定的给予徐某某200平方米补偿安置房屋条款不符合协议目的，损害社会公共利益，属于协议无效的情形。故徐某某的诉讼请求缺乏事实和法律依据，法院予以驳回。

【案件启示】

行政协议作为一种新型的行政行为，具有行政性与合意性的特征。既应合乎行政法律规范，又可以适用民事法律规范。从其效力上讲，《行政诉讼法》第75条规定，行政行为不具有行政主体资格或没有法律依据等重大、明显违法情形的应确认无效。行政协议的目的在于实现行政管理目的，维护公共利益，如其存在重大明显违法情形，将影响其行政目标的实现，损害公共利益，应确认其无效。

同时，本案中的行政协议争议情形在过去的房屋拆迁安置实务中经常出现，

---

① 《合同法》已失效。现相关规定见《民法典》第153条。

被拆迁人往往认为只要签订协议，自己的额外利益就能得到保证。本案被列为最高人民法院行政协议的十大指导案例之一，这就意味着类似行政协议无效的确认已成为明确的指导性意见，相对人认为的即使补偿内容严重超过补偿标准只要与政府签订了补偿协议就可以万无一失的观点应该予以转变了。行政机关应严格行政行为程序规范，加强行政行为的监督和审查，避免此类重大、明显违法情形的出现，以节约行政资源，维护社会公共利益。

第七章 政府信息公开实务

政府信息公开制度是行政程序的基本制度之一，是行政公开原则的基本要求。相对人或社会公众通过政府信息公开了解、掌握行政机关相应行政行为的名称、主体、内容、程序、结果等信息资料，更有利于自身参与行政程序的过程，保障自身的程序性权利。同时，政府信息公开从广泛意义上讲也有利于社会公众参与对行政行为的监督，对于打造阳光政府、透明政府，规范行政权力的行使，建设现代法治政府的治理模式具有积极的意义。

政府信息公开是世界各国在行政法领域的通行做法，这既是对政府行政权力的监督，也是对作为相对人的社会公众参与权的保护。如瑞典早在1766年就制定了《新闻自由法》，确认了公民拥有政府信息公开的请求权。美国也在1966年制定出台了《信息公开法》，规定了较为完备的行政信息公开规范，对世界各国政府信息公开法律的制定和发展起到了较好的带动作用。从现阶段看，如法国、日本、加拿大、澳大利亚等国家以及我国台湾地区都制定通过了政府信息公开方面的立法。政府信息公开方面的立法是政府行政程序立法的组成部分，是一个国家行政程序法典之下重要的单行行政程序法。

我国现阶段关于政府信息公开专门的立法是国务院于2007年1月17日制定通过、2008年5月1日起施行的《政府信息公开条例》（以下简称《公开条例》），2019年4月3日，国务院发布了修订后的《公开条例》并于同年5月15日起施行。在实务中，涉及政府信息公开的行政规范和司法解释有：①《国务院办公厅关于施行〈政府信息公开条例〉若干问题的意见》（2008年4月29日）；②《国务院办公厅关于做好政府信息依申请公开工作的意见》（2010年1月12日）；③《最高人民法院关于审理政府信息公开行政案件若干问题的规定》（2011年7月29日）。实践中，在《公开条例》出台前，我国已经存在涉及信息公开的相关立法，如《档案法》及《档案法实施办法》《保守国家秘密法》等。上述法律、行政法规、相关内部行政规范和最高人民法院的司法解释等在信息公开实务中发挥了积极的作用,尤其是后者对涉政府信息公开行政诉讼案件提供了审理、裁判和执行的相关司法规范,促进了我国政府信息公开工作的发展。

一、法理基础

(一) 政府信息公开的内涵

1. 政府信息公开的概念

政府信息公开,是行政机关根据行政职权或行政相对人请求,将政府信息向相对人或者社会公开展示,并允许查阅、摘抄和复制的活动。[①] 按照《公开条例》的规定,政府信息是指行政机关在履行行政管理职能作出相应行政行为的过程中制作或者获取的各种笔录、信件、图书、图片、刻印、照片、微缩影片、录音录像制品以及能够使用机器读取的其他记录等。

2. 政府信息公开的基本内容

从理论上讲,政府需要公开的信息内容广泛,主要包括:抽象的信息,如行政法规、规章、行政规范性文件及统计信息、行政规划等方面;具体的信息,如政府的预决算报告、行政收费的具体规定(名称、对象、依据、内容、程序等)、政府重大项目审批、建设等内容;行政主体的具体行政行为,如行政处罚、行政许可、行政强制、行政裁决等行政行为的主体、程序、内容、救济渠道等相应材料。概括言之,因政府行政权力来源于社会公众的间接授予,所以政府所有行政行为均应向社会公开,这是政府行使行政管理职权的应有之义。当然,政府信息公开不是绝对的,根据法律法规的规定,涉及国家秘密、商业秘密和个人隐私的信息以及为保护公共利益需要的信息可依法不予公开。

(二) 政府信息公开的范围与方式

政府信息公开的内容可以根据不同的标准分为不同的类型。如根据行政工

[①] 姜明安主编:《行政法与行政诉讼法》,北京大学出版社、高等教育出版社2019年版,第343页。

作范畴的不同,可分为行政立法信息、行政执法信息和行政司法信息的公开等。根据行政管理部门管辖领域的不同,可分为市场监管、税收征收、财政收支、城建房管、环境监管、文化教育卫生等相关信息的公开。根据信息公开受众的不同,可以分为面向社会公众的信息公开和面向行政相对人的信息公开。根据信息公开启动方式的不同,可分为依职权的信息公开和依申请的信息公开。另外,还有涉及特别规定的信息公开。结合《公开条例》的规定,以下重点介绍依职权的信息公开、依申请的信息公开。

1. 依职权公开的范围与方式

依职权的信息公开,是指行政机关依据享有的行政管理职权主动将其掌握的工作信息依法定程序向社会公开。政府信息公开是行政公开原则的重要内容,是法治政府建设的基本要求,体现了公正、公开的程序要求。故行政机关依职权主动公开信息是信息公开的主要方式。根据《公开条例》第19条、第20条、第21条[①]的规定,政府信息中依职权公开的内容包括:①涉及公众利益调整的,如扶贫、教育、医疗、社会保障、促进就业,以及涉及市政建设、公共服务、公益事业、土地征收、房屋征收、治安管理、社会救助等方面的政府信息;贯彻落实农业农村政策、农田水利工程建设运营、农村土地承包经营权流转、宅基地使用情况审核、土地征收、房屋征收、筹资筹劳、社会救助等方面的政府信息;环境保护、公共卫生、安全生产、食品药品、产品质量的监督检查情况

---

① 《公开条例》第19条规定:"对涉及公众利益调整、需要公众广泛知晓或者需要公众参与决策的政府信息,行政机关应当主动公开。"第20条规定:"行政机关应当依照本条例第十九条的规定,主动公开本行政机关的下列政府信息:(一)行政法规、规章和规范性文件;(二)机关职能、机构设置、办公地址、办公时间、联系方式、负责人姓名;(三)国民经济和社会发展规划、专项规划、区域规划及相关政策;(四)国民经济和社会发展统计信息;(五)办理行政许可和其他对外管理服务事项的依据、条件、程序以及办理结果;(六)实施行政处罚、行政强制的依据、条件、程序以及本行政机关认为具有一定社会影响的行政处罚决定;(七)财政预算、决算信息;(八)行政事业性收费项目及其依据、标准;(九)政府集中采购项目的目录、标准及实施情况;(十)重大建设项目的批准和实施情况;(十一)扶贫、教育、医疗、社会保障、促进就业等方面的政策、措施及其实施情况;(十二)突发公共事件的应急预案、预警信息及应对情况;(十三)环境保护、公共卫生、安全生产、食品药品、产品质量的监督检查情况;(十四)公务员招考的职位、名额、报考条件等事项以及录用结果;(十五)法律、法规、规章和国家有关规定规定应当主动公开的其他政府信息。"第21条规定:"除本条例第二十条规定的政府信息外,设区的市级、县级人民政府及其部门还应当根据本地方的具体情况,主动公开涉及市政建设、公共服务、公益事业、土地征收、房屋征收、治安管理、社会救助等方面的政府信息;乡(镇)人民政府还应当根据本地方的具体情况,主动公开贯彻落实农业农村政策、农田水利工程建设运营、农村土地承包经营权流转、宅基地使用情况审核、土地征收、房屋征收、筹资筹劳、社会救助等方面的政府信息。"

的信息等内容。这些内容的政府信息涉及公民、法人和其他组织的切身利益或权利保护，是信息公开的主要内容。②需要社会公众广泛知晓或参与决策的信息，如因行政立法所产生的行政法规、规章和规范性文件；国民经济和社会发展的各种规划、政策以及统计信息；办理行政许可、行政处罚、行政强制及其他对外管理服务事项的依据、条件、程序以及办理结果等；财政预算、决算信息；与行政事业性收费、政府集中采购以及重大建设等项目相关的目录、标准、实施、审批程序、结果等相关信息；突发公共事件的应对信息。此类信息包含了国家的基本政策、规定，向社会公众公开并由其参与，有利于此类信息在工作中的贯彻落实。③涉及行政机关自身的基本信息，如机构设置、职权范围、工作程序、负责人基本情况、对外联络等信息。④其他依法应当公开的政府信息。

行政机关依职权公开政府信息，应在坚持法定方式的基础上采取多种有效方式予以公开。根据《公开条例》的规定，我国政府信息可以通过政府公报、政府网站或者其他互联网政务媒体、新闻发布会以及报刊、广播、电视等途径予以公开。对国家、社会和公众有重大影响的政府信息应依法定形式公开，如制定、修改的行政法规、规章等要在其影响范围内以政府公报或报纸等形式公开。对其他的政府信息，因其内容庞杂、数量巨大，行政机关可以根据自身行政能力和便民高效的原则确定合适的公开方式，最终目的在于通过公开让公众知晓相应信息，保障公众的参与权。

2. 依申请公开的范围与方式

依申请公开的政府信息，是作为行政主体的行政机关或法律法规授权的组织根据相对人公开信息的申请，以申请人要求的形式或其他适当形式向相对人公开信息。依申请公开信息，是法治政府建设的必然要求，是充分利用政府信息服务于社会公众的生产、生活和经济社会活动的积极行政行为，是政府信息公开的目的之一。政府信息数量繁多，除行政机关依职权公开的信息外还有诸多与公民、法人和其他组织密切相关的生产、生活、科研等方面的政府信息。对此类政府信息，公民、法人和其他组织都有权申请其公开。

应申请的信息公开事项大多与公民、法人和其他组织的切身利益密切相关。政府应申请公开信息，其本质是为申请人提供相关服务，是建设服务型政府的应有之义,应坚持高效与便民的原则。如《公开条例》第 30 条①规定的行政机关对信息公开申请的指导与释明义务、第 42 条规定的申请政府信息公开不收取费用、第 43 条②规定的对阅读困难或视同障碍的帮扶义务,等等。行政机关的信息公开要权衡各方利益,如申请公开的信息涉及其他人商业秘密、个人隐私的不得公开,除非利益相关人同意公开信息。

(三) 政府信息公开的原则

1. 以公开为常态、不公开为例外的原则

政府信息以公开为常态,就是行政机关在没有法定不得公开的理由情形下,应当在法定职权范围内及时、准确地公开相关政府信息。即只要没有禁止公开的就应当公开。同样,只要没有侵害国家秘密、商业秘密和个人隐私,行政机关就应当按照相对人的申请公开相应信息。政府信息以公开为常态、以不公开为例外的原则,要把握好公开与不公开的平衡关系,科学处理信息公开与保守国家秘密的关系,严格遵守国家保密法律法规和信息发布保密审查机制。行政机关应依法保密,按照法律法规及相关国家机关对涉密信息保护的相关规定,严格实施保密管理。对确属涉密、依法依规不能对外公开的信息应依法保密,不得对外公开。对法律法规和国家涉密审查机关没有规定不得公开的信息,应按照相对人的申请及时予以公开,不得以国家秘密为由拒绝公开。

对于不予公开的例外,也并非绝对。如涉及商业秘密、个人隐私的政府信息,如果经相关权利人同意的,可以公开。同样,如果不予公开将对国家的公共利益造成远远大于私人利益的损失,对此可以予以公开。如果因为政府信息公开给公民、法人或其他组织带来损失的,作出信息公开行为的行政机关应该给予补偿。

2. 公平、公正原则

信息公开的公平、公正原则要求行政机关应当平等对待行政信息所涉利益

---

① 《公开条例》第 30 条规定:"政府信息公开申请内容不明确的,行政机关应当给予指导和释明,并自收到申请之日起 7 个工作日内一次性告知申请人作出补正,说明需要补正的事项和合理的补正期限。答复期限自行政机关收到补正的申请之日起计算。申请人无正当理由逾期不补正的,视为放弃申请,行政机关不再处理该政府信息公开申请。"

② 《公开条例》第 43 条规定:"申请公开政府信息的公民存在阅读困难或者视听障碍的,行政机关应当为其提供必要的帮助。"

各方，平衡利益相关方的利益需求。

一是，要平等对待不同信息公开申请人的请求，充分考虑不同申请人的利益诉求，坚持做到同等情况同等对待，不同情况区别对待，不厚此薄彼，不能因信息不平衡、不对称产生不公平、不公正的结果。

二是，要平等对待信息公开申请人和信息权利人的相关权益。政府信息公开的目的在于服务社会公众，因此在信息公开的过程中要注意平衡信息公开申请人和信息权利人的关系，不能只顾一方不计其余，甚至损害一方的信息权益。

三是，行政机关应当对自己作出的信息公开行为的公正性负责，负有对是否作出信息公开决定说明法律依据与事实理由的义务，并告知行政行为的相对人提起救济的权利和途径。

3. 合法原则

政府信息公开作为行政程序制度的重要内容，应遵循行政合法性原则，即行政信息公开要合法。结合《公开条例》的规定，政府信息公开是指行政机关在履行行政管理职能过程中制作或者获取信息的对外公开。信息公开属于行政机关履行行政管理职责的法定程序，应依法进行。

政府信息公开的合法原则体现在：①信息公开的主体和范围要合法，行政机关制作的政府信息，由制作该政府信息的行政机关负责公开；行政机关公开信息要编制信息公开指南和信息公开目录，并据此公开和及时更新；依法依规需经批准才能公开的信息必须经过批准方能予以公开；作为国家秘密、商业秘密和个人隐私的政府信息以及法律、行政法规禁止公开的政府信息不得公开；行政机关应当建立健全政府信息公开审查机制及动态调整机制，依法公开信息。②政府信息公开的范围和方式法定，行政机关应按照法定范围依法予以主动公开或依申请公开；各级政府应依法完善信息公开工作机制，建立健全信息公开工作考核、社会评议及责任追究制度。定期对政府信息公开工作进行考核、评议。

4. 便民原则

便民原则要求行政机关以最直接、最有效的途径和方式方便社会公众或相对人获取政府信息。根据《公开条例》的规定，对于依法应主动公开的信息，行政机关应通过公开的政府公报、广播电视报刊等传统媒体和现代网络媒体或平台对外发布，并提供公共图书馆、档案馆等相关场所方便社会公众查询。对依申请公开的政府信息，行政机关应尽可能地提供便利帮助申请人提出申请并及时答复,并免收申请费用,对生活困难的可以减免检索、复制等相关费用。这些均体现了政府信息公开的便民要求。

(四) 政府信息公开制度

政府信息公开制度作为行政程序制度的重要内容相对比较成熟,已形成了较完整的制度体系,这在《公开条例》中有明显的体现。

1. 政府信息重点公开制度

政府信息内容庞杂,《公开条例》规定了行政机关以公开为原则、以不公开为例外的基本原则,并分为主动公开和依申请公开两种方式。不同行政管理领域的政府信息作用不同,重要性也有差别,其信息公开应坚持全面公开为基础、重点公开为原则。《公开条例》第20条列举了15项政府应主动公开的信息,就是重点公开制度的体现。如行政立法和规范性文件、国民经济和社会发展规划及统计信息、财政预决算、行政事业性收费、政府采购、行政许可、行政处罚、行政强制、重大项目建设、教育医疗社会保障等民生事务、突发公共事件、环境保护以及公共卫生、食品药品等的监督检查。

2. 政府信息公开程序制度

①依职权主动公开信息的程序,包括:审查、公开发布、公开的法定期限、监督检查等。公民、法人和其他组织认为行政机关不依法履行信息公开职责的,有权向有关机关提出检举、申诉等,相关机关对收到的检举、申诉应依法处理。

②依申请的信息公开的程序,包括:申请及被申请机关的处理;行政机关依法定期限作出是否公开信息的答复;法律救济渠道:公民、法人和其他组织认为政府信息公开侵犯自身合法权益的,可向有权机关提出举报,也可通过行政复议或行政诉讼予以救济。

3. 政府信息公开年度报告制度[①]

《公开条例》第49条第2款规定,各级政府信息公开主管部门应在每年3月31日前向社会公布本机关上年度信息公开工作报告。该年度报告包括以下内

---

① 《公开条例》第49条规定:"县级以上人民政府部门应当在每年1月31日前向本级政府信息公开工作主管部门提交本行政机关上一年度政府信息公开工作年度报告并向社会公布。县级以上地方人民政府的政府信息公开工作主管部门应当在每年3月31日前向社会公布本级政府上一年度政府信息公开工作年度报告。"

容：行政机关主动公开信息、收到和处理信息公开申请、涉及信息公开的行政救济、信息公开存在的问题与解决措施，以及信息公开工作的考核、评议和对问题的责任追究情况等。

4. 政府信息公开考核评议和责任追究制度

政府信息公开考核评议制度属于行政机关自身工作绩效考核体系的重要组成部分，有利于督促行政机关依法履行信息公开职责，提高信息工作实效，更好地为社会公众提供信息服务。《公开条例》第46条[①]规定了政府信息公开考核评议和责任追究制度。

二、实务案例

自2008年5月1日《公开条例》实施，尤其是2015年《行政诉讼法》修订以来，涉及政府信息公开的行政争议案件日趋增多。在整个行政法律体系中，政府信息公开作为行政程序制度的内容之一显得并不突出，但其涉及的行政争议在整个行政复议和行政诉讼实务中却能占有一席之地。2021年7月21日晚上9点30分，笔者在中国裁判文书网搜索"行政案件"共检索到2779422篇文书。同时搜索"行政案件""信息公开"字样，共检索到195823篇文书。可见，涉及政府信息公开的行政案件数量较多，已超过了7%，在行政行为众多的行政案件总数中已经占据了重要的地位。同时，涉及政府信息公开的行政争议案件还大量存在于行政复议程序中。因此，涉政府信息公开的案件数量在现阶段影响较大，值得关注。以下将结合行政复议和行政诉讼案例对政府信息公开争议作相关讨论。

（一）政府信息公开要平衡好公共利益与个人利益的关系

案例1：徐某不服某部委信息公开答复申请裁决案

【基本案情】

2014年12月17日，申请人徐某向被申请人国务院某部委提交《政府信息

[①] 《公开条例》第46条规定："各级人民政府应当建立健全政府信息公开工作考核制度、社会评议制度和责任追究制度，定期对政府信息公开工作进行考核、评议。"

公开申请表》，就6个方面的问题申请信息公开。申请人本着"一事一申请"的原则要求，结合申请的问题向被申请人提出了6份申请表。该6份申请表针对某物业公司提出的行政许可申报材料分别申请公开：（1）该物业公司申请核定资质等级时提交的相关申报表；（2）该物业公司资质证书正本和副本；（3）该物业公司物业专业管理人员、技术人员、工程与财务负责人等人员的资格、资质与劳动合同等资料信息；（4）该物业公司的经营业绩：（5）该物业公司提供物业服务的合同；（6）该物业公司营业执照。2015年1月5日，被申请人分别就该6份申请作出逐一答复的告知书，称申请人申请公开的上述6个方面的信息均不属于信息公开的范围。2015年1月28日，被申请人又作出6份补正告知书，更正了前述6份告知书的文号。申请人对后面的6份补正告知书不服，向被申请人提出行政复议申请。被申请人维持后，申请人向国务院提出行政裁决申请。

2015年2月6日，申请人又向被申请人提出12份信息公开申请，要求公开前述被申请人作出的12份告知书和补正书对应的申请人所提交的申请表。被申请人分别针对12份申请作出了相应告知书，称申请人申请公开的信息不属于信息公开的范围。申请人不服，又对此12份告知书提起行政复议。2015年4月15日，被申请人作出了维持决定。申请人不服又向国务院提出行政裁决申请。

【焦点问题评析】

本案可分为两部分予以分析：一是针对前6份关于信息公开补正告知书复议决定的行政裁决，其焦点问题是申请公开的行政许可申报材料是否属于信息公开的范围。二是针对后12份要求公开自己提出的信息公开申请书的信息公开告知书的行政复议决定的行政裁决，其焦点问题是作为申请人自己提交的信息公开申请书，能否适用《公开条例》的规定予以公开。

（1）关于前6份信息公开补正告知书引发的行政裁决案件的焦点问题的分析

此案中，申请人申请公开的是某物业公司申请核定资质等级时提报的行政许可申请材料。对此能否应申请予以公开，《公开条例》并无明确的规定。可从以下几点分析。

第一，行政许可的申报材料属于过程性信息，不属于信息公开的范围。《公开条例》第20条第5项规定"办理行政许可和其他对外管理服务事项的依据、条件、程序以及办理结果"应主动公开。这是《公开条例》规定的行政机关公开信息中关于主动公开行政许可行为信息的具体规定。《公开条例》制定的目的是保障公民、法人和其他组织依法获取政府信息，维护其知情权、参与权等项权利。本案中，行政许可的依据、条件、程序、结果等信息会由行政许可机关主动公开，可以满足公众对行政许可的知情权。根据《国务院办公厅关于做好政府信息依申请公开工作的意见》第2条的规定，行政机关公开的政府信息，应当是便利申请人可以在生产、生活和科研中正式使用或作为书证使用的正式的、完整的信息。行政机关工作中的过程性信息一般不属于应公开的政府信息。本案中申请人申请公开的物业公司的申请行政许可的申报材料即属于过程性信息，对外并不产生实质性的权利义务关系的影响。

第二，从行政许可申报材料本身看，包括两方面内容：一方面是申请人自己填报的内容，如申请表、申请主体资格资质证明（如个人基本信息、业务合同、企业经营数据）等。此类资料中有很多内容涉及个体或企业的隐私或商业秘密，行政许可的申请人一般不愿意对外公开。另一方面是涉及其他行政机关已经制作发放的信息，如企业三证合一的登记证明、个人或组织的资格资质证明等。这类信息的公开由发证机关负责依法公开，如果再由行政许可机关逐一公开则会超出其职责范围，违反《公开条例》规定的"谁制作、谁公开"的原则，容易导致信息公开管理的混乱，也有违政府信息公开的本义。

第三，行政许可事项面广、量大，难以将所有材料事无巨细地公开。行政许可涉及的行政管理领域广泛、种类繁多，且专业性较强（如新药上市的审批等），如所有申请许可的材料均可以主动公开或应申请公开，则行政机关的工作压力过大，付出的工作成本过高，对于信息公开而言并无太大意义，即成本与信息公开的收益不成正比。行政许可的申报材料不应纳入信息公开的范围。

因此，本案中行政许可的申报材料为过程性信息，原行政机关认为该信息不属于信息公开的范围是合适的，并无不当。

（2）关于后12份信息公开申请书引发的行政裁决案件的分析

第一，信息公开的目的是维护公民、法人和其他组织对政府信息的知情权和工作参与权。如前所述《公开条例》第1条规定了政府信息公开的目的是维护公民、法人和其他组织的知情权和参与权，让公众通过行政机关的主动公开或依申请公开信息获取自己没有掌握的信息。

第二，本案中申请人申请公开自己提交的信息，不符合《公开条例》体现的立法精神和立法目的。政府信息之所以要公开，目的之一是让公众了解自己并不了解和掌握的信息，而不是已经掌握的信息，更不是自己制作的信息的重复公开。本案中，申请人要求公开的信息是自己制作的信息公开申请表，显然不是为了掌握未知的信息。该信息公开申请不符合《公开条例》的立法精神。同时，被申请人也不负有依《公开条例》规定予以公开该信息的法定职责，其就信息公开申请作出的告知书也不影响申请人的权利和义务。

第三，申请人提出的行政复议申请并不属于行政复议的受案范围。《行政复议法》第1条、第2条规定了行政复议的目的在于解决行政争议，维护公民、法人和其他组织的合法权益。申请行政复议的目的在于保护自身合法权益。本案中，被申请人作出的12份信息公开告知书并未影响申请人的实质性法律权利和义务，也就是该行政复议申请并不存在需要法律予以维护的相应权益，不符合行政复议法规定的精神，不属于行政复议的范围。

【案件启示】

在法律实务中，政府信息公开案件已成为行政复议案件中的热点问题。信息公开案件的增多衍生了很多值得关注的问题，如：信息公开申请复杂化与法定行政行为的相对性之间的不协调、行政资源的有限性与公民、法人和其他组织对政府服务需求的无限性之间的矛盾等。类似这些矛盾和问题都对信息公开的主体和信息公开案件的审理带来了新的挑战。通过对本案的分析，有以下几点启示。

第一，政府信息公开要平衡好公共利益与个人利益的关系。政府信息公开的目的是服务于社会公众，保障其知情权和参与权，推动法治政府建设。因此，行政机关在作出信息公开的决定时应注意衡量和判断公共利益与个人利益的关系，既要维护个人的相关权益，又要注意控制信息公开的成本，合理配置行政资源，避免因无原则地公开信息而出现行政行为无效的资源浪费现象。

第二，政府信息公开要遵循合法、合理的原则。行政机关的信息公开行为是依法履行对社会公众提供信息服务的法定职责，应该按行政程序积极作出行为，并应在已有基础上依法逐渐扩大信息公开的范围。但是，信息公开作为体现信息服务价值的制度，既要合法又要合理。我国现有实践案例中不乏信息公开申请权滥用的问题。行政机关在信息公开过程中要做到合法，又要加强对立法精神的理解,做到合理。本案中,申请人申请公开自己提交的申请书的信息,并非为了获取未知的信息,违反了常理,不符合《公开条例》规定的立法精神和原则,行政机关没有进行信息公开的职责。

第三,政府信息公开要充分发挥行政复议在信息公开案件办理中的积极作用,减轻行政诉讼的负担。政府信息公开争议案件的增多,意味着需要处理的矛盾和问题也在不断增多。这需要行政复议机关发挥专业、高效、便民等优势,积极处理信息公开争议,体现行政司法的优势。同时,行政复议机关也可以通过对信息公开案件的审理,发挥行政内部监督作用,积极建言献策,推动信息公开工作的科学发展。

(二)信息公开义务主体的认定

案例2:韩某忠诉国土资源部政府信息公开案
【基本案情】

原告于2016年1月4日向被告提出信息公开申请,要求公开《关于上海市2014年度建设项目申请用地的请示》[沪府(2014)35号《请示》,以下简称《请示》]文,并具体公开被告保存的与《请示》文一体的以下内容信息:包括浦东新区2块、长宁区2块、宝山区11块、闵行区3块等共18块被征地四至范围图纸及"一书四方案"信息。被告于同年1月18日作出政府信息公开告知书,称根据《公开条例》及《国务院办公厅关于做好政府信息依申请公开工作的意见》的规定,信息公开遵循谁制作谁公开的原则,故原告所申请的信息依法由当地人民政府制作并公开,建议向当地人民政府申请信息公开。原告不服,提起行政诉讼。另外的事实是,上海市政府曾向被告提起《请示》,被告经国务院批准,于2014年8月2日作出了《关于上海市2014年度农用地转用和土地征收方案的批复》(以下简称《批复》)。被告在诉讼答辩时提到,上海市政府上述征地行为只需向被告报送新增土地信息即可,不必报送原告申请公开的相关信息,该信息公开非自己职责。对此答辩未提供相应证据。

【焦点问题评析】

本案的焦点问题是:上级行政机关获取的下级行政机关的信息,上级机关是否有义务公开?法院最终判决撤销了被申请人的信息公开告知书,并责令其在法定期限内重作。分析如下:

(1) 上级行政机关获取下级机关的信息是工作职责所在

本案中,被告获取上海市政府关于土地转用和征收的信息,是依据被告制发的部门规章《建设用地审查报批管理办法》和《报国务院批准的建设用地审查办法》的相关规定,收取的其对外作出建设用地批复文件必需的相关材料,如农用地转用、补充耕地、征收土地、供地等一系列工作方案。上述文件材料等是被告依职权作出行政批复时必须收取的信息,是其作出行政批复行为的前提和基础,是其履行工作职责的行为,也是地方政府作出相应征地行为全过程中必不可少的一环。

(2) "谁制作谁公开""谁保存谁公开"原则内涵应作扩大解释

《公开条例》第10条①规定了"谁制作谁公开""谁保存谁公开"的信息公开义务主体的确定原则。本案中被告提出"谁制作谁公开"从而未向申请人作出信息公开,从文义解释上不存在问题,实务中也较少纠纷。但"谁保存谁公开"的说法往往会产生争议。《公开条例》第10条规定了行政机关从"公民、法人和其他组织"处获取政府信息并保存的,才具有公开信息的义务。从标准的文义解释看,"公民、法人和其他组织"是指履行职权的行政机关以外的相对人,并不包括作出行政行为的行政机关在内。在实务中,经常存在一件行政实务需要两级甚至多级行政机关层层审批方能完成,按照上述信息公开的规定,申请人只能向各级行政机关分别提出信息公开申请才能完成对整个行政行为的全面了解,无法再向最后作出行政决定的机关申请公开。此虽然看似严谨,但却与《公开条例》规定的政府信息应服务社会的宗旨与目的不符,不利于政府信息服务作用的发挥。对此种行政机关在行使职权过程中获取的其他行政机关制作的作为工作依据的信息,虽非"公民、法人和其他组织"制作,但该行使职权的行政机关亦有对外公开的义务。因此,《公开条例》第10条在本案中应作适当的扩大解释方符合其立法宗旨和原则,才符合节约当事人申请成本、提高行政效率的立法精神。

---

① 《公开条例》第10条规定:"行政机关制作的政府信息,由制作该政府信息的行政机关负责公开。行政机关从公民、法人和其他组织获取的政府信息,由保存该政府信息的行政机关负责公开;行政机关获取的其他行政机关的政府信息,由制作或者最初获取该政府信息的行政机关负责公开。法律、法规对政府信息公开的权限另有规定的,从其规定。行政机关设立的派出机构、内设机构依照法律、法规对外以自己名义履行行政管理职能的,可以由该派出机构、内设机构负责与所履行行政管理职能有关的政府信息公开工作。两个以上行政机关共同制作的政府信息,由牵头制作的行政机关负责公开。"

（3）上级行政机关负有对政府信息审查判断是否公开的义务

上级行政机关在履行职权的过程中获取的信息，尤其是作为执法依据的信息资料应在诉讼过程中予以审查并提交给司法机关。其审查过程就是对需要提交的证据材料是否提交、能否作为证据交换、可否质证等方面的综合判断，能够得出最终行政行为由谁作出的结论。其也能够清晰地判断是否对当事人增加申请成本等因素。因此，在实务中适当扩大对《公开条例》第10条的文义解释以增加信息公开义务主体的确定性，是符合信息公开立法目的的。

（4）被告提出的行政审批工作不需要地方政府上交申请人所申请的相关信息的答辩理由，因无证据支持，法院没有采纳。

【案件启示】

由本案的事实及审理可见，在行政执法中严格遵循法律的规定，尊重法律规范的界定是依法行政的应有之义。但对法律条文单独解释不能仅仅囿于文义，需结合案情从法律规范的制定初衷及立法宗旨出发，全面理解法律条文及规范体系。本案中，如政府信息公开的被申请人完全按文义解释适用法律规范则会增加申请人申请行为的成本，增加不必要的工作程序，缺少对复杂的实践工作的灵活运用。在行政诉讼中，法官在法律范围内灵活运用目的解释的方式适用法律，较好地体现了政府信息公开的立法宗旨和原则，使本案的处理更接近实际，减少了申请人的行为成本，依法解决了行政争议，体现了现代行政审判的实质意义。同时，法院在判决中并没有给行政机关规定具体的重作时间，只是要求其在法定期限内作出，尊重了行政行为的自由裁量性，体现了行政裁判的严谨性与灵活性的有机结合。

（三）我国现行法律规范下政府信息公开的范围

案例3：范某诉某部委政府信息公开案

【基本案情】

2014年10月8日，原告向某部委申请公开信息，内容是：2014年2月17日，某部委答复中"如果受到某单位打击报复，可以向其上一级（政府、行政主管部门或者纪检监察部门）投诉"的"其上一级"的具体名称。某部委于同年10月30日作出信息公开答复称,根据《公开条例》第2条①的规定,申请人申请公开的信息不属于《公开条例》所称的政府信息,不属于《公开条例》的调整范围。原告不服该答复,提起行政诉讼。

法院经审理认为,本案中原告向被告提起信息公开的申请,实际是要求被告就相关问题作出进一步的说明,属于信息方面的咨询。根据《公开条例》的规定精神,该咨询事宜不属于《公开条例》规定的信息公开的申请。同时,被告的答复并未对原告的合法权利造成实质性的侵害。根据《最高人民法院关于适用〈中华人民共和国行政诉讼法〉若干问题的解释》(已失效)第3条第1款第8项的规定,行政行为对原告的合法权益明显不产生实际影响,已经立案的,法院应驳回起诉。《最高人民法院关于适用〈中华人民共和国行政诉讼法〉的解释》第69条第1款第8项②也作了同样的规定。本案中被诉的行政行为即属于上述司法解释规定的对原告的合法权益明显不产生实际影响的行为,故驳回原告的诉讼请求。

【焦点问题评析】

本案的焦点问题是原告提出的信息公开申请是否属于《公开条例》规定的调整范围。从法院的裁判可以看出:一方面,申请公开的事项属于信息的咨询,而非《公开条例》规定的信息公开的范畴;另一方面,法院在裁判方式的选择上也较好地结合案情作出了适当的裁判,一、二审法院的认识是一致的。本案的法律分析并不复杂,但从事实认定到法院裁判方式的选择都较为典型,具有积极的参考意义。

---

① 《公开条例》第2条规定:"本条例所称政府信息,是指行政机关在履行行政管理职能过程中制作或者获取的,以一定形式记录、保存的信息。"

② 《最高人民法院关于适用〈中华人民共和国行政诉讼法〉的解释》第69条规定:"有下列情形之一,已经立案的,应当裁定驳回起诉:(一)不符合行政诉讼法第四十九条规定的;(二)超过法定起诉期限且无行政诉讼法第四十八条规定情形的;(三)错列被告且拒绝变更的;(四)未按照法律规定由法定代理人、指定代理人、代表人为诉讼行为的;(五)未按照法律、法规规定先向行政机关申请复议的;(六)重复起诉的;(七)撤回起诉后无正当理由再行起诉的;(八)行政行为对其合法权益明显不产生实际影响的;(九)诉讼标的已为生效裁判或者调解书所羁束的;(十)其他不符合法定起诉条件的情形。前款所列情形可以补正或者更正的,人民法院应当指定期间责令补正或者更正;在指定期间已经补正或者更正的,应当依法审理。人民法院经过阅卷、调查或者询问当事人,认为不需要开庭审理的,可以迳行裁定驳回起诉。"

【案件启示】

（1）公民、法人和其他组织获取政府信息的权利属于知情权的一部分

《公开条例》第1条规定了信息公开的目的之一是保障公民、法人和其他组织依法获取政府信息的权利，从而也意味着政府具有了提供相应信息的义务。该获取信息的权利从理论上讲属于知情权的范畴，但其并不完全等于知情权。知情权属于信息获取权的上位概念，其中还包括档案查询、政策规定的咨询、获取处理结果等方面的内容。即申请信息公开并获取政府信息只是公民、法人和其他组织知情权法律体系的一个重要环节，并非知情权的全部内容。

（2）《公开条例》规定的信息公开的范畴需具有客观属性

《公开条例》第2条规定了政府信息是行政机关在履行职责过程中记录、保存的信息。该信息的记录与保存需以一定形式进行，具有一定的客观载体。同时，该申请公开的政府信息并不需要行政机关的主观判断，即不需要行政机关作进一步的分析、加工、研判才能作出答复。政府信息公开的过程只是行政机关初步判断信息是否存在、是否需要公开的过程，不需要制作形成信息，也不需要对信息作解释说明。对此，根据《最高人民法院关于审理政府信息公开行政案件若干问题的规定》第2条第3项的规定，申请人要求行政机关对政府信息进行汇总、分析、加工，行政机关予以拒绝，申请人提起诉讼的，法院不予受理。本案中，申请人申请公开的信息就属于需要行政机关予以分析、加工才能予以答复的，不具有客观性，不属于《公开条例》规定的信息公开的范畴。行政机关作出解释说明后即能够满足申请人的知情权，但没有法定义务按照《公开条例》的规定作出信息公开的告知。

（3）对不具有客观性的信息咨询的情形提起的诉讼法院有权驳回

申请人就信息公开提起行政诉讼的前提是其具有信息获取请求权的基础，本案中的信息公开申请构成了咨询，即缺失了该政府信息获取权的条件，不符合起诉条件，法院可裁定驳回起诉。

案例4：罗某诉成都市某区统一建设办公室政府信息公开案

【基本案情】

原告向被告成都市某区统一建设办公室（以下简称统建办）申请信息公开的内容是：某区莲心小区工程指挥部改造新桂村、莲花村低洼棚户区拆迁安置及农户迁建工程项目《建设用地的批复》。统建办于2016年2月26日回复称：

①统建办从未涉及过农村土地拆迁工作；②统建办涉及的、所保管的上述申请内容相关材料中没有"建设用地的批复"，建议申请人核实正确后统建办再予以查找。原告不服，向某区政府提起行政复议。复议机关于同年 5 月 23 日作出复议决定，维持了统建办关于信息公开的回复。原告提起行政诉讼。

【焦点问题评析】

本案的焦点问题是：公共企事业单位信息公开行为是否属于行政诉讼的受案范围。

(1)《公开条例》对行政事业单位信息公开的规定和要求

《公开条例》(2007) 第 36 条、第 37 条规定，行政机关、法律法规授权的组织和公共企事业单位三类主体具有信息公开的义务，且后者的信息公开被规定为"参照本条例执行"。2019 年修订后的《公开条例》第 55 条规定，公共企事业单位信息应当公开，其不依法依规公开的，公民、法人和其他组织可以向其主管部门申诉，由其主管部门处理后告知申诉人。《行政诉讼法》第 2 条规定了只有行政机关和法律法规授权的组织才能作为行政诉讼的被告。

(2) 全民所有制企业的信息公开行为非行政诉讼的受案范围

本案中某区统建办经查为全民所有制企业，不具有行政主体资格，不独立行使行政管理职权，其主要通过民事合同的方式为社会提供服务，不是行政法意义上的行政主体。故某区统建办对申请人信息公开申请所作的答复并非行政行为。按照上述《行政诉讼法》的规定，企业所作出的关于行政公开申请的答复并非行政诉讼的受案范围。按照《公开条例》第 55 条的规定，申请人对公共企事业单位所作信息公开答复不服的，可向其上级机关提起申诉。本案中，法院驳回原告起诉适用法律正确。

【案件启示】

按照《公开条例》第 55 条的规定，公共企事业单位信息应当公开。这里的公共企事业单位是指教育、卫生健康、供水（电、气、热）、环境保护、公共交通等法定组织，其为社会提供相应公共服务，对社会公众的生活存在重大影响。因公共企事业单位为社会提供服务，会直接或间接制作或获取较多公共信息，该信息应该公开。申请人向公共企事业单位申请信息公开，对信息公开答复不满意的，可以向其主管部门申诉，但不可向法院提起行政诉讼。这里就存在行政信息公开范围与行政诉讼受案范围的区别，也反映了行政机关与法律法规授权的组织作为行政主体与一般意义上的公共企事业单位在公共职能上的差别。公共企事业单位对信息公开的答复行为不属于行政诉讼的受案范围。尽管如此，还应注意对该类信息公开行为的监督，进一步建立健全救济机制，畅通救济渠道，以更好地保障公民、法人和其他组织的合法权益。

案例5：不动产等特殊领域信息公开的法律适用——周某诉如某市国土资源局政府信息公开案

【基本案情】

2016年9月20日原告向被告申请政府信息公开：申请人房屋所在区域的133号地块国有建设用地使用权出让合同。被告对其答复称，申请人所申请公开的事项属于《不动产登记暂行条例》所规定的不动产登记信息，建议申请人持相关证明材料到被告处查询。该地块的出让结果已按规定主动公开，受让人是市城投公司和住房开发公司，被告已将信息公开内容所在的网址发送给原告。原告不服，认为被告未依法履行其信息公开的法定职责，遂提起行政诉讼。一审法院认定被告答复事实清楚，适用法律法规正确。原告不服，提起上诉称：如某市国土局未依《公开条例》规定依法公开合同文本，只提供土地出让结果是违法的；如某市国土局未提供证据证明其信息公开答复中的受让人与实际受让人一致，原告知情权没有实现；涉案信息公开应适用《公开条例》而非《不动产登记暂行条例》，适用法律错误。

【焦点问题评析】

本案的焦点问题是，被告以申请公开的不动产登记信息应依《不动产登记暂行条例》规定公开为由未直接向原告公开，是否合法。

第一，国有土地使用权出让合同系国土局在履职过程中制作和保存的信息，其性质为政府信息。一般情况下，政府信息应按照《公开条例》的规定主动公开或依申请公开。本案中，原告向被告提出信息公开的申请是其依法行使知情权的体现，但作为被申请人的国土局是否依申请公开相应信息也应依法进行。

第二，《不动产登记暂行条例》就不动产登记资料的公开作了具体规定。《不动产登记暂行条例》第16条规定，申请人申请不动产登记，应提交包括不动产权属来源证明材料在内的相关前期资料。申请人所申请公开的国有土地使用权出让合同即属于上述不动产权属来源证明材料。原被告在该材料的公开方式及适用法律法规方面产生分歧。《不动产登记暂行条例》第2条对不动产登记资料的条件、程序等作出了专门规定。

第三，涉案信息公开应遵循特别法优于一般法的原则。对政府信息公开，本案中出现了存在冲突的两个法律依据，即《公开条例》和《不动产登记暂行条例》，二者均对政府信息公开事宜作了规定。但前者是对政府信息公开的一般性规定，后者是对不动产登记资料公开的行业性规定，后者明显为特别性规定。按照法律适用原则，应遵循特别法优于一般法的原则，在本案中适应《不动产登记暂行条例》的规定。

第四，国务院办公厅专门有内部规范性文件就涉案信息相似的公开问题做了依据专门领域规定公开的答复。《国务院办公厅政府信息与政务公开办公室关于明确政府信息公开与业务查询事项界限的解释》（国办公开办函〔2016〕206号）文件明确规定，不动产登记资料查询，以及户籍信息查询、工商登记资料查询等，属于特定行政管理领域的业务查询事项，其法律依据、办理程序、法律后果等与《公开条例》所调整的政府信息公开行为存在根本性差别。当事人依据《公开条例》申请这类业务查询的，告知其依据相应的法律法规规定办理。

本案中，被告收到信息公开申请后告知了申请人依《不动产登记暂行条例》予以查询，并告知了相关信息公开的网址。被告答复行为符合上述规定，得到法院的支持。

【案件启示】

本案涉及特定行政管理领域的信息查询事项，如上述国办公开办函〔2016〕206号文件的规定，该特定领域的信息公开事宜与《公开条例》规定的信息公开存在较大差别，不宜适用后者的规定予以公开信息，应该根据不同领域的专门法律法规作出相应的信息公开答复。

《公开条例》作为政府信息公开的一般法律规范，适用于各个行政管理领域，但上文所述特定行政管理领域也有本领域的特别的信息公开规定。如何厘清二者的关系是信息公开主管部门和行政诉讼程序中需要重点关注的问题。二者的关系从理论上讲可分为两类：一是平行关系，即二者平行适用，互不干涉，统一信息，如适用某一信息制度，则不能排除其适用另一信息公开制度；二是排他关系，统一信息适用了《公开条例》就不再适用特定行政管理领域的信息公开制度，二者不可并存，并形成了特别法优于一般法的适用关系。

对于上述两种关系的认识与适用,还应结合行业特征和行政管理目的予以综合考量。对此,《最高人民法院关于审理政府信息公开行政案件若干问题的规定》第2条①第4项作了相应规定,上述提到的国办公开办函〔2016〕206号文件也就不动产登记资料查询、户籍信息变更、工商登记资料查询等信息查询工作要求按照相应法律法规办理。这将上述三种特定领域的信息公开事项作了特殊规定,使之与《公开条例》的公开程序相区别。

因此,政府信息公开工作要依据《公开条例》的一般性规定做到政府信息的逐渐公开,满足社会公众的知情权。同时,政府信息公开也应该从实际出发,结合行政管理和立法的目的,综合不同行政管理领域的特别规定予以区别对待,切合实际、合法合理地公开。无论通过何种途径与方式的公开,对行政主管机关而言,政府信息公开是趋势;对社会公众而言,政府信息公开是权利保障的体现。政府信息公开最终是为了社会公众的知情权提供信息服务,是为了建设透明政府、法治政府的具体管理措施与手段,只能与时俱进,推动法治社会、法治国家的不断完善和发展。

(四)涉及国家秘密、商业秘密信息公开的认知问题

案例6:涉及国家秘密不予公开的政府信息需要证据证明——张某诉某市规划局信息公开案

【基本案情】

原告于2014年4月10日向被告提出信息公开申请,内容为:公开志成道延长线建设项目的建设用地规划许可证与规划红线图的信息。被告于同月25日作出答复书称:前一信息属主动公开信息,被告已在本局网站公开;后一信息属涉密信息,按规定不予公开。原告针对被告答复行为提起行政诉讼。诉讼中,被告提交如下证据:信息公开答复书及邮寄单、原告信息公开申请表、国家住

---

① 《最高人民法院关于审理政府信息公开行政案件若干问题的规定》第2条规定:"公民、法人或者其他组织对下列行为不服提起行政诉讼的,人民法院不予受理:(一)因申请内容不明确,行政机关要求申请人作出更改、补充且对申请人权利义务不产生实际影响的告知行为;(二)要求行政机关提供政府公报、报纸、杂志、书籍等公开出版物,行政机关予以拒绝的;(三)要求行政机关为其制作、搜集政府信息,或者对若干政府信息进行汇总、分析、加工,行政机关予以拒绝的;(四)行政程序中的当事人、利害关系人以政府信息公开名义申请查阅案卷材料,行政机关告知其应当按照相关法律、法规的规定办理的。"

建部办公厅《关于城市基础设施专项控制性详细规划公开问题的复函》（建办厅函〔2008〕618号）。

【焦点问题评析】

本案的焦点问题是：涉及国家秘密的政府信息不予公开是否需要提供相应的证据。

第一，信息公开主体应对自己主张的涉密信息不予公开提供证据。本案中，被告主张原告申请公开的规划红线图属于国家秘密，应该提供相应的证据。鉴于国家秘密的特殊性，被告提供的证据可以有所特殊，如权威机关对该信息属于国家秘密的鉴定意见或保密审查结论等。上诉保密审查结论可以证明涉案信息属于国家秘密，在诉讼中被告无须提交涉案信息，只需提交该审查结论即可。

第二，被告不提供保密审查结论或涉案信息，则属于没有相关证据。诉讼中，被告只提交了前述住建部办公厅对上海市的复函，没有提供其他任何证明涉案信息为国家秘密的证据。法院认定被告所称的涉案信息为国家秘密的答复主要证据不足。

第三，关于住建部办公厅复函的性质。被告为证明涉案信息为国家秘密，特别提交了上述住建部建办厅函〔2008〕618号文件作为主要证据。法院认为，该函件是住建部对于上海市保密局的依法复函，是上级部门对下级部门就相关问题的解释或答复，对下级部门日常信息公开工作具有一定的规范作用。但该函件只是信息公开的规范性文件，并不能代替被告在诉讼中的举证责任，也不能代替涉案信息为国家秘密的保密审查结论。

综上，法院认定被告所称的涉案信息为国家秘密缺乏主要证据，判决其重新作出信息公开行为。

【案件启示】

政府信息中涉及较多涉密信息，在依申请公开过程中容易就该信息能否公开问题产生争议。本案中涉及公开的信息被信息公开责任主体认定为涉密信息不予公开，但该行政机关又没有提供有力的证据予以证明，因此法院没有支持其主张。对涉及国家秘密的政府信息的举证，可因其特殊性采取特别的举证方式，如能够直接提供原涉密文件就能证明其国家秘密性则以文件证明，如果不能向法院公开该文件，则可以提供对该信息的保密审查证明结论予以代替。无论采取哪种举证方式，被告的举证责任都不能免除，这也是行政诉讼中对行政机关举证责任的必然要求。同时，被告提交的证明不足以证明涉案信息的国家秘密性。

案例7：政府信息公开案件中，商业秘密的认定与处理——崔某诉北京市某区市政市容管理委员会政府信息公开及朝阳区政府行政复议案

【基本案情】

2015年5月8日，原告向被告某区市政市容管理委员会（以下简称区市政市容委）申请信息公开，要求公开：某商业街临时停车场备案手续、合同、土地使用证等资料。区市政市容委于同年7月20日作出并送达《答复告知书》称：①申请人申请获取的"土地使用证"的政府信息，被申请人在办理停车场备案时未获取，该信息不存在。②申请获取的"合同书"，因涉及商业秘密和个人隐私内容，根据《北京市政府信息公开规定》和《公开条例》的规定，被申请人书面征求第三方意见后，第三方不同意公开，故该内容属于不予公开的内容。被申请人依法对该不应作出公开的内容区分处理后向申请人公开。③申请人申请的其他信息公开事项依法予以公开。

原告不服提起复议，复议机关予以维持后，原告又提起行政诉讼。

【焦点评析】

本案的焦点问题是：政府信息公开案件中对于商业秘密的认定与处理。

对涉及商业秘密的政府信息应作区分处理。本案中，被申请人认为申请公开的信息"合同书"系商业秘密不予公开，并提供了相应法律依据，认为合同书有商业秘密和个人隐私的内容。对此，《公开条例》和《北京市政府信息公开规定》规定，被申请人应对该合同作区分处理。一方面，对于涉及商业秘密的行为，如租赁物占地及建筑物面积、租赁期限、租金等方面的信息涉及商业秘密，被告应按《公开条例》及相关信息公开规范的规定精神进行审查和判断，作出不予公开的回复，是符合法律规定的。另一方面，申请公开的合同书中尚有其他并不涉密的内容，如合同书名称、合同双方的身份性信息等内容应该区别对待，向申请人公开。本案中，被告并未就应该公开的内容单独征求第三方的意见而是直接认定不予公开，于法无据。

因此，法院判决撤销了被告关于合同书的部分答复，要求其对能够区分并不涉密的部分予以公开。

【案件启示】

《公开条例》明确规定了涉及国家秘密、商业秘密和个人隐私的政府信息依法不予公开。其中,对商业秘密并未做明确的界定,即没有明确说明哪些信息属于商业秘密,对此只能借助其他法律法规的规范予以认定。在实务中,司法机关一般引用《反不正当竞争法》中关于商业秘密的规定。该法第9条第4款规定,商业秘密一般包括三方面特征:不为公众知悉的秘密性、商业价值性和采取相应保密措施的管理性。在政府信息公开范畴内,对商业秘密免予公开的规定是从维护社会公众私人利益的角度出发考虑,是对公共利益和私有利益的平衡。在此情境下的商业秘密与民事案件中的商业秘密存在一定区别,司法审查中采取的标准也有所不同。

一是实质审查标准。政府信息是否涉及商业秘密需从其内容上予以认定,要从相关信息是否不为公众知晓、能给人带来经济利益、权利人采取了保密措施等方面予以判断。如本案中,被告以合同书涉及商业秘密为由未予公开,但其并未从实质审查的标准对涉商业秘密的信息予以判断。该合同书中双方当事人信息等并不涉及商业秘密,应予区分并公开。

二是区分审查标准。对于申请公开的内容中含有不应公开的内容的,能够作区分处理的就应作区分处理,而不应以部分内容涉及商业秘密为由全部不予公开。应当公开的信息就要公开,不应当公开的、涉及商业秘密的应作出合理的说明。对商业秘密作区分处理,也是从政府信息公开的根本目的出发,避免过于强调私人利益而影响到信息公开制度的发展。

三是利益平衡标准。行政机关对涉及商业秘密的政府信息的公开要慎重考虑公开代表的公共利益与商业秘密持有人不同意公开之间的利益平衡,并作出高位阶利益的选择。涉及政府信息公开商业秘密的保护,行政机关作出是否公开的选择首先要考虑公共利益,包括更多社会大众的利益以及公共健康、环境保护、政府规划等方面的利益。对商业秘密的利益保护都要坚持在保护公共利益的前提下进行。

案例8:涉及商业秘密、个人隐私的政府信息在特定条件下可直接决定不予公开——林某不服某市环境保护局政府信息公开决定案

【基本案情】

第三人上海巨某环保公司《环境影响报告书》为该公司委托案外人某化工

研究院于 2010 年 12 月制作而成。被告根据《环境影响报告书》（以下简称《报告书》）等相关材料，于 2011 年 1 月 31 日作出对该《报告书》的《审批意见》。2015 年 1 月 9 日，原告提出政府信息公开申请，要求公开上述《报告书》并要依据新的《环境保护法》（2014 年修订）公开，包括相关参与调查的社会公众的名单。被告答复称，此前曾有申请人申请公开上述《报告书》，被告曾因此征求第三人意见，第三人认为该《报告书》部分内容涉及个人隐私和商业秘密并出具了《删除内容说明》。被告此次又就原告申请事宜征求第三人意见，第三人表示仍以上述《删除内容说明》为准。被告认定，上述《报告书》中共 110 名参与调查的社会公众的姓名、联系方式等系个人隐私；危废来源单位名称、图纸、相关企业名单、相关装置验收报告部分内容、相关评估经费等信息均为商业秘密，且对该信息不予公开并不影响公共利益。因此，被告作出信息答复书并向申请人公开了隐去上述商业秘密和个人隐私的《报告书》。

原告提起行政诉讼。原告诉称被告针对个人隐私的信息是否公开并未征询相关当事人的意见，是程序违法。被告称，《环境保护法》（2014 年修订）不适用于本案；所涉参与调查的社会公众的隐私性信息系第三人委托相关社会机构所作《报告书》的部分内容，对该信息是否公开只征求第三人意见即可；按照相关法律规定，行政机关对认定的商业秘密、个人隐私的信息，不公开不影响公共利益的，可以不经征求意见直接不予公开。第三人参与诉讼并称，《报告书》形成过程中参与调查的社会工作人员均曾口头表示不愿透露本人姓名、联系方式等信息。

【焦点问题评析】

本案的焦点问题有两个：一是，案件所涉参与调查的社会公众是否同意公开其个人隐私，被告行政程序是否合法。二是，上述个人隐私是否应当公开。

第一，关于被告未征询参与调查的社会公众是否同意公开其个人隐私的行政程序是否合法的问题。①涉案个人隐私的权利人应为参与调查的公民本人。隐私权属于具有人身属性的人格权利，不得转移。②被告具有认定涉案信息是否为商业秘密和个人隐私并决定是否公开的行政职权。根据《公开条例》和《某市政府信息公开规定》的规定精神，行政机关对政府信息是否涉及商业秘密和个人隐私有予以判断、认定和决定是否予以公开的权力，权利人的意见只是作为行政机关作出是否公开决定的参考。行政机关可以根据公告利益的需要决定是否公开，即使权利人不同意公开也不能阻止行政机关的决定。③行政机关对涉商业秘密和个人隐私的政府信息不予公开不影响公共利益的，可以直接决定不予公开。依据《公开条例》第32条①的规定，公开涉及商业秘密、个人隐私的信息可能影响第三方合法权益的，应征求第三方意见。本案中，《报告书》内容庞杂、涉及社会公众100余人，如逐一征求调查对象的个人意见将会给行政机关带来过多的工作量，消耗过多的行政资源，影响行政效率。对此，行政机关可根据《公开条例》第32条规定的精神，在考量公共利益需要的基础上选择便捷、高效的行政程序。行政机关针对涉及商业秘密和个人隐私的政府信息，在认定对其不公开不影响公共利益的情况下，可直接决定不予公开。此时，行政机关应审慎衡量公共利益与信息公开的个人利益之间的关系，要保证最大限度地维护申请人的知情权。应注意不能因追求行政效率而牺牲申请人的合法权益。本案中，被告根据第三人的意见将报告中涉及商业秘密和个人隐私的内容隐去，既保护了个人和相关企业的权益，又没有影响《报告书》的完整性，没有影响申请人的合法权益。这种做法得到了法院的支持。

第二，关于涉案参与调查社会公众的个人信息应否公开的问题。①本案不适用2014年修订的《环境保护法》。原告申请书中提到应适用2015年1月1日施行的新修订的《环境保护法》，因其第56条第2款为新增针对环境影响评价行政审批程序的新规定。本案中第三人环评报告审批程序已于2011年1月终结，2015年1月1日实施的新修订的《环境保护法》对其没有溯及力，本案不适用该法。②相应部门规章和地方规范性文件均对公众参与环评作了具体规定。根据原国家环保总局制定的《环境影响评价公众参与暂行办法》《关于印发〈关于开展环境影响评价公众参与活动的指导意见（暂行）〉等三个环境影响评价管理文件的通知》等规定，公众参与环评调查的形式有座谈会、论证会、听证会以及调查问卷等形式。调查问卷形式具有一定的私密性、参与人员身份不对外公开等特征。《环境保护法》在修订之前，并没有具体规定参与调查人员

---

① 《公开条例》第32条规定："依申请公开的政府信息公开会损害第三方合法权益的，行政机关应当书面征求第三方的意见。第三方应当自收到征求意见书之日起15个工作日内提出意见。第三方逾期未提出意见的，由行政机关依照本条例的规定决定是否公开。第三方不同意公开且有合理理由的，行政机关不予公开。行政机关认为不公开可能对公共利益造成重大影响的，可以决定予以公开，并将决定公开的政府信息内容和理由书面告知第三方。"

隐私信息公开问题。从以上规定和事实可见，众多被调查人员接受调查时的合理期望是个人隐私不被公开，对此法院应予支持。

第三，被告依法区分处理涉案政府信息的公开，应予支持。本案中，被告依据《公开条例》的规定区分对待申请人申请公开的信息，对涉商业秘密、个人隐私的内容予以涂抹掩盖，对可以公开的内容依法予以公开，符合法律规范的规定和对事实的认定，具有合法性、合理性。法院最后支持了被告作出的行政行为。

【案件启示】

《公开条例》第14条、第15条[1]规定，政府信息涉及商业秘密和个人隐私的公开为非强制性例外，如个人同意或行政机关认为不公开可能对公共利益带来重大影响的可以公开。因此，对涉及商业秘密和个人隐私的信息公开，行政机关应首先做好两项工作：一是确认相关信息是否涉及商业秘密或个人隐私；二是书面征求隐私权利人是否公开的意见。如权利人不同意公开或未明示可以公开的，行政机关不得公开。这是一般性的原则，重在保护权利人的合法权益。在特殊情况下，行政机关也可以不经征求权利人意见而直接作出不予公开的信息公开答复。其需要同时满足以下条件。

（1）出现征求权利人意见较为困难的现实状况

虽然《公开条例》规定了涉及商业秘密和个人隐私的需征求第三人的意见，但对于因客观原因无法征求意见的情形却没有具体规定。日本的《情报公开法》规定了裁量征求和强制征求两种途径，着重考虑的是成本与效益的平衡。其规定并非所有的情况都要征求第三方意见。我国关于行政立法中强调行政效率作为行政法的基本原则之一，提倡行政行为的精简高效。本案中，可从行政行为的成本收益角度考虑：客观征求意见存在障碍，成本很高，且给行政效率带来很大影响；不征求意见也不会给申请人的知情权带来实质性影响，故行政机关可以不经征求意见直接作出不予公开的决定。

---

[1] 《公开条例》第14条规定："依法确定为国家秘密的政府信息，法律、行政法规禁止公开的政府信息，以及公开后可能危及国家安全、公共安全、经济安全、社会稳定的政府信息，不予公开。"第15条规定："涉及商业秘密、个人隐私等公开会对第三方合法权益造成损害的政府信息，行政机关不得公开。但是，第三方同意公开或者行政机关认为不公开会对公共利益造成重大影响的，予以公开。"

(2) 不公开不会对公共利益带来重大影响

公共利益是决定行政机关直接作出不予公开决定的最重要的因素。如果符合上述第一项条件但会影响公共利益的,行政机关会直接公开信息;如果不影响公共利益的,则行政机关会直接决定不予公开。总之,公共利益是信息公开的价值导向,需要行政机关作出审慎的价值衡量,这也是世界各国的通行做法。商业秘密涉及的公共利益一般包括:公众应知道的利益,一般做法是尽量扩大公众的知情权,限制政府的私密空间;公共健康或环保利益,影响该利益的企业的商业秘密权利不能绝对阻止相关政府信息的公开;政府计划利益,对信息公开的限制如果将影响政府重要计划的实施,则该限制会在一定程度上被消除。本案中,法院作了不予公开相关信息会否影响公共利益的判断与衡量,认为被告隐去涉及商业秘密和个人隐私的内容公开环评报告,没有影响该报告的完整性,也没有给公共利益带来不利影响。其对调查对象个人隐私的保护也是合乎规范的,对个人隐私权利的保护程度一定程度上大于对申请人知情权的保护。

(3) 涂抹掩盖涉商业秘密和个人隐私的内容没有对申请人的知情权产生实质性损害

对政府信息涉及商业秘密或个人隐私,一般分为部分非主体内容涉及和主体内容涉及。前者属于本案的情形,故可以隐去部分涉商业秘密和个人隐私的内容,将其他主体内容予以公开。

(五)"信息不存在"案件的举证责任分配与审查标准

案例9:政府信息公开案件中的举证责任分配——曹某诉某市国土资源和房管局、住房和城乡建设部信息公开及行政复议案[①]

【基本案情】

2015年12月10日,曹某向某市国土资源和房管局(以下简称国土房管局)申请政府信息公开,要求公开"水岸银座资金监管账户开户行、账号以及现有账户余额"。被申请人某市国土房管局作出告知书,称:根据《公开条例》

[①] 国家法官学院案例开发研究中心编:《中国法院2018年度案例》,中国法制出版社2018年版,第227页。

第10条[1]规定"法律、法规对政府信息公开的权限另有规定的,从其规定",《商业银行法》第30条和《账户管理办法》第9条的规定,本机关没有"申请信息查询的法定职责和权限"。申请人不服,向住建部申请复议,复议决定维持了某市国土房管局的政府信息告知行为。申请人向法院提起行政诉讼。

【焦点问题评析】

本案的焦点问题是信息公开案件中当事人举证责任的分配。

(1) 现行法规范对信息公开答复的要求

《公开条例》第36条第5项规定[2],申请人要求公开的政府信息不属于被申请的行政机关管辖的,应告知申请人并说明理由。被申请的行政机关指导该信息应该由哪一行政机关负责公开的,应告知申请人负责机关的联系方式和机关名称等信息。本案中,申请人提出申请后,被申请人虽然及时作出了答复,但该答复只是称被申请人没有信息查询的权限和职责,没有提供相关事实理由和说明,不符合《公开条例》第36条规定的情形。法院认为该信息公开的答复认定事实不清,适用法律不准确,判决撤销了该答复行为。

(2) "信息不存在"时被告的举证责任问题

在行政诉讼中,被告行政机关主张被申请的信息不存在时,应作出相应的解释与说明,否则容易引起相对人的质疑,违背"信息公开"的最基本宗旨。行政机关的解释与说明就是举证的过程,在信息公开中,该项举证义务更多集中在行政机关一方:①行政机关应就是否作出信息公开的答复提供证据,如信息公开答复书或相应告知书等;②对"不存在信息"已经进行了充分合理的查

---

[1] 《公开条例》第10条第1款规定:"行政机关制作的政府信息,由制作该政府信息的行政机关负责公开。行政机关从公民、法人和其他组织获取的政府信息,由保存该政府信息的行政机关负责公开;行政机关获取的其他行政机关的政府信息,由制作或者最初获取该政府信息的行政机关负责公开。法律、法规对政府信息公开的权限另有规定的,从其规定。"

[2] 《公开条例》第36条规定:"对政府信息公开申请,行政机关根据下列情况分别作出答复:(一)所申请公开信息已经主动公开的,告知申请人获取该政府信息的方式、途径;(二)所申请公开信息可以公开的,向申请人提供该政府信息,或者告知申请人获取该政府信息的方式、途径和时间;(三)行政机关依据本条例的规定决定不予公开的,告知申请人不予公开并说明理由;(四)经检索没有所申请公开信息的,告知申请人该政府信息不存在;(五)所申请公开信息不属于本行政机关负责公开的,告知申请人并说明理由;能够确定负责公开该政府信息的行政机关的,告知申请人该行政机关的名称、联系方式;(六)行政机关已就申请人提出的政府信息公开申请作出答复、申请人重复申请公开相同政府信息的,告知申请人不予重复处理;(七)所申请公开信息属于工商、不动产登记资料等信息,有关法律、行政法规对信息的获取有特别规定的,告知申请人依照有关法律、行政法规的规定办理。"

询，如进行搜索的具体方式、途径、内容、结果等事实行为。③被告就信息不存在问题所作的解释与说明等。

(3) 被告针对信息公开答复所作解释的几种情形及判断

被告行政机关就相关信息不存在所作的原因说明的情形及相关认知：①申请公开的信息不属于被申请行政机关的职权范围。此时的举证责任在于证明被告没有制作、获取相关信息的法定职责，如被告作了充分合理说明，则其将获得法院的支持。否则，法院将判决被告行政行为违法并责令其重作。②申请公开的信息属于被告行政机关制作获取信息的职权范围，但被告没有获取该信息。被告应证明该情形是因为自己未履行职责还是未制作完成等原因，对此亦应向申请人出具证明材料等予以证明各种事实。③申请公开的信息属于被告职权范围，但被告确实不存在该信息。此时，被告应证明因什么原因确实尚未制作该信息导致其不存在，如因为历史原因未产生导致行政机关制作或获取该信息的事由等。④信息不存在是因为被告行政机关丢失或损毁了该信息，则被告应作出相应证明，确实无法提供的，也不能强行要求行政机关另行制作。

本案中，被申请的行政机关某市国土房管局对建设资金的监管负有法定职责，其答复称申请的信息不属于自己的职权范围，没有作出解释，属证据不足。因此，法院支持了原告的诉讼请求。

【案件启示】

本案被申请公开信息的行政机关针对申请作出本行政机关没有信息查询的法定职责的答复，从范围上讲，其属于"信息不存在"的信息告知答复。对于信息不存在的答复，行政机关必须作出明确的解释说明，否则很容易引发申请人的不满和疑惑。信息不存在是客观存在，需要向申请人说明，使其明白原因；信息不存在是主观原因，也需要向申请人说明，并采取措施看能否作出补救行为。在政府信息公开案件中，行政机关掌握了信息公开的主动权，具有掌握信息的优势地位，而申请人恰恰处于弱势地位。如行政机关不能作出明确说明，不明真相的申请人可能会认为行政机关不想公开、不愿公开或故意刁难，从而引发更大的矛盾。在行政诉讼中，法院应根据以上信息不对称的客观事实，合理地作出举证责任分配，以公平、公正的裁判解决纠纷化解矛盾。

案例 10：政府信息不存在案件的审查标准——王某等诉北京市某区市政市容管理委员会政府信息公开案

【基本案情】

2016 年 9 月 20 日，原告向被告提请政府信息公开，要求公开：因 101 国道绕城线李各庄段拆迁安置而向某镇政府拨付的安置款总金额。被告于同年 10 月 9 日依法定程序向原告作出"政府信息不存在告知书"称：①某县 101 国道绕城线工程分两期工程，一期为县城西环路道路工程；二期为 101 国道密关路—沙峪沟桥段工程。②被告根据某镇政府按照分时段申请拨付拆迁补偿金。③原告申请的政府信息被告未单独制作，故该信息不存在。

【焦点问题评析】

本案的焦点问题是被告关于政府信息不存在告知书的证据是否充分。

第一，被告对所作出的政府信息公开告知书负有举证责任。从案件事实可知，被告对原告的信息公开申请负有答复的职责，即该机关为申请信息的制作和保存机关。依据《行政诉讼法》第 34 条[①]第 1 款规定，被告对其作出的信息公开告知书的行政行为负有举证责任。

第二，被告作出的行政行为程序合法但主要事实证据不足。被告在作出信息公开告知书的过程中严格依据法定程序，登记、受理、处理、送达等均符合《公开条例》的法定规范。被告对信息公开告知书中认定的信息不存在的事实及搜索信息的过程情况并未提供充分的证据证明，法院认定其主要证据不足，依法应予撤销。

第三，原告提交的证据不足以证明被告存在涉案信息，故法院无法责令公开信息。案件中，虽然被告对信息不存在问题缺乏足够的证据予以证明，法院认为应予撤销，但原告的证据也不足以证明被告确实拥有该信息。因此，法院认为对于该信息的公开尚需被告予以查询或裁量制作，无法直接令其作出该信息公开行为，只能令被告重新作出答复。

【案件启示】

本案属于信息公开案件中常见的"政府信息不存在"问题，在诉讼中需要法院对举证责任进行分配，如上一案例所述。原国务院法制办编写的《政府信

---

① 《行政诉讼法》第 34 条规定："被告对作出的行政行为负有举证责任，应当提供作出该行政行为的证据和所依据的规范性文件。被告不提供或者无正当理由逾期提供证据，视为没有相应证据。但是，被诉行政行为涉及第三人合法权益，第三人提供证据的除外。"

息公开条例读本》曾指出，政府信息不存在即为自始不存在，行政机关应告知申请人该事实。行政机关应该在告知书中说明情况，并在行政诉讼过程中举证说明。被告在案件中的举证责任为主要责任，只需证明不存在的事实和理由即可。该主要举证责任的标准是被告应证明自己在充分查询、搜索后未曾检索到相应信息，证明自己充分履行了信息公开的职责与义务，则说明其尽到了充分的证明责任。一般法院会审查：被告行政机关是否利用尽可能多的检索工具全面查询了涉案信息，是否采用了较为合理、妥当的检索方法和途径进行检索；被告工作人员是否存在明显敷衍应付等主观态度不认真等问题。当然，法院对被告主观工作态度的认定与审查存在较大难度，只是存在类似可能性。

法院最后责令被告重作，也是基于被告对信息公开的专业属性而言。被告在重作时是否能够查询到涉案信息？如果存在该信息的相关内容但与其他信息属于一个整体，被告能否对全部相关信息做区分处理，能否单独将申请的信息从总的款项中区分出来？这些都是被告的专业性问题，作为司法机关也无从决定。本案重点还在于政府信息不存在案件中，被告如何根据司法审查标准举证说明涉案信息不存在的情形。

三、知识拓展——政府信息公开案件办理中应注意的几个问题

《公开条例》的颁布实施，对于维护公民、法人和其他组织的知情权，建设法治政府，发挥政府信息的社会服务作用意义重大。随着社会公众法治意识的增强，政府信息公开领域行政纠纷日渐增多，涉信息公开的行政复议、行政诉讼案件居高不下，成为行政法律实务中的一个重要领域。在实务工作的推动之下，国务院于2019年4月对《公开条例》进行了修订，于2019年5月15日实施。根据新修订实施的《公开条例》的规定，结合上述政府信息公开实务分析和行政法律理论与实务专家的经验总结，笔者就政府信息公开工作实务中经常遇到的若干问题归纳如下。

（一）申请受理阶段

1. 受理日期的规定

根据《公开条例》第33条第2款的规定，行政机关对于不能当场答复的信

息公开申请，应自收到申请之日起 20 个工作日内答复。对于需要延期答复的，也要经本机关负责人审核同意并通知申请人，延长的期限不得超过 20 个工作日。因此，对于一般的信息公开申请，20 天的时间节点特别重要。作为信息公开义务人的行政机关要注意界定好收到信息公开申请的时间点，认真完善申请文件的接收工作制度。如专门办事机构接收、专人负责、邮件与门户网站等网络接收、日常单位报刊收发室、传达室等关键岗位与人员的职责分工与制度安排等。① 同时，通过各种途径对外发布的信息公开内容也应作特别规定与提示，要注意与邮政及相关快递部门及其人员做好衔接与沟通，以保证信息公开申请在接受日期上不出问题。

2. 政府信息申请的接收要注意便利申请人的原则

《公开条例》第 28 条、第 29 条规定了便利申请人原则：一方面，行政机关要做好信息公开申请的渠道建设，方便申请人"申请有门"；另一方面，行政机关要提供尽可能的服务，帮助申请人"得门而入"，即对于书写有困难无法实现书面申请的情形，行政机关应为申请者提供代为填写申请的服务。这也是《公开条例》第 1 条提到的行政机关提供信息公开服务的目的体现。《公开条例》第 30 条还规定了行政机关应主动告知申请人需要补正的相关材料。

（二）针对信息公开申请的答复

1. 政府信息的界定

《公开条例》第 2 条规定了政府信息的含义，强调履行行政管理职能、制作或获取的信息、具有载体形式三方面的特征。第 14 条、第 15 条、第 16 条明确将涉及国家秘密及可能影响国家安全、公共安全、经济安全与社会稳定的信息，行政机关内部管理信息、过程性信息、执法案卷信息，商业秘密、个人隐私等信息排除在政府信息公开的范围之外。另外，在信息公开案件实务中，法院判例明确了对申请人不产生实质性权利义务影响的信息咨询性质的信息公开申请，不属于法定政府信息公开的范围，不属于行政复议或行政诉讼的受案范围。

关于政府信息公开，在公安机关有特别规定，即，公安机关在行使行政管

---

① 柳一舟："政府信息公开案件中应注意的3道关和12个点"，https://www.sohu.com/a/168575920754580，最后访问时间：2021 年 8 月 2 日。

理职权时形成的信息是政府信息，属于《公开条例》规定公开的范围；公安机关根据《刑事诉讼法》的规定行使刑事侦查职权时形成的信息不是政府信息，不属于《公开条例》调整的内容，而属于《刑事诉讼法》的调整范围。

2. 申请公开事项的表述与核查

①申请公开事项的内容表述没有严格的限制。根据《公开条例》第29条的规定，申请人的申请事项需要填写确定、明确，如相关信息的名称、文号或方便查询的相关特征。由此可见，当申请人不知申请信息的具体名称、文号时，也可以通过对信息内容的描述来表达自己申请的内容及含义。②行政机关应当对申请内容予以核查。行政机关针对信息公开的申请应依法作出公开或不予公开的答复，但其前提是要读懂、认清申请人的具体请求，即申请公开什么、共几项内容、是否重复申请等。如果申请事项清楚明了，则行政机关依法予以答复；如果申请事项模糊或不够完整，则行政机关应作出指导与释明，要求申请人及时作出补正。③如果行政机关因审查不清作出错误的信息公开，则需要承担重作的法律后果。因此，行政机关经过审查申请事项及时作出补正要求是其积极应对的基本思路。

3. 坚持"一事一申请"原则

《国务院办公厅关于做好政府信息依申请公开工作的意见》指出，信息公开实务中对于一份申请要求公开属于不同行政机关的多项信息或者同一机关的不同类型的信息等情形，应要求申请人按照一份申请对应一个政府信息项目，即"一事一申请"原则。在申请人同一申请内容涉及不同方面和类别的公开事项时，被申请行政机关应告知其应按照"一事一申请"原则进行更正，不可以就不同申请事项作同一个答复。

4. 行政委托行为形成的政府信息的公开义务由委托机关承担

根据《公开条例》对信息公开内涵的规定，行政机关在履行行政管理职能过程中制作或保存的信息。对于行政委托事项，被委托人就委托事项制作或保存了相关信息，在信息公开中其不能免除委托机关信息公开的法定义务，委托机关是信息公开的行为主体。同时，申请人就同一事项向多个行政机关提出信息公开申请，实务中曾有行政机关将同样的申请交由一个部门负责答复，但法院认为该做法并不能免除该行政机关信息公开的义务。

5. 信息公开答复的形式应明晰规范

行政机关对于政府信息公开申请的答复应严格按规定以书面答复为主，以口头答复为辅，不宜口头答复。

6. 行政机关应注意对公开信息的保密审查

①行政机关应遵循《公开条例》的要求，依照《保守国家秘密法》及其实施办法等相关规定，对拟公开的政府信息进行保密审查。凡属国家秘密或者公开后可能危及公共安全、经济发展和社会稳定的政府信息，不得公开。②遇到情况复杂或者可能涉密或影响公共安全、经济和社会稳定的申请，应加强相关部门间的协商并提出处理意见。③若涉及商业秘密、个人隐私，公开后可能损害第三方合法权益的，应当书面征求第三方的意见。按照政府信息公开司法实务的要求，对是否涉密的信息应由行政机关作出判断，并提供相应证据予以证明。

7. 对政府信息公开申请的答复应全面、完整

一是答复要全面不能遗漏，对每一项申请的内容都要认真予以答复，不能选择性答复。二是答复要有针对性，申请人按照"一事一申请"原则提出申请，行政机关应按照一申请一答复的模式予以回应，杜绝一份答复回应诸多申请的现象发生。

8. 内部管理信息以及过程性信息不属于信息公开的范围

按照《国务院办公厅关于做好政府信息依申请公开工作的意见》的规定，行政机关日常内部管理信息以及还没有制作完成的过程性信息，不属于政府信息公开的范畴。内部管理信息一般是指不对外产生影响的信息，如果该信息对外产生了实质性影响，行政机关应该公开。《公开条例》第19条规定对涉及公众利益调整、需要公众广泛知晓或者需要公众参与决策的政府信息，行政机关应当主动公开。实践中要注意，对内部信息的判断不能仅仅将其在机关内部流转不对外送达作为判断标准。如行政机关内部上级对下级印发的文件，只是用来说明管理制度或规则，但其影响到了作为申请人的公民、法人和其他组织的切身权益，也应对外公开。

9. 向行政机关的咨询不属于信息公开的范围

实务中，申请人申请的内容不属于信息公开的法定范畴，而是带有咨询性质的申请。如申请人向相关行政机关申请公开"是否对某自然人作出行政处罚

决定,尚未作出的请公开有法不依、违法不究的法律依据"①。该申请人的申请实为咨询,其是否公开不会对申请人的权利义务产生实质性影响。行政机关的相应答复行为因未影响申请人的相关权益,故其不属于行政复议及行政诉讼的受案范围。《公开条例》第 39 条第 1 款对此作出了相关规定:"申请人以政府信息公开申请的形式进行信访、投诉、举报等活动,行政机关应当告知申请人不作为政府信息公开申请处理并可以告知通过相应渠道提出。"

10. 行政机关从其他行政机关获取的信息的公开问题②

按照《公开条例》第 10 条第 1 款③的规定,行政机关从其他机关获取的信息的公开分四个方面:①制作信息的行政机关负责公开;②从公民、法人和其他组织获取的政府信息,由获取机关公开;③从其他行政机关获取的政府信息,由制作机关负责公开;④获取的其他行政机关从公民、法人和其他组织获取的政府信息,由最初获取该信息的行政机关负责公开,若最初获取该政府信息的行政机关有多个,则多个行政机关皆有同等的公开义务。

(三)行政机关对信息公开申请的答复程序

1. 答复期间的计算

该期限包括:答复期限、延期期限、扣除期限三个方面。《公开条例》第 33 条对行政机关的答复期限作了规定,原则上要求尽量当场答复,不能当场答复的,应当自收到申请之日起 20 个工作日内答复。需要延期答复的,应由行政机关负责人批准并通知申请人,其最长不得超过 20 日。扣除期限,主要是涉及个人隐私、商业秘密需要征求第三方意见和报送保密部门审查的期限不计算在答复期限之内。实务中,行政机关出现迟延答复的情形必须提供证据证明自己并未超过法定答复期限。该理由必须是法定的,一些内部管理方面的理由不能

---

① 刘建梓:《政府信息公开工作应注意的几个问题——以审理政府信息公开类行政案件为视角》,《人民法院报》2017 年 7 月 7 日,第 6 版。
② 闵湘龙:《政府信息公开实务十大问题探究》,https://mp.weixin.qq.com/s/Qbtx6mBjQmuAzx-Un18IrQQ,最后访问时间:2022 年 8 月 30 日。
③ 《公开条例》第 10 条第 1 款规定:"行政机关制作的政府信息,由制作该政府信息的行政机关负责公开。行政机关从公民、法人和其他组织获取的政府信息,由保存该政府信息的行政机关负责公开;行政机关获取的其他行政机关的政府信息,由制作或者最初获取该政府信息的行政机关负责公开。法律、法规对政府信息公开的权限另有规定的,从其规定。"

成为延期答复的理由,如收发文件的系统出现问题、上下级转办事项耗费时间、管理人员有事外出等原因不能成为信息公开迟延答复的理由。

2. 涉及国家秘密时应依法律程序确定

涉及国家秘密时,如行政机关答复不予公开的,应提供相应的证据证明。

3. 涉及商业秘密、个人隐私应履行征求意见程序

对此,并非绝对不予公开。如不予公开会对社会公共利益带来重大影响的,应予公开;如不会影响社会公共利益的,行政机关应征求商业秘密、个人隐私的第三方权利人意见,权利人同意公开的予以公开,不同意公开的不予公开。行政机关对自己主张的涉及商业秘密和个人隐私的政府信息应提供充分的证据予以证明,否则法院对其不予公开的答复不予支持。《最高人民法院关于审理政府信息公开行政案件若干问题的规定》第5条第1款规定,被告拒绝向原告提供政府信息的,应当对拒绝的根据以及履行法定告知和说明理由义务的情况举证。

4. 对涉及商业秘密和个人隐私的信息公开要注意作区分处理,避免绝对化

《公开条例》第37条规定,申请公开的信息中含有不应当公开或者不属于政府信息的内容,但是能够作区分处理的,行政机关应当向申请人提供可以公开的政府信息内容,并对不予公开的内容说明理由。一份政府信息中涉及的内容可能均为商业秘密和个人隐私,不得就任何内容予以公开;有的信息的内容可以作区分处理,对涉及商业秘密和个人隐私的部分不予公开,对于不涉及商业秘密和个人隐私的内容可单独予以公开。尤其是信息中只有小部分内容涉及当事人姓名、联系方式、住址及商业交易的价格等商业秘密与个人隐私的,大部分内容为可以公开的信息,这时候行政机关应区分信息的内容分别作出公开或不公开的答复决定。

5. 行政机关答复称信息不存在或拒绝提供信息的,应提供证据证明

①《公开条例》第29条第2款规定政府信息公开申请应写明申请的信息名称、文号或相关内容特征,以便被申请人查询。对此,如行政机关答复信息不存在,则其应提供已经尽到了合理搜索查询的义务。②对申请人申请信息的根据《最高人民法院关于审理政府信息公开行政案件若干问题的规定》第5条的规定,行政机关拒绝提供政府信息的,应当对拒绝的理由和曾经履行法定信息告知义务情况予以举证。如事前已经向申请人履行了法定告知义务并做了说明,申请人又提出重复申请的情形。另外,行政机关以申请信息已提交档案馆或档

(四) 滥用政府信息公开权的规制问题

近几年，政府信息公开实务中滥用申请权的行为较为普遍，申请人向相关行政机关频繁、重复提起政府信息公开申请，浪费了行政资源，影响了行政效率。如安徽某自然人因集资问题向各级行政机关提出政府信息公开申请近千起，对政府信息公开答复申请行政复议近200起。最高人民法院公布的陆某霞诉南某市发改委政府信息公开答复案，司法机关就信息公开申请权的滥用进行了规制。《公开条例》从三个方面就政府信息公开权的规制作出了规定：①《公开条例》第36条第6项[1]规定了行政机关作出答复后，申请人重复申请公开相同信息的，不再重复处理；②《公开条例》第42条[2]规定了通过收费的方式限制申请人超出合理范围的信息公开申请；③《公开条例》第35条[3]通过要求申请人说明理由的办法限制大量、频繁不合理的信息公开申请。

---

[1] 《公开条例》第36条第6项规定："行政机关已就申请人提出的政府信息公开申请作出答复、申请人重复申请公开相同政府信息的，告知申请人不予重复处理。"

[2] 《公开条例》第42条规定："行政机关依申请提供政府信息，不收取费用。但是，申请人申请公开政府信息的数量、频次明显超过合理范围的，行政机关可以收取信息处理费。行政机关收取信息处理费的具体办法由国务院价格主管部门会同国务院财政部门、全国政府信息公开工作主管部门制定。"

[3] 《公开条例》第35条规定："申请人申请公开政府信息的数量、频次明显超过合理范围，行政机关可以要求申请人说明理由。行政机关认为申请理由不合理的，告知申请人不予处理；行政机关认为申请理由合理，但是无法在本条例第三十三条规定的期限内答复申请人的，可以确定延迟答复的合理期限并告知申请人。"

四、相关法律文书

（一）信息公开申请表（参考）

信息公开申请表

申请人信息	公民	姓　名		工作单位	
		证件名称		证件号码	
		通信地址			
		联系电话		邮政编码	
		电子邮箱			
	法人或者其他组织	名　称		组织机构代码	
		营业执照			
		法人代表		联系人	
		联系人电话			
		联系人邮箱			
	申请人签名或者盖章				
	申请时间				

所需信息情况	所需信息内容描述		
	选 填 部 分		
	所需信息的用途		
	是否申请减免费用	信息的指定提供方式	获取信息方式
	□ 申请 　请提供相关证明 □ 不 （仅限公民申请）	□ 纸面 □ 电子邮件 □ 光盘 □ 磁盘 （可多选）	□ 邮寄 □ 快递 □ 电子邮件 □ 传真 □ 自行领取/当场阅读、抄录 （可多选）
	□ 若本校无法按照指定方式提供所需信息，也可接受其他方式		

说明：

1. 申请表应填写完整，对没有联系方式或联系方式有误的信息恕不回复。

2. 申请表内容应真实有效，同时申请人对申请材料的真实性负责。

3. 申请人申请公开信息，应当向被申请人提供本人的身份证明或本组织的有关证明。以组织名义提出申请的还应当出具书面授权委托书和法定代表人或主要负责人的身份证明。

4. 救济途径：公民、法人或者其他组织认为被申请人在信息公开工作中的具体行为侵犯其合法权益的，可以依法申请行政复议或者提起行政诉讼。

（二）信息公开申请答复书（参考）

××××信息公开申请答复书
（××××信息告知书）

××××公开告知〔20××〕××号

×××：

本机关于××××年××月××日收到你现场提交的《政府信息公开申请表》，所需信息内容描述为："……"现根据《中华人民共和国政府信息公开条例》（以下称《公开条例》）等有关规定，答复如下：

经查询，你申请公开的"……"系本机关制作，根据《公开条例》第三十六条第二项之规定，现将上述文件的复印件提供给你（见附件，共××页）。

如对本答复不服，可在收到本答复书之日起60日内依法向……申请行政复议，或者在6个月内向……提起行政诉讼。

××××（行政机关名称与印章）
××××年××月××日

图书在版编目（CIP）数据

行政法律基础理论与实务／戴永志著.—北京：中国法制出版社，2022.9
ISBN 978-7-5216-2899-9

Ⅰ.①行… Ⅱ.①戴… Ⅲ.①行政法-中国 Ⅳ.①D923.1

中国版本图书馆 CIP 数据核字（2022）第 174282 号

策划编辑：赵宏　　　责任编辑：王悦　　　封面设计：杨泽江

行政法律基础理论与实务
XINGZHENG FALÜ JICHU LILUN YU SHIWU

著者/戴永志
经销/新华书店
印刷/北京海纳百川印刷有限公司
开本/710 毫米×1000 毫米　16 开　　　　印张/15.75　字数/218 千
版次/2022 年 9 月第 1 版　　　　　　　　2022 年 9 月第 1 次印刷

中国法制出版社出版
书号 ISBN 978-7-5216-2899-9　　　　　　　　定价：59.00 元

北京市西城区西便门西里甲 16 号西便门办公区
邮政编码：100053　　　　　　　　　　　传真：010-63141600
网址：http://www.zgfzs.com　　　　　　　编辑部电话：010-63141831
市场营销部电话：010-63141612　　　　　印务部电话：010-63141606

（如有印装质量问题，请与本社印务部联系。）